高嶋教科書裁判が問うたもの

その焦点と運動13年の総括

高嶋教科書訴訟を支援する会＝編

高文研

✸——もくじ

Ⅲ章　**福沢諭吉の「脱亜論」と勝海舟の「氷川清話」**

〔資料〕判決と最高裁判決に対する声明

装丁＝商業デザインセンター・松田　礼一
写真＝高嶋教科書訴訟を支援する会・鈴木　晶

Ⅰ章　教科書裁判で目ざしたものと得たもの

〔原告〕高嶋　伸欣

＊全否定された執筆意図

二〇〇五年一二月一日、最高裁判所第一小法廷の横尾和子裁判長は、高嶋（横浜）教科書訴訟に対し、私（高嶋）の上告を棄却する判決を下した。同判決には少数意見が一切なく、残り四名の裁判官（甲斐中辰夫、泉徳治、島田仁郎、才口千晴）も同意見の全員一致の判決だった。

かくして、国側全面勝訴の東京高等裁判所北山判決（二〇〇二年五月）が確定し、九三年六月に横浜地裁に提訴した国家賠償請求の民事訴訟「高嶋（横浜）教科書裁判」は、一三年目で幕を閉じた。

裁判は、一般に勝訴と敗訴に区分される。私の場合は、高裁と最高裁で国側全面勝訴なのだから、原告側の私は敗訴ということになる。しかし、実は私自身、今現在も、負けた気がしていない。それは、この一三年間に数多くの成果を得ていたからであるし、とりわけ一審の横浜地裁判決（九八年四月）で、四つの争点のうちの二つで国側に職権乱用があったとされた論理の明解さは、上級審判決のでたらめさを際立たせこそすれ、今も揺らいでいないという自信に由来している。

そこで本稿では、単に私の裁判の全体像を原告の立場から概観するというのではなく、なぜ負けた気がしないと言えるのかという観点を中心にこの一三年間を振り返り、今後にどう展開しようとしているのかを整理することにした。

まず発端となった教科書検定での国側との決裂は、奇しくも最終判決から一三年前の一九九二年一二月一日だった。この日、私が分担執筆した『新高校現代社会』に対する検定意見に即した修正案ではまったく不充分だとの結論が、教科書検定官から一橋出版の編集者・中村幸次氏に伝えられた。

同書はそれまでのA5版からB5版に版型が変わり、総ページが二四〇ページとなっていた。私は多忙でもあったので、見開き二ページ分を一単位とした討論のための二つのコラム「現在のマスコミと私たち」「アジアの中の日本」の四ページの執筆を担当しただけだった。ところが、全体で約百件だった検定意見のうちの一六件が、この四ページにつけられた。

八〇年代からその時まで、私が数回経験した検定では、「条件付合格」とされた後で、検定官と互いに譲りあう形で妥協点を見つけることが可能だった。しかし、改変された九〇年代の検定制度では、最後まで合否を保留する「一発検定」制の下、検定官が譲ることはほとんどなくなった。その結果として、修正案の全面却下となった。

このことは同時に私の執筆意図の全否定を意味した。「これ以上の修正は、私の良心が許さない」と私は考えた。ただし、検定意見を一つでも拒否すれば、それだけでその教科書（検定申請本、いわゆる「白表紙」本）は不合格となる。それは制作費数千万円をドブに捨てるのと同じで、大企業でない会社が大半の教科書会社にとっては、倒産に直結する。

この時、私が選べる手段は、原稿四ページ分すべてを撤回し、別の執筆者の手で討論テーマに即した原稿を急いで執筆し、提出してもらうしかなかった。中村氏は他の執筆者の協力を得てそのように実行し、同書は翌九三年四月上旬に合格と判定された。出版社の倒産は回避された。

※執筆原稿は教師経験二五年間の集大成！

私は執筆者の資格を失いながら、同書が検定合格となる様子を見守っていた。それと並行して、理不尽な検定意見に屈して原稿を撤回したままにはできないと考えていた。理由の第一は、それら四ページ分の原稿は、その時まで二五年間の高校教師としての実績と、生徒たちの感想・意見も反映させた協同作業の結果を集大成したものだったからだ。それを、教員免許状もなく教師体験もない教科書検定官の、一方的なこじつけ理由で撤回させられたのでは、私の教師体験と教師としての存在そのものを無価値と決めつけられたに等しい。

第二に、「アジアの中の日本」のコラムで私が強調したのは、明治以後の日本社会の底流に根づいているアジア蔑視の民族的差別観の問題性だった。それが戦前の侵略行為の背景にあったことに気付かせるだけでなく、戦後もその誤ったアジア観が、日本の社会では払拭されていないこと、そのために近隣諸国から日本は信頼されないでいることを、討論を通じて認識できるようにしていた。

私が裁判を起こしてから東南アジア各地で説明を求められた時、人々が最も強く賛意を示してくれたのが、この点だった。マレーシアでは、華字紙を中心に特集記事が何度か掲載されたが、そこでも強調されたのはこの点だった。また、そうした記事のために取材で接触した華字紙の若い記者たちが、各地で次々と協力者となり、戦争体験者を新たに見つけ出し、私に紹介してくれることにもなった。

このような体験から、私の執筆意図は正しかったと自信を深めることができた。正当なのも当然で、私がこの差別的民族観の問題性を明確に認識できたのは、マレーシアで日本軍に家族を殺害された生存者からの証言を聞けたからだった。

それは「自分たちの家族を殺したのは普通の日本兵だった。その日本兵は家に帰ればやさしい父親や夫でしょう。その人たちが、どうして私たちの家族を虫けらのように平気で殺せるのですか」というもので、生存者たちは次々と同様な証言をした。

日本兵に虐殺されたマレーシアの中国系住民の追悼碑の一つ、ペルタン村。部隊の拠点広島の寄金で改修された。

目の前で肉身が殺害された時の体験を思い出すのはつらいし、高齢の身ではその後数日間熟睡できないことさえあるという。それでも、日本社会の若者たちに、考える機会を作るためになるのならばとえた根拠の一つに，彼が国内のクルド族の反乱鎮圧に毒ガスを使ったことが伝えられたが，この時すでにアメリカ政府は，それが事実でないことを知っていた②。

「国民にさえも毒ガスを使う独裁者」という非難を，積極的に紹介したのが新聞・テレビなどのマス-コミなら，その時すでに政府が知っていたことを指摘したのもマス-コミであった。しかし，それはかなり後のことであった③。

一方日本の出版状況をみてみると，マス-コミの中でも，少年向けだけでなく，おとな向けのコミック誌も増えている。しかも，娯楽だけでなく，社会的問題をとりあげることも少なくない。このように，情報の伝達は多様化してきている，といえよう。

② 米国陸軍の研究所の分析によって，クルド族に用いられた毒ガスは，その成分から，イラクではなく，イラク近隣諸国が所有しているものであることが明らかにされていた。

③ ある一つのできごとを，新聞がどのように報道しつづけたかを調べてみると，新聞など報道する側の変化がよみとれることがある。新聞記事は，そうしたことを知る手がかりともなる。

出版物（書籍・雑誌）全体に占めるコミックス・コミック誌の比率（1990年）

● 販売部数

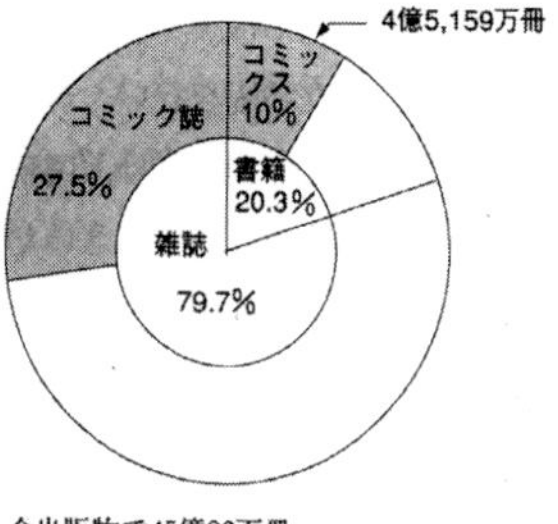

全出版物で45億23万冊
うち書籍9億1,131万冊　雑誌35億8,892万冊

● 販売金額

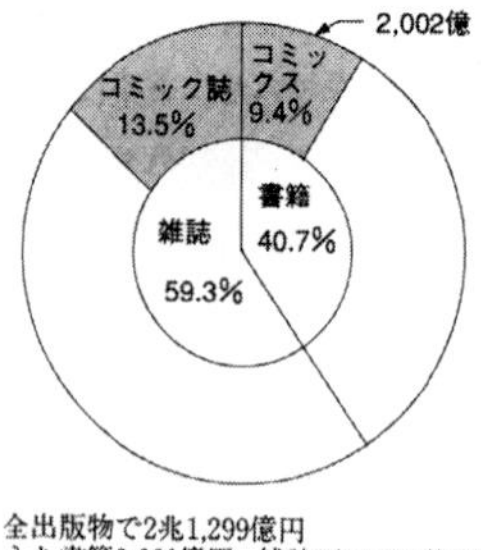

全出版物で2兆1,299億円
うち書籍8,660億円，雑誌1兆2,638億円

（出版科学研究所資料より）

考えてみよう

1．昭和天皇死去の時，特別番組を3日間つづける予定だったのを，途中で2日間に変更したという。なぜそうしたのだろうか。

2．身近におきたできごとや行事などが，新聞やテレビのローカルニュースなどではどのように報道されたのか，その内容と実際のできごととを比較してみよう。

3．コミック誌にも社会のできごとがとりこまれている。最近の例ではどんなものがみられるか，調べてみよう。

原稿修正を断念して撤回を決意したページ

テーマ〈6〉

■現在のマス-コミと私たち

1989(昭和64)年1月7日の朝，昭和天皇の死去が発表されると，新聞や放送は特別態勢に入り，テレビは特別番組を次つぎと放送した。テレビ局には，視聴者からの電話が殺到し，次第に抗議の電話が増え，街のレンタル-ビデオ店は数日間，大繁盛だったという。また，教育テレビはいつになく視聴率があがった。

1991年の湾岸戦争 →P. 174 では，イラクだけでなくアメリカを中心とする多国籍軍側も徹底した情報コントロールを行った。①

また，イラクのフセイン大統領を「中東のヒトラー」とた

① 多国籍軍は，クウェート領内への反撃作戦は海からの上陸作戦ではじめるとマス-コミに報道するようにしむけ，実際は内陸から攻め込んだ。「おかげで敵の反撃は弱かった」と，多国籍軍首脳は記者たちに礼を述べたという。

↓ 平成元年最初の日のテレビ番組

1／NHK総合 03(465)1111	3／NHK教育 03(465)1111		4／Nテレビ 03(265)2111
00 ニュース 30 天皇陛下のお歌集◇[天]	00 高校講座物理◇30体操 40 将棋講座 伊藤果	6	報道追悼特別番組 「昭和逝く」
00 ニュース ▽各地の反響 7.40各地の[N][天]	00 英語会話II[再]「メトロポリタン美術館」 30 ハングル講座	7	悲しみの一夜明けて ▽宮内庁から中継など ▽6.45朝の[N]▽[天]
00 ニュース ▽天皇陛下と園遊会・陛下の会話の記録	00 こころの時代 「仏との出会い」 錦戸新観	8	新元号平成スタート ▽国内各地の表情 ▽海外の邦人に聞く ▽宮内庁、官邸から中継など
00 新天皇ご一家▽両陛下のご様子と3人のお子さまたちのご成長ぶり	00 日曜美術館 植治の庭 京都近代庭園の夜明け ▽ジャン・コクトー展	9	
00 ニュース 20[S]N響演奏会「アリア・組曲第3番から」ほか	00 実践はなしことば講座 15 将棋の時間[再] 伊藤果 35 NHK杯将棋トーナメント 「中村修×先崎学」 解説・佐伯昌優	10	世界の人々は… ▽アメリカ・ヨーロッパ各地の表情
11.20天皇陛下の生物学研究 ▽20冊をこえるご著書 ▽ご研究の足跡◇55[天]		11	
00 ニュース◇25各地の[N] 30 列島・ドキュメント 「各地を訪ねられた天皇陛下」 ▽各地の表情▽北海道東北、関東、中部、近畿、中国、四国、九州をむすんで「ご訪欧ご訪米の旅」	00 囲碁[再]「実戦七子局・裂いて打つ」泉谷政憲 20 NHK杯囲碁トーナメント 「大竹英雄×山城宏」 解説・羽根泰正	0	陛下とお歌 ▽11.30昼の[N]▽[天]
		1	昭和逝く・一億の歩み ▽昭和風俗史 ▽昭和の芸能、スポーツ界 ゲスト・藤本義一 辺見じゅん 堺屋太一 山崎正和
	00 中村紘子ショパンを弾く「円舞曲変ホ長調」 31 日本動物記[再]「白鳥」	2	
00 特集「皇居・第1部」 ▽儀式用の馬の調教など皇居のすべて◇45[N]	00 スポーツ教室「太極拳・四十八式入門」 中野春美	3	
00 特集「皇居・第2部」 ▽陛下に仕える侍医・侍従の世界ほか◇45富士	00 こころの時代[再]「東洋の心を語る・苦を抜き楽を与える」中村元ほか	4	学者・天皇をしのぶ ▽生物学者天皇の業績 ゲスト・折笠常弘 波部忠重
00 [N]◇20地方ご巡幸▽終戦直後の陛下の全国一巡の旅	00 セサミストリート 「フロー・ベアのテレビドラマ」	5	▽6.00[N]日曜夕刊▽[天]

(『S新聞』1989年1月8日付より)

朝鮮は昔お師匠《ししょう》様　勝　海舟[⑥]（1894年）
1823-1899

朝鮮といえば，半亡国だとか，貧弱国だとか軽蔑《けいべつ》するけれども，おれは朝鮮も既に蘇生《そせい》の時期が来て居ると思うのだ。……朝鮮を馬鹿にするのも，ただ近来の事だヨ。昔は，日本文明の種子は，みな朝鮮から輸入したのだからノー。特に土木事業などは，尽《ことごと》く朝鮮人に教わったのだ。いつか山梨県のあるところから，「石橋の記」を作ってくれ，と頼まれたことがあったが，その由来記の中に「白衣《びゃくえ》の神人来りて云々」という句があった。白衣で，そして髯《ひげ》があるなら，疑いもなく朝鮮人だろうヨ。この橋が出来たのが，既に数百年前だというから，数百年も前には，朝鮮人も日本人のお師匠様だったのサ。

⑥　日本国内で征韓論が勢いを増したのに対し，勝海舟は，渡来人の時代以来，日本は繰り返して朝鮮から文化を吸収してきたことを指摘した。勝海舟のこの文章では触れていないが，江戸時代も朝鮮通信使の往来を通じて，日本は多くのことを学んだ。

⑦　日本が統治していた時期，日本軍が大虐殺を行い，300余の白骨が荒野に埋まっている，という意味。

新明日報　Shin Min Daily News　一九八四年八月

日治時期蝗軍瘋狂大屠殺
三百餘具無辜白骨埋荒郊

↑ マレーシアの華語（中国語）新聞の見出し[⑦]
（『新明日報』1984年8月17日付より）

マレーシア，ネグリセンビラン州セレンバン ➔
の近郊の町（文叮：マンティン）の追悼《ついとう》碑

考えてみよう

1．福沢諭吉と勝海舟とでは，アジアに対する見かたが，どのようにちがっているか。また，どうしてそのようにちがってしまったのだろうか。

2．江戸時代の朝鮮通信使の往来によって，日本はどのようなことを学んだのだろうか。対馬と江戸（東京）のあいだの各地には，通信使にちなむものがいくつも残っている。調べてみよう。

3．上図の追悼碑は，1985年にあらたに建てられたもので，ほかにも新しいものがいくつかある。なぜ，戦後かなりたってからこのような時期に建てられたのか，考えてみよう。

4．タイの戦争博物館には，展示の最後に，「許そう，しかし忘れまい」という標語が掲げてある。この標語と前ページの世論調査とから，アジアの人びとの戦争の受けとめかたについて考えてみよう。

原稿修正を断念して撤回を決意したページ

テーマ〔8〕

■アジアの中の日本

第２次世界大戦で，日本軍は「大東亜共栄圏」①の建設をめざして，アジア・太平洋地域で戦い，敗れた。これが，明治以来の「脱《だつ》亜《あ》入《にゅう》欧《おう》」②の道，西欧近代国家への道をとり，アジアの諸民族・諸国家に犠牲をしいた近代日本の一つの結末だった。

戦後，日本は平和主義を基本としているが，1982年の教科書問題③，1989年の昭和天皇の大喪の礼の代表派遣④，1991年の掃海艇派遣問題⑤などで，内外に議論がおこっている。 →P. 173

① 日本を盟主として，東アジア・東南アジアの共存共栄をはかることを主張したスローガン。日本の侵略政策を合理化するために唱えられた。

② 福沢諭吉 1835-1901 が発表した「脱亜論」の主張を要約したことばで，欧米を手本とした近代化を最優先し，そのためには，欧米諸国同様に，アジア諸国を処分（植民地化）すべきだというもの。

③ 「侵略」を「進出」と書き替えるように指示があったことに，近隣諸国から抗議や批判の声があがったもの。東南アジアに関する記述の部分で，この指示通りに書き替えた例が，この年にもあった。

④ 164の国と国際機関の代表が派遣されたが，その派遣をめぐって，いくつかの国で議論があった。

⑤ 湾岸戦争中に設置されたペルシア湾内の機雷を除去するために，海上自衛隊の掃海艇が急きょ派遣された。東南アジア諸国からは，派遣を決定する以前に意見を聞いてほしかったとする声があいついで出された。

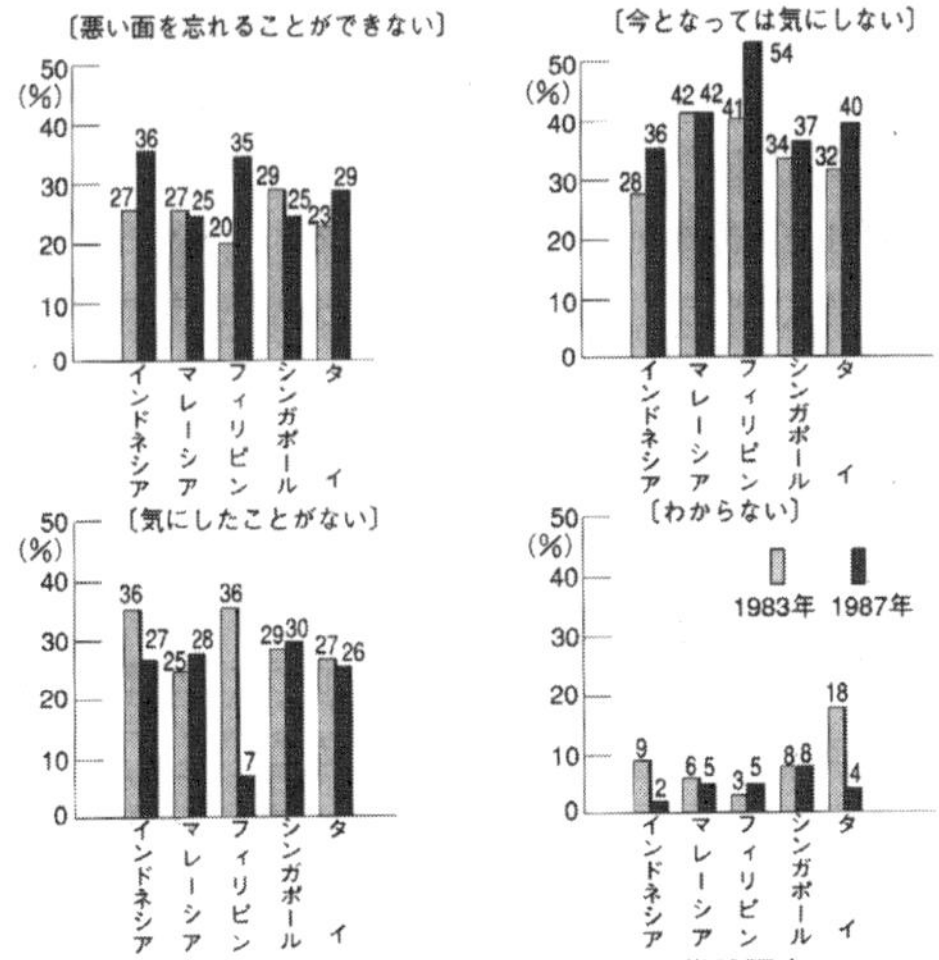

↑ ASEAN諸国における対日世論調査 →裏見返し

脱亜論　福沢諭吉（1885年）

今日の謀《はかりごと》を為すに，我国は隣国の開明を待て，共に亜細亜《あじあ》を興《おこ》すの猶予《ゆうよ》ある可《べか》らず，寧《むし》ろ其伍《そのご》を脱して西洋の文明国と進退を共にし，其支那《しな》朝鮮に接するの法も隣国なるが故《ゆえ》にとて特別の会釈《えしゃく》に及《およ》ばず，正に西洋人が之《これ》に接するの風に従て処分す可《べ》きのみ。悪友を親しむ者は共に悪名を免《まぬ》かる可らず。我れは心に於《おい》て亜細亜東方の悪友を謝絶するものなり。

と、語ってくれたのだった。

私の勤務校の生徒たちは私を通してそうした証言を聞き、差別的民族観の問題性を読み取り、討論などで認識を深めていった。

これらの体験を踏まえて執筆した原稿を、一方的な理由で全面却下されたままでは、生存者たちに言い訳ができない。合わせる顔がないというのが、この時の私の思いだった。

※提訴を決意する

ではどうするか。毎年、検定結果が公表された折など文部省（当時。現文部科学省、以下同じ）批判の声が新聞紙上や集会などで展開される。しかし、それらは一時的でしかない。それに、国会以外の場では文部省がそれらに真剣に対応することは、ほとんどない。密室の中で進められた検定の実態を広く公開し、文部省側も出て来なければならない場で、執筆者が対等な立場を保障されて議論できるのは、裁判以外にはない。

私に裁判を明確に意識させたのは、編集者の中村氏だった。私が重ねての原稿修正を断念して原稿撤回を決意した時、「先生は納得できないでしょうけれど、これが検定です。集会などでいくら文句を言ってもかれらは馬耳東風です。議論の場に呼ぶには裁判しかありません」と言ったことを、今も覚えている。

提訴を決意するまでには時間がかかった。家永訴訟以外には前例がなく、家永訴訟が長期化する中で家永氏の負担の増大や、本人と家族への脅迫、いやがらせの様子も、伝えられていた。それでも、家永訴訟を支援する組織や弁護団の中心となっている人たちとは、内々に相談を進めた。

そうこうするうちに、決意を固める日となる九三年三月一六日を迎えた。学年末の成績処理をしている最中に、知り合いの教育担当の記者から電話が入り、最高裁で第一次家永訴訟に対する可部判決が出され、原告全面敗訴と知らされた。帰宅途中、すべての夕刊紙を買って電車の中で読んだ。判決は、国側によほど目にあまる行き過ぎ、看過しがたい過誤がない限り、検定は好き勝手にやってよいという、最低最悪のものだった。その上、新聞の解説記事では、これで教科書検定をめぐる議論が〈最終的結着〉になったと、断定していた（読売新聞）。

この最低最悪の判決を最終結着にするわけにはいかない。これを変えるには、別の裁判を起こして、新たな判決を獲得するしかない。目下のところ、私以外にそうした準備をしているとの情報はない。しかも私は家永氏同様に国立大学に属し、公務員である上に「大学の自治」によって、身分は保障されている。原稿却下で泣き寝入りをしてはならない当事者である上に、こうした身分上の適格性まで備わっている。

これで何もしないでいたら、後に生徒から問われた時に、弁解ができない。社会科担当の教師として「人権は自分で守れ」と生徒に強調し、「自分の人権を守れない教師が生徒の人権を守れるはずがない」と教育実習生たちに言い続けてきたのが、ウソになる。ことここに至っては提訴するしかない。帰路の電車の中で、車窓から空を見上げながら、そう決意した。

帰宅すると、先に戻っていた妻が玄関に走り出てきて言った。「知ってる？　家永さんに全面敗訴の判決よ、それでも提訴するの」と。私はひと呼吸置いて、「分かっている。だからボクが次にやるしかないのだよ」と言い返して、そのまま家の中に入った。妻はしばらく玄関に立ちつくしていた。やがて部屋に戻ってからは、そのことについてまったく口にしなかったが、暗黙の内に了解の様子だった。

後に妻が語ったところでは、私の強固な決意とその真意を知り、支えていくしかないと思ったという。私の身を案じる立場と、自身も高校で社会科担当の教師であるその社会的責任とのせめぎ合いの中で結論を導き出したようだった。

✻教科書裁判の原告が出にくいのは…

こうして私が提訴の意志を固めてから間もなく、このことは家永氏にも伝えられた。間に立った人たちから、家永氏が「とうとう次の人が登場した」と、ことのほか喜ばれたと聞かされた。さらにご本人から、直接の手紙や電話までいただいた。

そうした様子は、家永氏と私の対談をまとめた『教科書裁判はつづく』（岩波ブックレットNo.四四七／一九九六年）に詳しい。

ともあれ、この時の家永氏の反応は、それまで言いたくても言えなかった我慢の重みを示すものでもあった。それは要約すれば、他の教科書執筆者たちも、不当な検定を体験しているはずなのに、なぜ提訴しないのか、家永訴訟に証人その他で協力はしても、原告になるのがなぜ三回とも家永氏でなければならないのか、ということだった。

事情に詳しい人の話では、多くの学者執筆者の場合、研究時間を失うことを危惧したという。さらに決定的なのは、文部省からの密室内でのいやがらせ類を恐れた教科書会社や編集者たちの、なりふりかまわぬ懇願や泣き落とし、中には土下座してまでの制止だったとされている。

ところが、私の場合にはそうしたことが一切なかった。編集者の中村氏は「裁判しかありません」と言ったことを私が本気にするはずがないと思っていたようだ。それだけに私が提訴の意志を固めたことを伝えると、強く反対し、最後に「私個人としては裁判をすることに反対だけれども、先生が決意したのなら仕方がないです」と言った。その上で「裁判をするにはこれらの資料が必要でしょう」と、私が欠席していた編集会議で執筆者たちに配っていた資料類を提供してもらった。この時の資料が、裁判では大いに役立った。

さらに中村氏には、提訴後の横浜地裁で事実調べが始まると、検定の実態を明確にするための原告側証人の役も引き受けてもらった。国側からの反対尋問にも対応しなければならない困難な役割であっただけに、その決断と勇気は際立っていた。

それでもなお気がかりだったのは、中村氏の社内での立場だった。証人としての出廷などに関しては、労働組合に会社との交渉を通じて支えてもらえた部分もあるが、当該の教科書『新高校現代社会』が採択部数で激減ということになれば会社全体に打撃となり、中村氏を守るのはむずかしくなる。それだけに、提訴（九三年六月）から数カ月後に、同書の採択部数が大幅に増加したと知らされた時の安堵の思いは、格別だった。提訴がニュースとなって知名度が上がったことや、高校は学校単位の採択なので現場教師仲間からの支援の態度表明と結びついた可能性など、日本社会の民主主義の成熟ぶりを改めて感じ取ったできごとであった。

※支援する会の発足

別掲の経過説明（Ⅱ章）にもあるように、神奈川県内の教員仲間を中心に、私の裁判を支援する会が提訴段階で具体化され、九三年七月には発足集会も開催された。支援する会の存在が、原告の負担を物心両面でどれだけ軽減してくれたか、測り知れない。

また、弁護団も一二四人という大規模集団で発足した。このことも、原告に大きな自信と安心感を与えてくれるものだった。当初、私自身は職場が東京都文京区内にあるので東京地裁での提訴と、短期裁判を前提に数人の弁護団とを想定していた。ところが下相談の段階で、第三、第四の教科書裁判に向けた呼び水となるように、民事訴訟であれば執筆者の居住地で提訴できることを示す実例にしたいとの要望を受け、住居のある横浜地裁に訴状を出すことになった。加えて、弁護士（代理人）もこれまで家永訴訟を支えた東京地区ではなく、神奈川県内（横浜弁護士会）で広く参加を呼びかける方式がとられた。当時の同弁護士会に所属していた全員約六〇〇人（実働約四五〇人）に参加を呼びかける文書を送ったところ、一二四人が参加の意思を表明するに至った。最終的には、東京から私が高校で担任をしていた卒業生が一人さらに加わり、一二五名の大弁護団となった。

とはいえ、定期的な会議や数回の泊り込みの検討会などに参加し、テーマ別に分担する形で中心になったのは、約二〇人の若手の弁護士たちだった。それにしても、なぜこれほどの大集団になったのか。当時の司法の状況は全体として権力者寄りの姿勢が目立ち、「司法の危機」が指摘されていた。その典型例が第一次家永訴訟での前出の最高裁・可部判決だった。もともと正義感の強い弁護士たちの間では、司法の反動化を危惧する思いが強まっていた。そこへ自分の地域で新たに教科書裁判が始まるのであれば、代理人として参加したいと考えた人々が多いのは自然だ。

家永氏も可部判決で示された司法の反動化ぶりを強く懸念し、私の提訴について「この最悪と思える司法の状況の時に、新たに提訴するのでは大変でしょう」と言われた。それに対して、私は「今が最悪であるならば、これ以上悪くならないということでしょう。最高裁まで行くとして、約一〇年はかかるそうです。日本の社会は行きつ戻りつはしていますが、長い目では確実に主権在民で民主化が進んでいると思います。一高校教師でも日本政府を相手に裁判ができると実証して見せることで、最悪と思える時であろうと主権者中心の社会づくりは進められているのだと分かってもらえますから」と答えたことを覚えている。

✻杞憂だった大学当局からの圧力

当時私が勤務していた高校は、東京教育大学を強引に閉学して創設された筑波大学に所属していた。それでも付属高校自体は、東教大時代に家永氏や朝永振一郎氏たちが培った民主的な学校運営を維持していた。その一方で、筑波大は大学紛争対策として管理主義を最優先するモデル大学とされ、クラブ活動や学生新聞などに対する厳しい規制などで、全国に知られていた。

それだけに、東教大時代に提訴した家永氏の場合とは異なり、筑波大本体から私や付高に対して、この件で様々な圧力が加えられるのではないかとの懸念が周囲から寄せられた。思い起こせば「日の丸・君が代」の卒業式・入学式での実施率が、国立大付属学校ではきわめて低かったのに対して、文部省はそのことを根拠に各大学本体への各種予算・補助金の支出を差し止めるという手法で、九〇年頃に圧力をかけた。その結果、大学首脳が各付属校に脅迫まがいの要請をくり返し、全国的に付属校の実施率がはね上がり、各大学に出向していた文部事務官たちは、その実績を手みやげに本省へ戻ったとも言われた。

このような状況であったので、前出の懸念は当然と思われた。そこで、念のために私の提訴が広く報道されたあとに、筑波大学として不都合と受けとめていないか、付属高校の不利益になることがあるかを、非公式に打診した。大学の事務部局からの回答は、「国立大学の教職員であろうと、文部大臣を相手に訴訟を起こす権利は認められているので、大学としては何ら関与するものではなく、問題はない。ただし、民事訴訟の原告の場合は、法廷に出るための特別休暇扱いではなく、有給休暇扱いになる」というものだった。

当時の職場の仲間たちと「さすがは規則最優先の筑波大学！　主権在民の法体制下にあることが、

第を説明した。これで証明されたわけだ」と語り合い、さらに授業でも生徒たちの関心が高かったので、ことの次

それでも、大学当局は裁判のなりゆきを知っておきたいはずだと考えられた。横浜地裁での審理の様子は、開廷されるたびに翌日の朝刊で伝えられたが、記事が載るのは神奈川版と横浜版にほぼ限られていた。そこでそれらの記事コピーを私が付高の事務室に渡し、茨城県内の筑波大本部へ情報として送り届けるということを、毎回続けた。

そうしたこともあってか、私が九六年三月末をもって現在の琉球大学教育学部へ転勤するまでの間、私の裁判が理由となって大学と付高との関係がぎくしゃくするという事態は、私の知る限り生じなかった。また、琉大への転勤に際しても筑波大当局は、他の場合と扱いに差をつけることなく、通常通りの対応で諸手続き、処理がすまされた。

さらに、私が琉大に転勤することになった時、「とうとう筑波大が高嶋を追い出した」といきり立った人が少なくなかったと、後に聞かされた。それは誤解で、転勤は私自身が社会科教育の多様なテーマを見つけられる沖縄に魅力を覚え、社会科担当の教員養成にやりがいを感じたためだった。

しかし琉大からの教員公募に応じたものの、見通しに確信があったわけではなかった。それ以前にいくつかあった関東近辺の大学の件は、筑波大学紛争時に組合役員をしていたことや、この訴訟が障害になってか、最終段階でご破算となることをくり返していた。

にもかかわらず、琉大教育学部教授会は私の採用を決定し、九六年四月から着任することになっ

た。教育学部教員として本来の職務に適任かどうかで判断するという原則を貫き通したその姿勢は、大学の自治の精神を体現したものだった。それならば、そうした組織の一員に自分も喜んで加わりたい、と私は考えた。こうして転勤した琉大では、付高時代に負けず劣らずに、裁判だけでなく教科書問題全般に取り組み続けている。

これまで具体的に説明してきたそれぞれの経過は、その時々にとりあえず当面の対応として決断したものを並べたにすぎない。それでも改めて振り返って見ると、日本の民主主義の根幹は主権在民の原理にあるはずだとの信念を持って行動する限り、それが無冠無力な一個人であっても、その行動を支える様々な対応が自然発生的に、あるいは必然的に今の時代には生まれる状況になっていることを、実証してくれているように思える。それは、教室内で建て前論に終始しがちな社会科教師にとって、得がたい体験となっただけでなく、生徒たちに改めて「建て前」の大切さを強調して語ることができる自信を与えてくれるものでもあった。

✳検定官の「ひとり言」は検定意見？

とはいえ、前述の通り最終の最高裁判決では、原告全面敗訴となった。にもかかわらず負けた気がしないと、なぜ言えるのか。その主要論拠である一審で違法検定と認定された二つの争点をめぐる上級審判断の問題点を、改めて整理してみることにする。

まず、湾岸戦争後の掃海艇派遣に関し「東南アジア諸国からは、派遣を決定する以前に意見を聞いてほしかったとする声があいついで出された」と記述した部分を修正するように、検定官が指示した件だ。「東南アジアの国々に意見を求める必要はない。低姿勢すぎる」とのその指示は、近隣諸国から抗議が殺到して当然な暴言と思えたので、私は不当な指示だと主張した。これを法廷で指摘され、文部省はあわてた。しかし、多くの裁判でくり返されている「言った」「言わない」の論争は起きなかった。

今回の訴訟の発端となった教科書『新高校現代社会』（九四年度用）の出版元となった一橋出版は、検定意見の言い渡しの際に、筆記だけで録音は用いない方針だった。その方が、検定官の柔軟な対応が得られると、一般的には言われていたからだ。

一方で、家永三郎氏の場合は、毎回の録音記録が残されていて、検定意見の事実確認で論争は起きていない。それだけに筆記だけだった本件では、言ったかどうかという、いわば入口論争に手間どることが危惧された。

ところが意外にも、文部省はこの発言の存在を多少もたついたものの比較的あっさりと認めた。筆記資料が複数あって、否定できないと判断したと思われる。またそれ以上にこの〈暴言〉の外交問題化を回避することこそ重要と考え、激しい議論になって広く関心を呼ぶのは得策でないと判断した可能性も高い。

次に文部省が打ち出した対応策、それは「この部分は個人的意見（感想）であって、本来の検定意見ではない」というものだった。その上で、検定官は法廷で、個人的感想だという断りを付けなかっただけでなく、声の調子を変えたり、前後と間を空けるなどして、執筆者側が本来の検定意見とは違うと気づくようなことは一切しなかったと、率直に認めた。それは〈暴言〉を検定官の個人的責任の枠内に封じ込めることで、公的責任の追及を最小限に押し止めようとするためのものだった。一審判決で慶田康男裁判長（陪席裁判官千川原則雄、篠原康治）が、この指示は公私混同の職権濫用による違法行為と認定したのは、国側も半ば想定の範囲内としていたもののはずだった。

ところが東京高裁の北山元章裁判長（陪席裁判官青柳馨、竹内民生）は、「これは本当に正式な検定意見なのですか」と質問しない執筆者側が悪いとし、国側に責任はないとする判決を出した。

家永氏が提訴した一九八〇年代までの「条件付合格」とは異なり、九〇年以後執筆者は「一発検定」制のもとで、「蛇ににらまれた蛙」同然の状況に置かれている。このことは、一審法廷でも指摘された。にもかかわらず、国側は控訴審で苦しまぎれに、一審判決で否定された執筆者側への責任転嫁論をくり返した。それを北山裁判長が逆転判決の主要論理として採用したのだから、国側もさぞかし驚いたことだろう。しかもこのこじつけ判決を、最高裁の五人の判事が全員一致で正当と判断した。司法の堕落がここまで及んだかと驚いた人は少なくないはずだ。

＊「改竄資料」で作成された検定意見

だがもう一つの件で、これ以上にもっとひどく破廉恥な論理を、東京高裁は用いた。それは、検定官が関連資料が改竄されたものであるとの研究結果があったことに気づかず、改竄された資料を根拠として検定意見を作成していたものだった。法廷でそのことを指摘された検定官自身が、検定意見は「誤りと言われても仕方ない」と認めたほどで、検定意見の不当性は明白にされていた。

具体的には、福沢諭吉の『脱亜論』の結論部分と、勝海舟の『氷川清話』から「朝鮮は昔お師匠様」部分の抜き書きとを並記し、二人のアジア観を対比させた記述に関するものだった。ここにはいくつもの不当と思える検定意見がつけられた。その中に、海舟の文は「前後を端折って、都合のいい部分を抜き書きにした感がある」との指摘があった。

しかし、何度読み直しても検定官の言う〈福沢と似たアジア観〉が引用文の前後には見当たらない。修正のやりようがなく、謎だった。その謎は法廷で解けた。検定官は、海舟の談話等を『氷川清話』にまとめて編纂した吉本襄が、内容を勝手に書き替えた改竄本『氷川清話』(『日本の名著、第三二巻』中央公論社、一九七八年。角川文庫『氷川清話』も同じ)を、論拠としていたのだった。

※地裁判決を否定する東京高裁の判断

この一審判決を聞き、これで上級審に進んでも私の全面敗訴の心配はなくなったと、確信した。それくらい明確で説得力のある事実調べと結論なのだと、私には思えた。にもかかわらず、東京高裁の北山裁判長が下した判断は、国側に違法性はないというものだった。

その理由は、吉本による改竄を明らかにした松浦玲氏の研究に関して、その成否、妥当性等について学界で論争がなく検討されていないので、広く認知された定説とは言えないというものだった。

従って、改竄本とされるものを根拠にした検定意見を、不当とはできないという。

一見もっともらしく聞こえるが、そこには大きなごまかしがある。それは改竄を見抜かれながら、反論もしないまま知らないふりをして、今も増刷を続けている角川文庫版の『氷川清話』編著者と、松浦氏を同格に位置付けていることだ。

松浦氏の場合、長年の勝海舟に関する研究実績から角川版『氷川清話』に対し、「私は、勝海舟があんなことを喋る筈が無いという疑いを長く持っていた」という。そこへ一九七二年から刊行された講談社版『勝海舟全集』の仕事に加わる機会を得たので、『氷川清話』を初出文献と照合するなど、徹底的に点検することを提案し、同氏がその作業を担当することになった。多大な人手と時間をかけて新聞、雑誌等に載った初出の談話を確認し、吉本襄氏によるリライトを是正しただけでなく、収録から除外した談話も増補して、全集本『氷川清話』が刊行された。この全集本を土台として七四年に出版されたのが、講談社文庫版で、私が執筆の際に典拠としたのが同書だった。

ここでの点検には、松浦氏だけでなく多数のスタッフと、江藤淳氏たち全集刊行の責任者たちも関与している。とりわけ同全集刊行の代表責任者江藤淳氏は講談社文庫版の「まえがき」で、次のように明確に宣言している。

「これは、全く新しい『氷川清話』である。（中略）かくして海舟は死後四分の三世紀をへだてて、はじめて何者にも妨げられずに、その肉声によって語り出すにいたったのである。海舟の真意と肉声をこのように生かし得たことに、われわれは限りない喜びを感じている」と。

しかも、松浦氏はその後点検作業を継続し、同書を講談社学術文庫版で再刊した二〇〇〇年一月までの間に判明した改竄部分についても訂正を加えたことを明らかにしている。さらに松浦氏は、学術文庫版刊行に際し、角川文庫版に対して「吉本の『氷川清話』を現代表記に改めるだけで別の編著者名を冠して売っている本では、吉本にすっかり騙されて」いる、とも指摘している。

✳徹底した松浦氏の検証

これだけ明確に批判されているにもかかわらず、角川文庫版の編著者は何も反論をしていない。こうした場合、反論しないということは、批判が妥当と認めたも同然と解釈するのが社会的には、通例とされている。裁判でも同様に見なすはずだ。

それに、松浦氏による吉本本に対する点検作業は徹底しているし、安易に第三者がその適否の再検証を試みようとしたとしても、簡単にくり返せるものでない。大手出版社の財力と組織力を得て初めて実行できたものだ。しかもそれ以前に、長年にわたって海舟を研究してきた松浦氏だからこそ、「海舟があのような事を喋るはずがない」という総点検の動機が生じたのであって、安直な再点検作業程度ではとうてい松浦氏の学識に太刀打ちできるはずがない。それほどに松浦氏による点検は実証的で理路整然としている。

たとえて言えば、松浦氏による講談社文庫版と、改竄が明らかな角川文庫版とでは、同じ『氷川清話』と題していても、その質において、月とスッポン程の落差がある。そのことは、こうした経過説明を聞けば中学生どころか、小学生でも分かることだ。

ところが、東京高裁と最高裁第一小法廷の八人の裁判官たちは、こうした差を識別して成否を判断する思考力を全く働かせることなく、皮相的な対比の論理で権力擁護の逆転判決を下した。東京高裁の場合は、審理段階で早く早くと進行を急がせ、証人の採用申請の大半を却下しておきながら、判決公判を開廷したのは、結審から一五カ月後だった。最高裁第一小法廷の場合は、上告理由書提出から三八カ月を費やした。散々待たせたあげくに、子供だましの空疎な判決しか出せないのだから、原告からすれば、負けた気などしないのは当然だろう。

議論の内容、理屈のやり取りで圧倒されている時に、権力者が用いる卑劣な手段、それが職権の濫用だ。改めて、司法を監視する実効的なシステムの必要性を今回の上級審判決は示している。

＊「高校生には無理」という論理

こうした司法批判を強調する理由が、もう一つある。それは、東京高裁の北山判決が国側全面勝訴の根拠として、福沢と勝と二人の文章を、高校生に比較させるのは無理だとの国側主張を採用したことだ。この主張は、一審判決では却下されている。それも当然で、『新高校現代社会』は全国のすべての高校生が使うことを前提にしたものではない。生徒には理解の早い、遅いなど個人差があり、各学校の教師が自分の担当する生徒に適していると思われる教科書を、現代社会用であれば十数種の中から選ぶことになる。

それをいかにも、理解力の遅い生徒には重荷過ぎるのではないかとばかりの親切ごかしに、「成立経過も背景事情も異なる文章を抜粋して」「両者を比較して、その違いやその違いを生じた原因を考え、討論させるというのは、高等学校の生徒に対し無理を強いるものといわなければならない」と結論づけたのが、文部省検定官たちであり、上級審の八人の裁判官たちだった。彼らの共通点、それは教員免許状がなく、教職経験がないまま、「高校生には無理」と断定したことだ。

一方の原告である私の場合は、二五年間の現職経験に加え、福沢と勝の二人の著作による文章を教材とした十年来の授業実践を踏まえ、満を持して執筆したのが今回の原稿だった。

前出の『氷川清話』の件では、小学生でも判断できる程度の理論の優劣判別を、形式的な公平論で回避し、ここでは専門職教師の判断を、今度は小学生レベルでしかないおのれの判断で切り捨てている。しかも、教育の実情に無知であることを自ら晒していることにさえ気づいていない。

ここにもまた、司法が権力を濫用している姿が現われている。ご都合主義で権力の濫用をくり返す。それは、いまや司法における〈権力の暴走〉になりかけているようにさえ思える。

なお付言すれば、この「高校生には無理」という主張は国（文部省）側が持ち出したものだ。裁判官とは異なり、検定官たちは『新高校現代社会』が、すべての高校生に押し付けられるものでないことは熟知していたはずだ。にもかかわらず、いくら苦し紛れとは言え、こうした主張を法廷という公の場で展開したことは、許しがたい。

とりわけこの主張は、私が在職していた筑波大附高の生徒を含め、全国の多くの高校生の知的能力を実際よりも著しく低水準にあると、一方的に断定したのと同じものであり、教育担当の官庁としては、犯罪的でさえある。この主張を広く高校教育全般に適用するならば、思考力や判断力の育成をめざして複数の文章資料を比較検討する討論や小論文形式の課題は、大半が不適切ということになる。中学校教育でも取り入れられ始めているディベートさえも、排除されかねない。また大学入試の小論文形式の出題でも、不適切なものだらけのはずだ。そうした具体例を見つけることは、むずかしくない。それらの事例を提示された時、文部省側はどう釈明するのか。

＊最終判断は生徒に委ねよう！

判決では一応の勝訴となっても、国側は新たな批判材料をこのように次々と、私たちの側に差し出しているのが、最終判決後の目下の状況でもある。

私たちは、こうした批判材料をさまざまな機会に活用できるというフリーハンドを得ている。中でも最大の活用方法については、提訴の時から私の胸の内で明確に決めてあった。それは、これら一連のできごとを教材化し、高校生に判断を求めるということだった。

今回の場合、本稿で説明してきたような経過から、私と文部省との対立を当事者だけでは解消できなくなって、司法の判断を求めるということにした。しかし、司法にどれだけ教育の実情をきちんと認識できるのかが、最初から一定程度の懸念として、私にはあった。それでも様々に説明していくことで、地裁では判決を見る限り、理解不足の悪影響は皆無に近かった。上級審では危惧した以上の悪影響だったことを、すでに詳しく触れた。

いずれにしても、こうした可能性を想定しながら、私の胸の内にあったのは、最終判断を生徒に求めたい、ということだった。もともと生徒の使う教科書をめぐる議論なのだから、おとなばかりの対立で決着をつけたとしても、その最終的評価は、生徒に委ねるべきだという発想だった。

こうした発想を私が持つに至ったのは、勤務先が大学附属学校であって、最初から教科書を使わない独自の実験的授業を要求されたためだった。それは自分でテーマを選び、資料を集めて構想に肉付けし、自主制作のプリントを主体にして授業をやり抜くことを意味した。教科書を使う授業であれば、生徒は学習とはそういうものと受けとめ、黙って書かれている話題に関心を切り替える。

それが独自プリントを使う授業となると、なぜこの話題を扱うのか、理由づけの説明に納得しなければ、関心を集中させてくれない。否応なしに、生徒たちの関心のありどころや興味の強弱、さらには知識量の変化を把握するために事前アンケートや意向調査を、授業中のやりとりにも織り込みながら、くり返し続けることになる。

そこで分かったことは、生徒たちがおとな顔負けの状況判断や思考の能力を持ち、時には純粋な正義感に基づく批判力を発揮すると同時に、包容力をも持ち合わせていることだった。私が修士課程修了後に着任したばかりの最初の数年間、若さに駆られてのクセのある、時には粗雑な授業をしても、生徒たちは遠慮なく批判しながら、「まだ不慣れなのだから少しずつ直していけばいいよ。熱心なのは分かっているから」と言ってくれた。私は生徒たちに教師として育てられたのだった。

※教科書検定事例の教材化

それだけに、生徒たちには授業を通じてプリント資料を絶対視しない姿勢が自然に身についていた。しかしその一方で、教科書については絶対視する傾向が顕著だった。教科書も鵜呑みにするのではなく、相対化して受けとめられるようにする工夫が求められた。

そこで用いたのが、検定で教科書が実態と異なる記述に変えられている事例を、教材とするというものだった。主に使ったのは社会科地理の素材で、北方領土周辺の北千島と南サハリンの南北両端にそれぞれ国境線が描かれ、それらに挟まれた地域は日本領ともソ連（現ロシア）領とも色づけしてはならない（現在は白抜きに限定）とされている部分や、中華民国が一九七二年の日中国交正常化以後は「台湾」表示のみに規制されていることなどを示した。それは、教科書が国内政治や国際情勢に影響された情報の集積物であると、気づかせる意図をもってのことだった。生徒たちはその意図を正面から受け止め、そこから教科書の相対視だけでなく、官庁などの公式資料類やマスコミ情報に対しても点検の目を向けるようになった。

折りしも、一九八一年四月以後には新設科目の高校現代社会（現社）用教科書で、水俣病の元凶チッソの社名削除（世論の総批判を受けて後に文部省が記述復活を容認）や、「原爆の図」削除などの強権的検定をされていた実態が次々に明らかにされた。同時に、教育現場から求めたものではないにもかかわらず、高校社会科唯一の必修科目とされた〈押し付け科目〉「現代社会」にどう対応すべきかが、高校現場では大きな課題となっていた。

そうした最中に開催された日本教職員組合の全国教育研究集会（全国教研、八二年一月、広島県）の社会科分科会で、私は前出の検定事例を教材化した授業実践を報告し、八二年度開始の現代社会授業では、新たな検定事例での授業実施を提案した。翌八三年一月の全国教研（盛岡）では、東京都立高校で新聞報道された検定事例による授業を実施した例が報告され、新聞・ＴＶの注目を集めてくり返し全国に報道されるにいたった。そこでは生徒たちの「戦争の悲惨さを隠そうとしている」「政治の介入」などの感想が紹介され、文部省側の神経を逆なですることになったと、伝えられた（『内外教育』八三年一月二五日、時事通信社）。

こうして、検定事例を教材化する現代社会の授業は全国に広がり、『新高校現代社会』の前身『高校現代社会』（一橋出版）が他の教科書に三年遅れて八五年度からの登場だったものの、最初から教科書問題を本文に事実として記述する先駆けの役割を果たした。やがて教科書問題、とりわけ検定実態を教材とすることは、高校の場合、定番化するに至った。

当時の〈押し付け科目〉現代社会のねらいは、社会科の各分野を広く浅く学ばせるだけで、断片的な知識ばかりの雑学的学習に終始させ、社会についての体系的組織的認識には進ませず、結果的に現状肯定の社会観を全高校生に定着させるという点にあるというのが、私たち教師の分析だった。その意図は、検定事例の教材化普及によって、生徒たちの教室での主体性が高まることになり、絵に書いたモチで終わった。

いらだった筑波大の学者グループなど、当時の社会科教科書「偏向」攻撃の中心となった文化人たちからは、早急に現代社会の廃止を求める声さえあがった。朝令暮改の謗りを懸念した文部省が採った対応は、九〇年代の教育課程で現代社会を選択科目にすることだった。そこでは、当時大学センター入試でも出題されなくなっていた現代社会をあえて開講する普通科高校は激減し、やがて自然消滅（「安楽死」）するだろうという、文部省の期待があったと思われる。

しかし、現場では受験を意識せずに一つのテーマを数週間かけ、多角的立体的に掘り下げられる現代社会は、高校社会科の本来の醍醐味を充分に実感させるものとして八〇年代に知れわたってい た。いわば〈禁断の木の実〉を味わった全国の社会科教師たちは、九〇年代の新課程でも引き続き、現代社会を開講することを望み、教科書の需要も大幅に落ち込むことなく、十数種が検定に申請された。その中に私も加わっていた『新高校現代社会』があった。

そこでは迷うことなく、私の担当部分に教科書問題の存在を事実として明記した。そのことがまた、私の執筆部分がねらい撃ちにされる一つの要因になったとも思われる。

しかし、仮にそうだとしても、私たちの側にはそうした権力の介入を、逆に教材の一つとすることで、生徒の判断力を信頼し、権力側にとっての逆効果、やぶへびの事態に転換した実績がある。その自信もあって、私は今回の裁判を、提訴の時から教材化し、最終的には「歴史の審判」ならぬ「教室の審判」に付す心積もりだった。

そのこともあって、地裁と高裁それぞれの結審で原告最終陳述をした時、最後に「高校生がなるほどと納得する結論を期待します」と裁判官に呼びかけた。じっさい、地裁では審理の途中で裁判官たちが、高校生の反応に関心を向けている様子が何度も見られた。しかし、高裁ではそれがまるでなかった。両者のこの点での違いが、そのまま判決の差に反映したとも思える。判決が出た現在、提訴当時に加えて、教材化の対象に裁判官と判決も含めるつもりになっている。本書の出版意図の一つもそこにある。

※「教室の審判」素材として

このように前出の二つの争点における認定の適否、「高校生には無理」とした文部省と上級審の断定に対する評価など、「教室の審判」の素材にはこと欠かない。政治に従属し、「権力の番犬」化した部分の司法判断で敗訴となっても、くじけることはないし、新たな行動材料の入手に私は勢いづいている。何しろ私たち教師は、「教室の審判」の場を創れるという「教育不敗の信念」を、代々引き継いできている。

さらに、教育行政や司法判断の基準とされるべき学校教育法では、高校教育の目標の一つとして、「社会について、広く深い理解と健全な批判力を養い、個性の確立に努めること」（第四二条三号）と明記している。今回の件で文部省と上級審がこの規定に反した行動をとっていることが、高校生にも充分に読みとれるはずだ。それだけに、そのまま「教室の審判」向けの絶好の素材になったと、私は考えている。

しかも私には、提訴直後の授業で「いつもは授業で教科書を使わない高嶋が、なぜ教科書批判なのだ」と私に迫りながら、「だって君たちといっしょにやって工夫した授業を、全国でやれるところでは実行してくださいと、自信を持って書いたのが、ダメだと言われたのだもの」と説明したら、「そうか、それなら許してあげる。がんばってネ」と言ってくれた生徒たちがいる。

私は今回の結末にひるむことはないし、今後も教師としての社会的役割を果たしつづけるつもりでいる。

＊良心の寄り添いの場として

最後に、この一三年間で最も心に残ったことに触れておきたい。それは、提訴の決意を公表した際にいただいた、たくさん手紙の中にあった、次のようなことばだった。

「高嶋先生の活動のおかげで、私たち日本人にも良心があることを、アジアの人々に知ってもらえるのだと思います。私もその良心にささやかに寄り添えるなら、これほどありがたいことはありません」。

私自身は、単に教師・執筆者として納得できないので、主権者としての義務を果たすのだという理屈に先走った理由づけをしていたにすぎなかった。それを心の通い合い、寄り添い合いの場なのだと気づかされた。こうして多くの人々の良心が寄り添い合ったことで、私の一三年間の裁判は支えられ続けたのだと改めて今思い起こし、今後も寄り添い合っていきたいと願っている。

Ⅱ章　ドキュメント・高嶋教科書訴訟の13年

〔高嶋教科書訴訟を支援する会〕

鈴木　晶・柴田　健

一九九三年六月の提訴から一三年に渡る流れを、五八号まで出された「高嶋教科書裁判ニュース」をもとに採録しました。

1 「支援する会」立ち上げと口頭弁論スタート

❖第一回公判、八月二五日に横浜地裁で（九三年九月 一号）

初の口頭弁論は一九九三年八月二五日、横浜地裁の特号法廷で行われた。この法廷は日本唯一のBC級戦犯裁判が行われた歴史的な場所である。家永裁判を引き継ぐ地域裁判の先陣をきるという意味で、多くの人々が大きな希望を持って集まり、傍聴のために来た人々が長蛇の列を作った。

高嶋さんの冒頭陳述「私の教科書原稿の基本理念は軍国社会を繰り返してはならないことです。平和な日本を次の世代にも継承することが、特に教師としての責任と自覚しています。生徒たちは戦争の話はうんざりだと言うが、なぜ戦争が行われたのか知りたいと言っています。そこで日本人のアジア蔑視という民族的差別観に注目し、福沢諭吉の『脱亜論』を、「現代社会」という思考力育

横浜地裁での第一回口頭弁論に出廷する日下部長作弁護団長（右）と原告。

成型の教科書の、討論のためのページに執筆しました。しかし検定で全面的手直しを要求されたことは、戦前回帰のような不当な権力の行使であり、一人の社会科教師として民主主義を守れなければ生徒へ民主主義を教えることはできないと考えています」。

終了後、横浜弁護士会館の五Fホールで報告集会と「支援する会」の発足総会が行われた。テレビカメラが並び、一五〇名の支援者が詰めかけた。改めて高嶋さんからの挨拶と、弁護団の解説、そして家永三郎さんから「二番バッターの登場をうれしく思う。とくに三月の最悪の最高裁（可部）判決で決意されたことに敬意を表したい」とのメッセージが寄せられた。

ニュース一号には八月二五日の様子のほか、早くも弁護団公開学習会について、俵義文氏の「最近の検定実態」が告知されている。

❖第二回口頭弁論に家永三次訴訟の影響を見た（九三年一二月　二号）

九三年一一月一〇日、第二回口頭弁論。国側が検定意見の正当性を主張する準備書面が提出されるはずであったが、開始後、用意されていないことがわかった。一〇月二〇日、家永教科書第三次訴訟・東京高裁川上判決で、国側の検定意見違法が一審の一箇所から三箇所に増え、「検定基準等の解釈は法規の解釈に準じて厳格になされるべきで、恣意的・便宜的な運用は許されない」という視点が打ち出されていた。文部省側に打撃を与えた判決直後ということで、国側は準備書面の見直しをせざるを得なかっただろうと、報告集会で大川隆司弁護士は指摘した。

弁護団公開学習会として暉峻淑子氏「ドイツの教科書制度」、浪本勝年氏「戦後教科書制度改革の歴史的意義」を告知。

❖第三回口頭弁論報告（九四年三月　三号）

九四年二月二日、第三回口頭弁論。特号法廷は今回も満席となった。

民事裁判では「書面主義」といって原告被告双方からの書面を交換し、次回期日を決定してわずか数分で終了するのが常である。それでは裁判官にこの裁判が多くの支持者に支えられていることをアピールしにくいし、支援の傍聴に来てくれた方々に申し訳ないということで、弁護団は毎回必ず陳述を行い、この二つの目的を達成できるように手間をかけた。

前回裁判長が「この裁判は検定の違憲性については直接関わらない」と述べたことに対し、大川弁護士は「検定での憲法の制限がたとえすべて違憲ではないにしても、本件が違憲ではないと直ちに判断すべきではない」と指摘。「憲法論の前に日本の教育が注入主義への反省から多様性が必要とされてきたことを重視すべきである。国側は教科書使用義務を言うが、明治三六年の国定制のときでさえ使用義務なしというのが行政解釈。表現の自由は世界人権宣言一九条によれば伝える自由も含む。受け手が子どもだとしても子どもの権利条約一三条には子どももこの自由を享受できるとある。教育の自由の観点からすれば、行政の介入は必要最低限であるべきだ」と、教育現場における権利が日本国憲法のみならず国際人権諸条約から見ても、擁護されるべきだという視点を提示した。

その上で「内容に明らかな誤りがある以外の検定は違憲ではないか。これは憲法三一条の適正手続きにも反している」と述べた。

大喜多裁判長はこの訴訟の重大さに気づいたのか、「今後、書証を整理するに当たっては、総論・各論という大まかなわけ方ではなく、より細かく体系化したい。次回口頭弁論前には立証方針を話し合いたいのでリスト提出を」と提案した。

報告集会では、国側準備書面の内容が紹介された。文部省が検定意見の言い渡しを「教科書調査官の感想」「好意で渡した参考資料」などという逃げ口上を使ったり、掃海艇派遣の検定意見を原告の「曲解」としていることがわかり、高嶋さんも「曲解とはわざとまげて解釈したということ。これでは人格攻撃だ」と苦笑しながら、「国側準備書面は、高校生には判断能力がないと決め付けている。教師の経験がないとピンと来ないかもしれないので、今後の法廷では高校生の作文などを紹介して、こちらが学ぶことも多いことを主張していきたい」と述べた。

その後「脱亜論」をテーマに石渡延男氏による弁護団公開学習会が行われ、日本人にある福沢諭吉のイメージが一面的であり、自由民権運動に反対したことや「脱亜論」の背景、歴史教育とのかかわりにおいて生徒の歴史認識を鍛えるのは格好の題材だという指摘がされた。

❖国側の引き伸ばし作戦、不発！（九四年六月　四号）

九四年五月二五日、一一時から第四回口頭弁論。国側は弁護士を使わず、文部省と法務省の官僚だけで裁判に対応をしている。文部省の教科書課の人間が被告席後列に座っている。若い世代の官僚にとってこの裁判はどのように映るのだろうか。

今回より大喜多裁判長から川波裁判長へと代わった。傍聴希望者は平日の午前中ながら七〇名を超えて抽選となった。口頭弁論では小村陽子弁護士を中心に、国側が準備書面の中で責任回避して検定意見ではなく「個人的感想」、「脱亜論」から『福翁自伝』への差し替え指示は「好意での参考資料」と逃げを打ったことを追求した。高嶋さんは、国側が「高嶋の曲解」としたことに対して発言を求めて認められた。

報告集会は九〇名が参加。弁護団公開学習会も行われ、「メディア・民衆と天皇制」のテーマで田中伸尚氏が講演した。皇室「外交」や皇太子結婚報道へのメディアの脇の甘さや刷り込み報道の危険性を挙げながら、皇室報道が多様な考え方や批判精神を育てる芽を摘み、タブー社会を温存する役割を果たしていると指摘、民衆側にも「慣れ」が出ているのはアジア侵略期に果たした天皇制の役割や責任への接近が不充分なのではないかと締めくくった。

❖調査官を口頭弁論に呼びなさい（九四年一二月　六号）

一〇月二六日の第六回口頭弁論は、鈴木義仁弁護団事務局長が「被告から総ての書面が出たので、次回に反論したい。今日は国側書面に究釈明したい」、裁判長が「どれくらい？　読んでみて」としたところから、見ごたえのある法廷が展開した。古川武志弁護士が「国側はテーマ8（掃海艇派遣問題）では検定意見をつけていないと主張していたが、今回の書面ではつけている」「『脱亜論』を国側は使うなとまで言っていない、と主張するが調査官のメモに『氷川清話』があるのは書き換え示唆では」と矛盾を追及。山崎健一弁護士は「調査官がアジアの声を聞く必要があるのか、低姿勢ではないかと発言したかをこの場で確認したい」と要求したが、国側は「書面で回答する」と。大川弁護士が「この場でYES、NOと言えることはやりましょう」と追求しても、「書面で」の一点張り。

すると裁判官三人が突然立ち上がり、後方の部屋へ入っていった。何が起こったかわからず、ざわつく法廷。弁護団の求めをどう扱うかの協議に入ったのだ。その間、大川弁護士が国側に「調査官が代理人としてここに来るべきだ」と追及。再開された法廷では、国側が立証を行うことと、調査官の「低姿勢」発言を認めた。裁判長は最後に「法廷で再釈明のないように事前にキチンとしてほしい」と国側の不明確な取り組みに注文をつけた。

❖検定官は口頭告知しましたか？（九五年三月　七号）

阪神淡路大震災の翌日（九五年一月一八日）第七回口頭弁論が開かれた。古川弁護士はテーマ6（現代のマスコミと私たち）について、国側が天皇問題や湾岸戦争情報コントロールを取り上げた趣旨が不明としたことに対し、テーマ学習のページなので共通性は不要だとした。テーマ8（アジアの中の日本）において「国側は二ページ全体を欠陥としたが、全体に対する総括的検定意見はなかったはず。調査官はそれを口頭告知しましたか？」と質問。国側代理人は「七項目の意見を口頭告知したが、準備書面で主張しているような総括的意見は告知していない」と答弁、それを裁判長は調書に書くように指示した。

大川弁護士は裁判長に、検定関係文書の提出命令要請を提出したので、提出命令を発するように要望した。裁判長は検討を約すと共に、国側に検定関係の法令通達集を裁判所と原告に貸せないかと尋ねるなど、形式にとらわれない柔軟性も持ち合わせていた。国側はこの法令通達集の提出に同意した。

ニュースには法廷外で行われていた「教材立証会議」（高嶋教材の有用性を、弁護団と教員らが中心になって明確にしていこうとする会議）のレポートが掲載された。弁護団が教員側に「文部省の教科書観＝生徒に討論させる具体的内容（論点）は教科書の記述の中で明確に整理されていなければならない、ということや高嶋教材が雑然として一体性がないという主張をどう切り返すか」という論点が示された。教員側からは、文部省の主張では何でも頭ごなしに教えることになる、社会科は思考トレーニングの場でもある。文部省も新課程で「その他科目」設定を認めて資料活用を促している。小・中の教科書では日本中心記述になっており、アジアを考えるところがないので、高校段階では必要になる、といった声が出された。

❖春の追い風、文書提出命令出る（九五年六月　八号）

九五年三月二九日、横浜地裁は原告側が要求していた検定関連文書のうち、「検定意見を示す部分」を法廷に提出するように「文書提出命令」を出したが、国側は即時抗告してこれを食い止めようとしていた。

第八回口頭弁論の四月一九日には、大川弁護士が「文部省は原告側に早く準備書面を出せというが、肝心なことをブラックボックスにして進行を遅らせているのは文部省側の姿勢だ」と強く述べ、「テーマ6では検定意見に記述は不正確との指摘はなかったのに、文部省の準備書面では不正確な部分があるからダメだとしている。どこが不正確か具体的指摘を」とつめよった。国側は「湾岸戦争の情報コントロールのところです」と答えるが、大川弁護士は「それは「検定基準第二章の三（正確性及び表記表現）を適用しているのか？　検定基準の条文に抵触しているのか、いないのか」と問いただすと、国は抵触していないことを認めた。

六月には提訴二周年となり、戦後五〇年も意識したイベントが行われた。横浜ランドマークタワー内のイベントスペースで、家永裁判から八〇年代の教科書問題、検定の実態やアジアでの加害をパネルにしたパネル・資料展示「ヨコハマから見るアジア・教科書」と、ミステリー小説『検察捜査』で九四年江戸川乱歩賞を受賞した中島博行氏（関博行弁護士・弁護団で掃海艇派遣問題担当）を招いて高嶋さんとの対談も行われ、三日間で二五〇名が来場した。

❖原告側証人まず八人（九五年一〇月　一〇号）

九五年九月一三日、第一〇回口頭弁論が行われた。裁判でこの重みを証明するためにも証人尋問は重要となる。

口頭弁論では、原告側から八名、被告側から三名の証人尋問リストが提出された。大川弁護士が「結審までの道筋を早くつけてほしい」と要望すると、川波裁判長は東京高裁に国側が抗告中の文書提出命令について「予定わかりませんかねぇ」と思わず苦笑、大川弁護士がそこで国側に「東京高裁でも提出命令が出たら提出を約束できないか」と迫った。「現段階では答えられない」とはぐらかす国側に、裁判長は「それは出してもらわないとねえ」と。

❖次から証人尋問が始まる（九五年一二月　一一号）

九五年一〇月三日、東京高裁は本件に関する横浜地裁の「検定意見に関する部分」を法廷に提出せよという文書提出命令を取り消す決定を下した。大川弁護士は、「東京高裁は審議会答申など本件文書は、検定申請者と検定当局との間の法律関係に関連する文書として提出の義務を負うような文書ではなく、行政内部の文書に過ぎない」とし、決定理由は①本件文書の作成は法令上義務づけられていない②検定意見の告知にあたり本件文書が交付されることはない、というものであるが、②については、実務上文部省から交付が受けられるものならば提出命令を求めるまでもないわけで、合理性を欠くものであった。検定規則七条により、文部大臣の検定処分は審議会の「答申に基づいて」なされるべきことが規定されており、法令上の根拠があるものである。高裁決定は答申「書」の作成を義務付けた規定がないと言いたいようだが、横浜地裁決定にあるように「検定審議会の答申ということは、その性質上文書によることを予定していると認められる」と考えるのが常識であると指摘、ただちに最高裁に特別抗告を行ったことを支援者に伝えた。

さらに大川弁護士は「子どもの権利条約」一三条が子どもに関する表現の自由を制限することが許されるのは、「①他の者の権利または信用の尊重　②国の安全、公の秩序または公衆の健康もしくは道徳の保護」のいずれかの目的のために必要であるとして法律が定めた場合に限られており、検定意見がこの限界を越えるものでないかどうか裁判所による審査を行わせるために、本件検定文書は不可欠であるとその意義を示した。

一一月一五日の第一一回口頭弁論では、裁判長は冒頭「提出命令の高裁決定はどうなりましたか?」

と聞いたので、原告側はみな驚いた。司法内でありながら制度上は結果が伝わらないことが判明。

鈴木弁護士は証人尋問を一カ月間隔で行うことを裁判長に求めた。裁判長も迅速な審理のために国側代理人へ「一から始めると一回五時間くらいかかってしまう。陳述書でカバーできないか?」と求めたが、国側は拒否した。裁判長は一カ月間隔に近い形で証人尋問を行うため、九六年一月一七日と二月二八日という二回分の期日が決定した。

この頃、「支援する会」は教科書問題に関わる六団体と共に、「教科書検定制度改善の要求」を文部省に提出した。一九八九年に改められた教科書検定制度は「簡略化・簡素化・重点化」を特徴とするとされ、マスコミにもこの新制度で検定が緩和されたと誤解されていた。しかし実態は逆で、不合格の異常な多発、検定手続き及び検定意見への対応作業の煩雑化などきわめて問題の多い制度になっていた。しかも提出した申請本の合否がそれまでと異なり最後までわからないので、出版社・執筆者側がそれまで以上に過剰な自主規制を強いられる状況が生じていた。

2　横浜地裁証人尋問

❖証人尋問、不思議な証言続出!（九六年二月　一二号）

九六年一月一七日、証人尋問が始まった。国側証人として入江邦博士浦短大教授（主任教科書調査官＝検定官）が立った。国側代理人が調査官の職務や検定規則、課程などを質問した。調査官の職務について入江氏は「申請図書について調査員とそれぞれ調査をして小委員会にかけ、そこで合否や検定意見をまず出す。最終的にはそれを検定審議会（部会）で出し、文部大臣へ答申したものがそのまま決定される」と述べた。国側代理人は物証のプリントを示しながら「これが通知のときに使った指摘事項一覧表ですね。伝達の仕方はどのように？」「指摘事項一覧表を見ながら、欠陥箇所と理由を口頭で私が通知した。質疑応答をしながら納得のできるようにと説明している」と丁寧な言い渡しで答えた。

テーマ6について、入江証人は「昭和天皇の「崩御」を「死去」としたのは学習上、不適切。そのときの特別番組が三日から二日に減ったというのは、事実に反しているので不適切とした。各界・各層の人々が哀悼の意を表したという点や、マスコミ・視聴者の反応も必要で、そうなると天皇制の問題にも関わり、テーマがぼける。これを相手に伝わるよう、メモを作り、読み上げた」と証言。国側代理人は物証のプリントを取り出し「これがそのメモですか？」「そうです」「テーマ6についてはそれ以外に何を？」「注について資料を出すように言った。これは「検定意見」ではなく「注意喚起」だ。この二つはわけて言うことも、わけないこともある。執筆者・会社ともに検定は初めてではないので、両者の区別はつくと判断した。テーマ6は昭和天皇・湾岸戦争の情報コントロール・コミック誌でも社会問題を取りあげるようになったという三つの題材があるが、それで何を考えさせようとしているのか不明なので、不適切。原告の記述で、特別番組が視聴者の抗議で変更されたということを書くのは不適切だし事実ではない」と証言した。

国側代理人が「天皇「崩御」を扱うのがいけないのか」と聞くと、入江証人は「違う。取り上げ方の問題。学習指導要領の「現代社会」の目標には、「広い視野に立って、現代の社会について理解を深めさせるとともに、人間としての在り方生き方についての自覚を育て、民主的・平和的な国家の有為な形成者として必要な公民としての資質を養う」とある。現代社会の公民としては、憲法一条にある天皇に丁寧語を使う必要がある。恣意的ではない」と述べた。入江証人は再度「三つの題材は並列的で、関連性・共通性はマスコミくらいである。他の教材ならともかく、教科書である以上どんな生徒にもわかりやすいことが必要だ」と強調した。

国側代理人「検定意見はどのようなものであったか」「「日本の平和主義を基本としているが」の「が」は逆接的で、その後に書かれたこと（湾岸戦争後の掃海艇派遣、八二年の教科書問題、大喪の礼の代表派遣）が平和主義に反するように読める。掃海艇派遣の目的を、我が国の安全と明記すべきで、「脱亜論」に関わるところは福沢諭吉の一面的な記述となっており、これが書かれた背景も書くべきである。勝海舟の『氷川清話』も都合よく取り出している。両者を比較してアジアへの見方を考えるのは短絡的で無理。マレーシアの『新明日報』（見出しに「蝗軍《こうぐん》」）を出すなら、それなりの配慮をと言うのが検定意見」「テーマ6のようにメモを用意したか」「こちらはない」。

「検定意見以外の発言は?」「検定で「侵略」を「進出」に書き換えさせてアジアから批判を受けたという「注③」について、事実があれば資料を出すことと、掃海艇派遣で「東南アジアから意見を聞いてほしかったとの声が」と言うところで「低姿勢にすぎるのでは」ということを言った。これは「注意喚起」で「検定意見」ではない」。さらに「掃海艇派遣の時期・目的を要求したのは、「が」という逆接の表現に対し、バランスを取るためだ。低姿勢だと言ったのも、全体のバランスを考えて、独り言のように一呼吸おいてから言った」。ここでは、傍聴席から失笑が。「検定意見とハッキリ区別をしたのか?」「ハッキリ言っていないが、区別できたと思う。検定意見は具体的箇所を指摘するが、これはそのようにしていないから。注意喚起は、バランスを考えて口から出た。記述自体に問題はなく、バランスの問題だ」。

国側代理人が九二年一一月一〇日に申請者側から出された修正表を示し、「この修正表ではどのように?」「テーマ6は検定意見に従った修正がされていなかった、テーマ8は修正部分もあったが、『脱亜論』と『氷川清話』の対比に手が入ってなく、修正不完全と判断した。資料として新聞記事を受け取ったが、これも事実を覆すものではなかったと判断した」「教科書会社の担当者とのやり取りは?」「一二月一日に担当の中村氏と面談、修正がされていないと伝え、研究していただきたいと「人には言うなよ」と言ってメモを渡した。担当者とはそれまでもコンタクトがあったので、気安く渡した。中村氏から「テーマ6、8以外の問題点を」と言われたので、差し替えをすると思った」

「「テーマ6、8以外の問題点を」というのは「研究してください」の前後どちらか?」「覚えていない」。

報告集会では証人尋問を振り返り、古川武志弁護士は「今回の尋問で入江証人が検定で中心的役割を果たしたことがわかった。テーマ6の天皇死去番組や、テーマ8の「脱亜論」について、これらを教科書に出したくないために検定をしたというわれわれの考え方が裏付けられた。次回は、証人が絶句するような尋問をやりたい」と意気込みを見せた。「証言を聞いて意外だったのは、出版社の人にも責任があるような言い方をして逃げようとしていること、自分の根拠を強いて理屈付けしようとしていたことである。そのためか発言内容が言い切りでなく、疑問形になっている」と指摘。

高嶋さんは「以前の検定でマレーシアの華字新聞の見出し（「蝗軍」）を使おうとしたところ入江調査官に「外国語はダメ」と言われた。次のページをめくると、アメリカ独立宣言が英文で数十行も載っていた。「これも外国語じゃないですか?」と聞くと、「ここは私の担当ではない」と言われた、という話を紹介した。傍聴者からは「高嶋先生が訴訟を起こされたからこそ、密室の中身を聞くことができ、問題点がハッキリすると感動を持って聞いた」と発言があった。

❖検定意見は調査官の「頭の中」（九六年四月　一三号）

九六年二月二八日、二回目の証人尋問が行われた。尋問は掃海艇派遣問題チーフの関弁護士。「湾岸戦争での情報コントロールの事実確認で、あなたは前回教科書会社の中村氏から「新聞や雑誌ではだめですよね」といわれたと証言していますが?」「私からは言っていない。中村氏が来たときは意味がわからず、黙っていた」「中村氏は資料として新聞記事を提出している。自分で提出して「ダメですよね?」とだけ言いますか?　あなたは「注意喚起」をしながら資料提出があっても何も言わないのですか?」「ええ」「それでは「注意喚起」も無意味ではないですか」と関弁護士は、不自然な証言を浮き彫りにしていく。

「自分で事実関係を調べなかったのか?」「資料は発見できなかった」「天皇報道では、自ら資料を調べたと前回証言しているが?」「そちらは事情が違う」。そこで関弁護士は湾岸戦争時の新聞記事を出し、「少し調べれば、事実に即していることはわかるはず」「私は調べなかった」「申請会社にも何も言っていないですよね」「はい」「それでは別の意図があるのでは?　前回の尋問で「注意喚起」は合否に関係ないとのことだが」「事実でなかったら執筆者の責任で訂正してもらう」「事実でなければ欠陥では」「これは「注意喚起」なので」「これは検定意見ではない、と断って「注意喚起」を言ったのか?」「本件は言わなかったように記憶している」。

古川弁護士は「八〇年代の教科書問題の記述は自分で調べたほうが早いのでは」と突っ込んだあと、証人の経歴などを押さえていく。「小学校から高校での現場経験はありますか」と、教師経験のなさを裁判官に印象付ける。「ありません」、「調査官会議の仕事は?」「教科書調査官会議には、調査意見書を作る。これには記述として不適格なものの指摘箇所・指摘事項・指摘事由が書かれており、検定意見の概略である」「調査官会議では、検定意見を出すかも決めるのか?」「そうだ」「検定意見と不合格をどう振り分けるのか?」「審議会の内規である検定要綱により、程度・正確性・扱いなどを点数化し、それに従い判断する」「点数配分は?」「それは内規なので言えない。誠実に客観的にやっている」と強気な発言。すかさず古川弁護士が「証言拒否か?」と揺さぶると、入江証人は「拒絶などと、大それたことでは……」と、一瞬うろたえる。

続いて尋問は第二部会での話に進んだ。「第二部会で検定意見が決まるのでしょう?」「部会では文書としては決まっていない。指摘事由が文書化されているので、それをもとに調査官が執筆者へ口頭告知する」(傍聴席がザワザワし始めた、検定意見が文書化されていない?)「では文部省に答申するのは?」「調査意見書と指摘事由一覧表、そして小委員会、部会での意見を調査官がまとめてペーパーでつける」。

休憩後、尋問が再開されると国側代理人が「前提が長いようだが、三時間ということを念頭においているのか」と探りを入れてきた。原告側が「努力します」と答えたが、国側は「全体で三時間と聞いている」と代理人が二人とも立ち上がって大げさに不満を訴えた。そこで大川弁護士の怒りが爆発した。「あなたたちがぜんぜん文書を出さないから、前提に時間がかかっている。それなら文書を早く出しなさい」と厳しく指弾した。

古川弁護士が入江証人に「調査意見書に審議会判定欄はあるのか? 前の制度ではあったようだが?」と検定関係文書の姿を明らかにしようと迫る。「ど忘れしました」と答える入江証人に、古川弁護士が今度は「検定意見は調査官の頭の中にあるのではないですか?」と突っ込むと、「指摘事由をもとに、調査官が口頭で伝えたものが検定意見だ」と証言する。ここにおいて検定意見は調査官の頭の中にあり、検定意見は文書では残されず、調査官の判断で恣意的に言い渡しができる現状が、白日の下にさらされた。この証言は極めて重要である。行政手続き自体が大きな問題とされているのに、検定意見が文書化されておらず「調査官の頭の中」にあるという。

古川弁護士が「それでは審議会でのニュアンスが変わることがあるのでは?」と聞くと「あまり起こらない」と入江証人。「検定意見以外のことを言っても良いという根拠は?」「特に分けていないので」と曖昧な答え。古川弁護士は続いて、テーマ6について「前回尋問で三つの題材に共通性がないと言われたが、共通性はなぜ必要か?」と尋問を始めた。入江証人の言葉がやけに多くなる。「これは教科書ですから。生徒が教科書だけ見ても判断できない」「そういう経験則は?」「教科書とはそういうものです。教科書は特殊例ではなく、一般例を記述すべきで、大きいテーマならそれにふさわしい内容を」。「そうすれば共通性が?」「はい」「そのようなことは学会で言われている?それとも個人の考え?」「審議会で認められたもの」「すると経験則からではない?」「そうだ」。古川弁護士は、証人が現場経験もないままに現場教師や生徒の立場を持ち出していることを印象づけ、小村弁護士にバトンタッチした。

テーマ6、天皇死去時の特番が視聴者の抗議で三日間から二日間に短縮されたと記述して現代のマスコミを考えさせようとしたことについて、入江証人は、特番は一月七日昼過ぎに二日間と決まったものなので高嶋さんの記述は事実に反すると主張していた。小村弁護士は「特番終了を決定したのは七日夕、NHKには七日朝から夕まで一二七〇件の電話が殺到、問い合わせ、批判もあった。

この記事をどう思いますか?」「私は検定の立場で調べただけなので……」「証人の認識は?」「私は抗議電話は影響なしだと思う。直接的因果関係はむずかしい」「では間接的には?」「それは因果関係だからつながることもある」

「天皇死去問題について、前回尋問では学習指導要領に基づき天皇には丁寧語を使わなければダメと証言しているが、本件と同じ年に検定意見を受けた日本史教科書には「死去」と記述されていますが?」「それぞれの教科の目標があるので、これはこれでいいのでは」と言い逃れに終始する。

大川弁護士が「文書を出さないにしても、書証をもっと出せば記憶が薄れている証人に、根掘り葉掘り聞く必要はない」と効果的に国側代理人に突っ込む。裁判長「形式書式でも出せないか」と国側に求めたが、国側は「基本的には現状で」という回答のみであった。

この四月から高嶋さんは、二八年間勤めた筑波大付属高校から、琉球大学教育学部教授に着任した。沖縄は何度も訪問していた縁深い土地でもあった。報告集会では、国を相手にした教科書裁判の原告であることを承知の上で、採用してくれた琉球大学教育学部の大学自治尊重の姿勢を、これからは支える側になりたいと、決意を述べた。

❖揺れる証言、変わる証言に怒りの声!(九六年六月　一四号)

九六年四月一七日、第三回の証人尋問が行われた。入江元教科書調査官への反対尋問である。

テーマ6で天皇死去時のTV特番が視聴者の抗議で三日から二日に短縮された、という記述に関して、小村弁護士が「証人はマスコミ各社の哀悼の気持ちを書くべきと主張しているが、わざわざ書かなくても本文の横には番組表があるから高校生にはわかるはず。視聴者の抗議電話もあったはずだ」と迫る。入江証人は「哀悼の気持ちがあることを書かないとわからない。抗議電話には天皇制についての賛否それぞれの立場からあった。特別番組を当時見ていないから過剰報道だとは思わなかった」「特番は初めから二日間であり、一月七日昼ごろに決まったと思う」と証言した。これは前回と異なる証言である。

「高嶋さんが調査官の求めで提出した裏づけの新聞記事には、NHKは七日一五時四〇分に決定とあった。証人は前回尋問で、視聴者の抗議とは関係なく初めから特番は二日間と証言していたはず」と小村弁護士。

次に古川弁護士がテーマ8について尋問。「裁判での国側準備書面には検定意見があるが、執筆者への伝達前の調査官会議では簡単な内容だけだったのでは?」「準備書面は調査意見書（調査官会議に出す書類）に基づいて書かれている」「前回証言では、検定意見を口頭告知する時に原稿本に貼った付箋のメモ（手控え）を見ながら読み上げたといったが、調査意見書のほかに「手控え」があったのか?」「あったが、検定意見が終わった段階で捨てた」「準備書面作成時に、あなたの頭の中にあった検定意見を、記憶に基づいて文章化して提出したのでは?」「「手控え」に基づいて口頭で伝えた」「さっき検定が終わってから捨てたと言ったが……?」「準備書面が作成されてから捨てた」と、尋問の中でも矛盾を突かれて入江証人は証言内容を変えた。

茆原《ちはら》洋子弁護士がテーマ8について尋問する。高嶋さんが湾岸戦争後の掃海艇派遣にあたり、「東南アジアからは意見を聞いてほしかったという声があがった」と注に記述したことを、入江証人は「低姿勢」と述べたことについて、「高嶋さんの記述に「低姿勢」と言ったのは個人的感想と証言していたが、検定意見は？」「審議会とは別に個人的意見を言った。検定意見では時期・目的が書かれていない、バランスに欠けると言った」「教科書会社社員が検定意見をメモしたところによると、「掃海艇はわが国のタンカーの安全のために派遣したのであって、東南アジアの国に意見を求める必要はない。この記述は低姿勢すぎるのではないか」とあるのだが？」「東南アジアに意見を聞く必要はないとは言っていない。あるんですかね、と言った」と個人的意見の強調と、あいまいな言い方に終始した。

続いて福沢諭吉に造詣の深い藤村耕造弁護士が登場した。藤村弁護士はミステリー小説の執筆もこなし、横溝正史賞の佳作を受賞している。「検定意見は、この「脱亜論」の引用では福沢の全思想がアジアの植民地化を狙っていると読めるので問題としていたようだが？」「「脱亜論」は植民地化を主張したものではない。福沢の一貫とした考え方は朝鮮の近代化で、このままでは福沢が侵略的だと取られる恐れがある。いろいろな事情を書いてもらいたい」。入江証人は興奮してきたのか多弁になってきた。「具体的には注②で、もっと多面的に背景事情を書いていただければよい」「I社の『倫理』の「脱亜論」記述で、侵略の意図が記述にあってもOKになっているが？」「「脱亜論」引用自体はOK。注と併せると特定のイメージを与える。背景事情を書けばよい」。弁護団は前回の日本史の教科書同様（天皇「死去」記述がある）、倫理の教科書でも「脱亜論」が侵略的性格を持つという内容を明らかにして、検定の明白な矛盾を突いた。だが時間切れ。

ニュース一四号から、高嶋さんが沖縄での活動と暮らしを描く連載「琉球だより」が始まった。琉大の学生が行った戦跡ガイドの様子や、「昭和の日」改称問題、五月三日に那覇で行われた家永三郎さんの講演会が、ご本人がぜひという希望で実現した話が紹介されている。また高嶋さんの沖縄赴任を紹介した四月一七日付神奈川新聞の「この人」欄、憲法記念日にあわせて五月三日付琉球新報に書いた「勝ち取った憲法―五・一五こそ「記念日」」という記事が紹介されている。

❖教科書検定って、こんなにいいカゲン⁉（九六年九月　一五号）

裁判長交代で九六年五月二二日の第四回証人尋問は延期され、七月一〇日に行われた。交代した慶田康男裁判長は、聞き取りやすい語り口で審理を始めた。

まずは藤村弁護士の入江元教科書調査官への反対尋問から始まった。「高校生の学力を考えると、朝鮮の近代化については知っている？」「中学校や高校日本史で学習している」「高校生では福沢諭吉が朝鮮近代化援助をしたと言う認識まではないはずです」「教科書を使う高校の先生が説明したり、生徒も自分で理解するよう努力するのでは」「私も福沢と言えば天賦人権、平等権がまず浮かぶ。高校生でも連想するものですか？」「想像できる」「入江証人主張のバランス論で考えると、「脱亜論」の方を書いて天賦人権について書かなくても、高校生が天賦人権を思い浮かべるなら書く必要はありますか？」と国側のバランス論を逆手にとった。「それはものによります」と曖昧な返事をする入江証人に、藤村弁護士は「ご意見として伺っておきましょう」。

大川弁護士が検定の内情に迫る。「前回証言で「手控え」があるとのことだが、証人のものの体裁は？」「白表紙本に付箋をつけたりしている」「検定意見を文書化したものはない、と前々回に証言されたが、調査意見書があれば、それが検定意見といえるのではないか？」「調査意見書は概略である」「調査意見書が一〇〇％のものでないなら、「手控え」は検定意見を把握するための重要な資料なのに、それを処分したと前回証言していた。白表紙本は調査官の私物なのか？」。前回まで入江証人は「捨てた」「処分した」と証言していたのが、「いつのまにかなくなっていた」と証言を変えていた。大川弁護士から追及されても同様な証言を繰り返した。

高嶋さんは「私の執筆した原稿は検定前年の一〇月に申請し、その後伝達、修正があり、制度では三月三一日までの合否が出ますが、本件ではいつ合否を伝えましたか？」「さあ」「四月七日です。年度が替わり、制度の中身を越えています」と本件が特異な件であることをアピール。「検定意見とそれ以外の個人的意見の区別はなぜつくと考えましたか？」「高嶋さんとは何回か検定の場で質疑応答している」「では八九年の検定のときに（「蝗軍」とある）華字紙の見出しでどんな話をしたか、覚えていますか？　これは外国語だから高校生には無理と言いましたね？」「覚えている。訳をつけることと、どういう（性格の）新聞かと……」「私は訳をつけると言った。次のページにアメリカ独立宣言が英文であるのに、それは私の担当ページではないからと言われました」

高嶋尋問は続く。「華字紙のところで入江さんは、最後に小声で横を向いて「この虫へんの皇の字が（蝗＝イナゴ）」と言った」「私はそういうことは思っていない……定かではない……わからない……思っていないことは言っていない」と、各種否定語を持ち出す。「私はつぶやきが本心かな？ と思い、そこの二ページを撤回した」。

「四月一八日、入江氏から教科書会社に「過剰反応は困る。再提出したらそのまま認める」と電話があった。再提出制度はないと教科書会社の人は言っていた」と高嶋さんが核心に近づくと、入江証人は知らないふりを装い「それでどうなすったんですか。結論は？」。高嶋さんは教科書を示して「これが供給本です。中国語は消えているがあとはほぼ原型です」とつぶやきの持つ力をあらわにすると、入江証人は「必要以上に内容を落としたから、慰霊碑の写真まで落とすことはないと言った」と自らの影響力を小さく見せようとする証言。滝本太郎弁護士が「ひとつだけ」と、証人の経歴を簡単に読み上げ「歴史などを研究されたことは？」「ない」。

入江証人の証言のつじつま合わせのためか、今度は国側が目配せをしながら入江証人へ尋問を行った。入江証人は、検定意見と注意喚起の違いは、明白な誤りを指摘するのが検定意見である。「低姿勢ではないか」というのは注⑤全体を指したもので「バランスに欠けている」と言うのは検定意見ではない。「低姿勢」と言うのは事実関係として知っていたので、検定意見ではないと証言した。

大川弁護士が「原告の主張に誤りがあると言うのなら、なぜ検定意見をつけないのか？」と指摘すると、入江証人は「私の調査が行き渡らなかったが、著者にお願いして確認した」と、自分では確認しなかったが執筆者がやっているはずという返答。茆原弁護士が「湾岸戦争後の掃海艇派遣は、時期・目的を書けば問題提起は残してもよかったのか?」と聞くと、「時期があれば、戦争中でないことがわかるからよい」との答え。

左陪席裁判官からも質問があった。「検定意見をまったく出さずに合格したものはありますか?」「社会科ではない」「部会の審査会の資料は当日配布ですか?」「はい」「学会で争いのあるものについて、根拠となる学説の説明は?」「小委員長、調査官が概略説明する」「本件の「脱亜論」では?」「学会での争いの説明はしなかった」「「脱亜論」の解釈が分かれているという認識は?」「それは、いろいろある」。

❖早期結審の動き、どうなる証人尋問!（九六年一二月　一六号）

「マレー半島戦争追体験の旅」の実践を拡げて、教科書訴訟への支援も増やそうと、原告の筑波大学付属高校での最終授業を映像文化協会の高岩仁さんに依頼して、映画撮影が行われた。それを軸に高岩さんの「教えられなかった戦争　マレー編」「江戸時代の朝鮮通信使」の映像なども織り込んだ作品「アジアとの友好のために」が九六年九月に完成した。授業でも使用されることを意識して、時間は四三分におさめられた。

五回目の証人尋問は一〇月二日。証人は調査官として関わった小林保則調査官である。小林証人は近代ドイツ哲学、倫理学を専門とし、本件では副主査としてテーマ8のメモを作成した人物である。今回は国側からの尋問である。

小林証人は高嶋さんの記述について、「生徒の一面的理解を引き出すと感じた」「本件記述のような考えもあるが、反論もある。バランスをとってほしいと言う検定意見はここから出た」と証言、また「福沢の「脱亜論」を、その後の日本のアジア侵略とストレートに結びつけていることと、アジア観で福沢の対極として勝海舟があるのが問題」で「両者を対極化すると、生徒の理解が一面的になる」と重ねて証言した。国側代理人が「勝には秀吉の朝鮮侵略を容認する部分もあるが？」という部分を持ち出すと、小林証人は「解釈次第では、勝にも朝鮮侵略の意図があると思う。それなのに（朝鮮を）「お師匠さん」という勝の言葉には矛盾がある」「朝鮮人を見下した表現もある」『氷川清話』にある説話は多様で、一義的に捉えるのは難しい」など、高嶋さんが勝海舟や『氷川清話』を引用したことに妥当性がないということを強調した。「脱亜論」への学説の認識は「アジアへの侵略的考えと、必ずしも侵略を考えていたわけではないという二つの学説がある。どちらも通説とはいえない」と一面的記述を強調し、「背景を書き込むことがバランスを取るためのひとつの手立て」とし、「「脱亜論」が一八八五年、『氷川清話』が一八九五年、この一〇年は列強の進出もあり、立憲政治が確立してきているので、両者の対比は不適切」「「脱亜論」は実体験から書かれているが、『氷川清話』は後から他人が書いているので、テキストとしての性格が違う」「福沢と勝の対比を教材として維持する必要があるなら、『氷川清話』の紹介は珍しいのでこれを生かすには『福翁自伝』が浮かんだ」といった証言を続ける。

調査官会議では「福沢と勝を対比させるという設問に答えさせるのは無理、という結論に達し」、検定意見としては「勝が朝鮮を評価しているだけではないので再考、注⑥（日本は朝鮮から繰り返し文化を吸収してきたという勝の考え）は誤解される内容があるので不適切、「脱亜論」の紹介は一面的なので再考の必要」があるとのことだった。高嶋さん執筆の「考えてみよう1（福沢と勝のアジア観の対比）は「両者の位置づけに問題」があり、「考えてみよう2（朝鮮通信使から日本は何を学んだか、ゆかりのものを調べよう）」については「ここだけの記述では答えられないから不適切」と証言した。

一一月一三日には原告側から小林証人への反対尋問が行われた。藤村弁護士が尋問に立ち、小林証人の経歴を様々な角度から尋ね、ドイツ近代哲学専攻の小林証人が明治思想にどれほど詳しいのかを浮き彫りにする。小林証人は「ゼミではやった」「大まかな学説などは理解しているつもり」と少しでも詳しい様子をアピールするところへ、藤村弁護士は「何のゼミですか?」「大学の講義を受け持ったことは?」とたたみかけ、「それで高校の近代思想史の検定をやるのは難しいのでは?」「学説などは一般の人々には知り難いのではないですか?」と指摘した。

さらに国側から証拠として提出された「メモ」についてふれる。検定意見告知のときに、調査官が参考にするもので、本件の告知ではこの内容が読み上げられたという。「調査官会議で「メモ」の討議はされた?「メモ」は了承された?」「あえて異論が出なかったのでそうだと思う」「検定意見と「メモ」の重なる部分は多い。あなたの「メモ」が検定意見に生きたのでしょうか?」「一面的であることを「メモ」にしたので、そうだと思う」。

前回、小林証人はテーマ8を「脱亜論」が日本のアジア侵略とストレートに結び付けられているところと、福沢と勝のアジア観対比が不適切と証言した。藤村弁護士は「福沢と勝の対比は多くされているか？　両者の思想傾向は異なるのか？」と切り出すと、「一般論として、たいてい対比されている」と小林証人。

『氷川清話』で勝は、日清戦争は「オレは大反対、兄弟ケンカは犬も食わない」とあるが、福沢はどう考えていた？」「(日清戦争を）支持したと言われる」「「脱亜論」と日本のアジア侵略が結びついているというのは、記述として不適当ですか？」「いえ、提示のされ方が問題。文脈の中でどう紹介されているかが重要」とまたも曖昧な基準を持ち出した。藤村弁護士は検定意見の恣意性を強調するために続ける。「勝が『氷川清話』で「亜細亜の舞台に立ち、世界を相手に国光を輝かし、国益を図るだけの覚悟が必要」とあるのは、侵略の肯定と字面で読めますか？」。前回小林証人が、勝にも侵略的思想があると証言したことを覆そうとの試みだ。小林証人は「そういう風にも読める……読み方によっては」と官僚的答弁で切り返す。「勝は思想家といっていいか？　福沢を思想家というのと意味は違うのか？」「捉え方による」

藤村弁護士は「『氷川清話』は勝の様々な談話がリライトされたもので、確かに字面の解釈は危険ではあります」と引き込み、小林証人に「そう、だから対比させるのはよくない」と言わせておいて、「記述がこうだから勝がこう考えている、ではなくて、勝の思想全体から考えるべき。全体のことを知らないで個別のことを述べるのは危険ではないですか?」と指摘、さらに「証人のように字面だけで判断するやり方に疑問符はつきませんか?」と追求すると、「生徒に考えさせるときに本件記述の紹介の仕方、対比の素材としては不適切」と逃げを打った。

「「メモ」には『福翁自伝』と『氷川清話』を対比すると、むしろ二人が支那を高く評価している……」とあるが、福沢が「支那」を高く評価した部分はどこですか?」「私の頭の中にあったのは『福翁自伝』に、漢学に親しんだというところがあった」「「春秋左氏伝」ですね。しかしそれには漢学の人を見ると吐き気がするとあり、「支那」も高く評価していない。朝鮮人も低く見ている。あなたの指摘は違うのではないですか」。

七五分に及ぶ尋問のあと、古川弁護士は「「メモ」は主査、副主査との打ち合わせのときのもの?」「テーマ8は、こんなメモを作ってみましたと渡した。説明などはしていない。」「三人でこのメモを元に合議したことは?」「ない。調査員会議の材料としても、三人でもない」「入江主任教科書調査官からメモ作成を依頼され、それを元に入江調査官が検定意見を考えた?」「はい」と、小林証人は「メモ」と検定意見を遠ざけようとした。

高嶋さんが尋問を行う。「前回証言では『氷川清話』の引用が珍しく、勝海舟を取り上げたのは「日本史」だけとしていましたが、勝は小学校教科書でどう扱われているかご存知ですか?」「人物学習の一人として扱われている」「扱いの程度は知っていますか? 教科書でどう書かれているかは?」「教科書による」「扱っていないものもある?」「そうかもしれない」「小学校では、勝は指導要領に具体的位置づけがある。そうなれば審議会や調査官会議で、小学校の教科書では出ている人物という指摘はなかったのか?」「はい」。

「小林さんにとって高校教科書の位置づけはどのようなものですか?」「それまでの教科書を見て判断した」「教科書は教師が補足説明しないことが前提と考えていますか?」「教科書は説明なしでも成り立つものだと思います」。

国側代理人から補充尋問が行われたが、一生懸命に物証の「メモ」の比重が軽いかを印象付けようとするものであった。「メモは議論、議題になる?　合意は?」「回覧のみ。議論になったことは一度もない。合意もない」。

終了間際、左陪席裁判官から質問が出た。「両論があるとき、一方の資料を出すときは一面的といえるのか?」「配慮が必要」「執筆者の裁量で、一方の解釈を取ることはまずいことか?」「有り得るが、もう一方への配慮が必要」「解釈が分かれているものは、すべて反対説をあげなければならない?」「全体の文脈の中で判断される」というやりとりで、重箱の隅をつつきながら、全体の文脈を重視すると言う矛盾が拡がった。

裁判長からも質問が出る。「『脱亜論』の引用はやむを得ないか?　福沢以外の脱亜論は引用できないのか?」「福沢の『脱亜論』と、社会的な脱亜論はある程度区別されて扱うべき……私の考えだが……」「福沢に対するアジア主義者で他に適当な人は?」「『興亜論』の樽井藤吉がよく対比されている」「短い文で全体像を書き込むのは、高校生には難しいのでは?」「できます」。

公判後の打ち合わせで、裁判長はあと三、四回ほどの証人尋問で、審理を終了させる意向があることを表明し、原告側申請の証人の採否を具体的に考えていた。原告弁護団は争点・論点を証人尋問で明らかにしていくように求め、当面、次回次々回の原告側証人採用が決まった。古川弁護士が「文部省による検定実態が、文部省自身が定めた検定関連規則、学習指導要領からさえ逸脱していることに加えて、それは憲法解釈で許容された範囲も逸脱しているという問題も含んでいます。つまり違憲問題なのです」と切り返したところ、慶田裁判長の顔色が変わったと原告弁護団は証言する。

❖教科書編集者が証言（九七年三月　一八号）

第八回証人尋問は九七年二月五日に行われた。高嶋さんが執筆した一橋出版で編集担当の中村幸次さんが出廷、原告側からの主尋問が行われた。教科書編集者が教科書裁判で証言をすることは極めて勇気を必要とする。提訴されるときも、原告側証人としての証言も大きな葛藤があっただろう。

大川弁護士が証人の略歴を確認する。そこで中村証人が高校教員の経験があり、視野の広い編集者であることをにじませた。大川弁護士「本件の教科書は九四年から使用を開始しましたが、そのもとになった旧版（八五年）の特色は？」「『現代社会』が必修となってワンサイクル後であり、一橋出版では『現代社会』教科書を二点発行しているので、特色を出すために『使いやすく、わかりやすく、読みやすく』をスローガンにした。そこで生徒と接する機会が多い現場教員を執筆者にと考えた。資料・図表を重視し、既成の押し付け式の教科書ではなく、文を削ってでも図を入れた。政治的・文化的に横断するテーマを設定した。当時はまだなかった二ページ見開きの形も作った」。

「日本には伝統的な教科書観があるが、こういう教科書は珍しい？　発行部数はどれくらい？」「発行部数は約一七万部で、今年はランキング一位です」「前身（前書きを変える前）は？」「三、四位でした」。

次に検定意見の問題点に迫る。「前の制度では、修正意見（A意見）と改善意見（B意見）がありましたが？」「はっきりしないときはAかBか確認した」「B意見の拘束力は？」「A意見は無条件で直す、B意見は法的拘束力はないが、拘束力を感じた」「A、B意見は審議会で決まる？」「そうです」。大新聞でさえ「現行検定制度の方が柔軟」と書いているが、実は問題のあった前の検定制度さえ、審議会で明確な意見が決まっていたのに、今の制度は一発検定でしかも文書化されていないのである。

続いてベテランの教科書編集者が受けた印象が証言される。「テーマ8注⑤、湾岸戦争後の掃海艇派遣について、高嶋さんが「東南アジアから意見を聞いてほしかったとの声が」という記述をしたことに対して、検定意見は？」「わが国のタンカー安全のために派遣している。東南アジアに意見を求める必要はない。低姿勢に過ぎるのではないか、とのことだった」「入江証人は、それは検定意見ではなく個人的感想にすぎないと言っているが？」「低姿勢……はそうともとらえられるが、それ以前の部分は明らかに検定意見と思った」と、中村証人は答えた。

「この裁判では、高嶋さんへ口頭告知したものが、検定意見なのか個人的感想なのかがひとつの争点だが、証人の長年の経験からは?」「今は検定意見一本になったので、言われたことには対応しなければならない。(そのままでは検定)不合格という処分なので、感想だろうと検定官の言ったことは無視できず、ひっくるめて拘束され対応を迫られる。感想だからいい、とは全く理解していません」「テーマ8を担当した入江・小林教科書調査官の時は、この部分は感想、といった前置きはありましたか?」「本件ではない」。教科書検定の生々しい様子、さらに高嶋さんが執筆を断念した時のやりとりが法廷で明らかにされていく。

大川弁護士は(九二年)一二月一日に入江教科書調査官から証人へ渡されたという書証を示した。「この日の入江調査官とのやりとりは?」「この資料をもらって、日にちもないので大きな解決案を一気に持って来ないと危ないと感じた。この資料で考えて来いという感触」「何と言って渡されましたか?」「『今までのことをまとめた。よく考えて解決案を持って来い。文書を渡すのは制度上いけない。わかるだろう?』と言われ、そこで高嶋さんには文書をもらったと言わずに、その日のうちに書き写して伝えた」「検定言い渡しで入江調査官は、『新聞見出し(マレーシアの華字紙、「蝗軍」の字が入っている)、これは何ですか? どうしても出さねばならないのですか?』と言ったそうだが、それとは別に書面では『安定した評価の定まった資料で』と伝えて来たが、これは何のことですか?」「それは湾岸戦争の情報コントロールで出した資料について入江調査官が言ったこと。『朝日新聞』や『文藝春秋』ではダメだ、と理解した。それを書いて原告に渡した。それを筑波大付属高の高嶋さんの研究室で話した。高嶋さんは『手直しはこれ以上できない』と言ったので、『他の執筆者に頼みます」「しょうがないですね」というやりとりがありました」。

高嶋さんからも質問。「事実関係の確認で……勝海舟の文の説明「征韓論が勢いを増して……」について、征韓論と『氷川清話』の書かれた時代がずれていると入江証人は証言していたが、第一次修正表ではいっさいふれていない。一〇月一日の言い渡しで言われましたか？」「聞いていません」。

報告集会で、高嶋さんは「こうした裁判をしにくい中で、中村さんの気持ちを考えると申しわけないながら感謝している」と話した後、「検定官の顔色を見ながらといった検定は違憲です。家永裁判で教育の一定水準を保つためには検定は検閲ではないとの判断があったが、この裁判の例では検定はこんなに恣意的に行われているので、裁判所の言う公正な状況ではない、と言える」と違憲問題の焦点を説明した。

❖国側が教科書会社編集者を尋問（九七年五月　一九号）

九七年三月一九日第九回目の証人尋問が行われた。編集担当の中村幸次氏が出廷、国側からの反対尋問が行われ、さらに高嶋さんへの主尋問パート二が行われた。

国側代理人が原告執筆の経緯を聞いた。「（口頭告知の時）どのように記録をしていますか？　役割分担的に？」「（出版社と）それぞれの著者も記録しています」「その時質問はしましたか？　録音はできるのは知っていましたか？」「うちの会社は不合格になる時以外は持っていかない慣行なので。テープを持っていくと公式的なことしか言われない」「検定官の言ったことは検定意見であると、前回証言していましたが？」「あの場では感想めいた話があったとしても、そういう話を踏まえていると思えます」。

そして九二年一〇月四日の検定意見告知の様子に入る。「原告証言に、昼頃に中村証人が入江調査官を追いかけ話をした、とありますがどの様な意図で追いかけ、どのような話を？」「解決案を考えるため、ヒントを得るために話をしました。テーマ6、8全体を直さなければいけない？ と聞くと「それはそうだ」と言われて、これは難物だと思った」「検定意見はおかしい、という認識は？」「部分によってはありました」「どういうところが？」「……」「なかったということですか」。

中村氏は一息おいて答えた。「侵略・進出との部分ではそう思った」。裁判長もそこを深く聞こうと答えを促す。中村氏は再び静かに答えた。「編集者の立場で、この検定意見はおかしいとはいえないんですよ」。山崎健一弁護士が「テーマ8注⑤の検定意見（掃海艇派遣記述）について国側は、わが国の安全のために、という告知をしたというがその通りですか？」「それは聞いていません」「東南アジアの声を聞くのは低姿勢……というのは検定意見ということですが、個人的感想という風には？」「あの場で言われることは、まったく検定意見と受け止めています」

左陪席裁判官「最近の新聞・雑誌を資料として書かれているものは他にご存じですか？」「いくつか合わせることが多いだろうが、実例は知りません」「新聞以外の資料も合わせた上なら？」「著者の先生はそのへんを考え合わせて作っています」。裁判長も中村証人に尋ねる。「証人の立場を確認したい。証人は編集上の全責任を負う立場ですか？ 編集の会議をもっていないなら、あなたの考えが出版社の編集上の考え方ということでよろしいですか?」「上司（編集部長）もいますし、相当なことがない限り全責任というのは……」「その編集部長は取締役ですか?」「はい」。

中村氏への反対尋問は休憩をはさんで二時間二〇分にも及んだ。

高嶋さんへの主尋問パート二。高嶋さんと鈴木弁護士はやりとりの中で、教科書の位置づけについて文部省でさえ態度の変わっている部分があることを出して、本件検定の問題点をハッキリさせる。「本件の教科書には、「内容を鵜呑みにせず、疑問をもって……」とありますが?」「九三年一一月、文部省の教科教育研究会（伝達講習会）で、文部省の教科調査官がこの教科書の前書きを読み上げ、「現場でこうしたものが使われているのだから、これを乗り越えて授業作りをしてほしい」と評価していた話を聞きました」「学校教育法にある高校の教育目標はどのようなものですか?」「高校は「批判力を養うこと」が特色とあります」「本件でのテーマ学習の位置づけ・ねらいは何でしょうか?」「幅広く、多角的な視点を持ってもらい、ものごとを深めていく。そうした学習を踏まえて討論ができるように設定しています」「テーマ学習での教師の役割は何でしょう?」「生徒自身が自分で気づいていく形が大切。台本通りにならないように気をつけました。筋書きを用意しても、生徒たちは私たちが気がつかない観点を打ち出してくれます。教師は生徒が議論をしやすい、刺激になるような材料を提示するものだと思います」「教師がレールを引くようなものではない?」「文部省も「現代社会」は、結論を求めるようなものにしなくてもよい、としていますから」。

❖授業で生徒から何を引き出していくのか！（九七年六月　二〇号）

九七年五月一四日に第一〇回目の証人尋問が行われた。高嶋さんに対しての本人尋問の続きである。

鈴木弁護士「本件「現代社会」教科書での考え方は？」「教科書を《手がかり》にして考えてもらうことを心がけました。八二年の教科書問題は教科書を絶対視しないことを、八九年の大喪の礼派遣問題では、天皇の戦争責任を考えることを《手がかり》として出しました。あとは教師と生徒の対応次第です」「執筆の意図、ねらいは？」「情報の受け手となる生徒が、流されず主体的に取捨選択・理解し、自ら働きかけができるようなお膳立てをと思いました。マスコミの現状・問題点を考えてもらうためでもあります。全国ネットのＴＶ、大手新聞に引きずられがちですから」「テーマに天皇死去報道・湾岸戦争・コミックを選んだのはなぜですか？」「生徒が生まれる前ではなく、物心がついてからのことをと考えました。周りの人がどう動いていたか、自分はどうしていたか。生徒同士に共通の経験があることを重視しました」「検定ではテーマ6を論点不明確としているが」「生徒はこれまでの経験でわかりますが、検定では生徒の視線では見てもらえません。生徒四〇人で考えれば、気づく生徒が出てきます。一見してすぐわかるようでは、テーマ学習にはなりません。生徒は鋭いので、台本の中で討論させられると不信感を持ちます。中高生は自我がハッキリするので、躍らされているように感じて、かえって手をあげてもらえません」。

続いて小村弁護士が立つ。「教科書に引用した新聞のテレビ欄で、電話番号表示があるものを使ったのはなぜですか?」「受け手が反応を示すのに抗議だけでなく、良い反応も大切という意味があります」「検定意見で「天皇死去に哀悼の気持ちを表す必要」とあったが?」「マスコミは客観的中立を心がけているので、それを強調するのはそぐわないと思った」と、高嶋さんは検定による内面への強制の実態をごく当たり前の論理で批判した。

天皇死去の特番について国側の修正示唆に対し、小村弁護士は「実質的修正なくして、検定合格すると思いましたか?」「今までの経験では、受け入れられると思いました。今までも、入江教科書調査官が検定規則にない、原稿撤回後に提出要請ということがありました。『新編日本史』という教科書は、数百カ所の誤りがあるのに合格しました」。

次は藤村弁護士。「テーマ8全体の執筆意図は?」「国際関係が話題の中、アジアと日本のことを考えてもらいたいからです」「現場教員での経験とテーマ8の関連は?」「生徒のアジア観は、多くの大人と同じで低いレベルの社会と誤解している。それを中学までの教育の成果を意識して討論の場を作っていこうと思いました」。

そしてアジア研究と記述の関係について高嶋さんは答える。

「マレーシアで日本軍の住民虐殺の実態調査をしました。遺族たちは「なぜ私たちの家族は虫けらのように殺されたのか。日本ではみんな自分の家族を大切にしているのに」と言います。日本兵は命令だけでなく、アジア人を見下していたのではないか?　日本人一般に差別的アジア観があることを生徒に伝えたいのです」「先生が福沢諭吉にふれ、「脱亜論」を講義されたのは？」「教科書に今まで以上に日本の明治以後のアジアとの関係、軍事的侵略が書き込まれるようになったので、小中学校でそれを学んでくる生徒はその背景の学習を求めることが考えられます。そのための討論の材料を具体的に明示しようとしました。本文にそれだけ書くと、生徒にはお説教で資料から考える形にならないので、なるべく資料を並べる形にしたいと考えました。「脱亜論」は、日本史教科書にも結論部分が載っているので使いました」「彼に先生は否定的な考えをお持ちですか？」「福沢を否定・肯定と一面で見ること自体が無理で、多面的な要素を持っていると思います。生徒が、中学までの啓蒙思想家としてのイメージの食い違いから、やっぱり人物って多面的だよねという結論を導き出すと安心できますが、戸惑いのあるときは学者の丸山眞男さんが「福沢の福は複雑の複と読んでくれ」と言った事例を紹介します」

「本件教科書を使うと、福沢を否定的に考える授業になるとお考えですか？」「小学校では学習指導要領で扱うべき四二人があり、福沢は啓蒙思想家として、学校制度の充実のところでなど繰り返し扱っているので、全面否定される心配はないのでは」「教科書調査官は、本件記述が福沢に対し一面的理解をさせる恐れがあるとしてますが」「生徒は小中学校で繰り返し福沢を学んでいるので、そういう恐れは現実的ではないと受け止めてました」「執筆意図の関連ですが、高校の検定基準との関係を意識されたことは？」「八二年の教科書検定騒ぎの後、「近隣諸国条項」が加わったので、それに答えたいと思いました」。

山崎健一弁護士がテーマ8の特に掃海艇派遣と東南アジアの反応について質問した。

「掃海艇派遣を取り上げたのは？」「この件に、東南アジアの人々は大変強い関心、警戒感を持っていました。派遣の頃に東南アジアへ二回行ったので現地の報道などから、その関心の強さを再確認しました」「シンガポール前首相のリー・クアンユー氏が新聞で発言した記事を覚えていますか？」「あまり対日批判をしない彼が、自衛隊海外派遣を『アル中患者にウイスキー入りボンボンを与えるようなもの』とインタビューで語っていました」「なぜ、アジアから日本がどう見られているかということの記述が必要なのですか？」「日本のアジア侵略の背景に、差別的民族観の存在があるということを生徒に気づかせる材料です。そのことを日本は戦後も総括してないので、今も日本人のアジア蔑視があると現地でも言われています。現代と結びつける意味で、具体的事例が必要と考えました」「それで生徒にはどうしてほしいと？」「私自身は結論を押しつけるものでないという大前提を持っているので、先生と生徒次第と思っています。少なくとも過去が現在にも関係あることを認識してもらえればと思いました」。

高嶋さんが「日本は平和主義を基本としているが」との後に掃海艇派遣を記述したことで、国側は「が」をつけると平和主義に反するようだ、としたことに対しては、「決めつけをしたわけではなく、議論があることを資料で確認して、議論すべきと考えたからです。この部分は事実をそのまま書いただけで私の価値観は加えてないので、検定意見がつくというのは想像していませんでした。これはアジアの人に聞こえたら物議をかもす発言、重大発言ではないかなと思いました」「テーマ8

を見ますと、難しさや量的な問題があるという見方があっても、生徒の学習能力や時間の制約によって全部でもいいし、一部を掘り下げてもらってもいいという執筆意図でしょうか？　それは具体的な授業をイメージして作られたということでしょうか？」「教科書を書いてしまうと、あとは生徒がどう受け止めるかです。高校生は理解力、判断力も高くなるので、想定以上の授業の可能性があります。小中学校で習ったことを意図的に盛り込んでいるので、先生の指導で密度の濃い授業ができるはずだ、あとは先生にお任せするしかないと思いながら作りました」。

六月七日、支援する会結成四周年を迎えて初の総会が開催された。講演で神奈川大学教授・尹健次さんは、日本人の歴史認識について「『〇〇人』という自己認識はどのように形成されるのか。一番大きくは国家が行う教育によってである。国家が行う教育とは公教育と言葉を代えているが体制教育であり、教師はそのことを自覚すべきである。しかもマジョリティーは自分が何者であるかを知らない。国民教育＝同化教育が行われてもマイノリティーは異質さを意識せざるを得ない。マイノリティーが抱えている差別・矛盾・問題点はマジョリティーが作り出すものである。自分の責任でないことで差別されるというのは、自分の属する社会の枠組み・システムの問題である。

日本の近代においては、西洋列強による植民地化、それに対抗するための天皇制国家、不足を補うためのアジア侵略が三つの柱である。教科書にこの三つがきちんと書いてあるだろうか。近代日本に朝鮮を愛した人が少ないのは、近代教育の結果である。「平和憲法」というのも嘘である。天皇制は形を変えて存続し、戦争責任は欠如し、人権保障は日本人だけのものでしかない。」と刺激的な内容を展開した。

❖家永訴訟、最高裁で「実質勝訴」！（九七年九月　二一一号）

九七年七月九日の口頭弁論は、国側が高嶋さんに反対尋問を行った。国側代理人「先生は授業のテーマをどのように選びますか」「他の担当者とも話し合い、生徒の発達段階を考え、教室と社会が隔絶されたものではない実感のある、そして小中学校の学習を生かしたものと考えています」「生徒の討論が大事？　全国の高校でもできる？」「ただ知識にしなさいではなく、同じ世代同士の議論も大切で、生徒は真剣になります。討論は設定の仕方で、様々な学校でできます。これは生徒の当然の要求で、生徒からは別の見方がある、と言ってくることもある」「あなたの意見を（授業用）プリントに反映することはありますか？　別の見方も書きますか」「反映させることはあるが、必ず自分の意見だと断っている。生徒から別の見方が出なければ、こちらから紹介します」「そういうプリントを使うと一面的理解になることは？　現場教師の手綱さばき次第？」「危険性もあるかもしれないが、授業の前提で教科書やプリントを鵜呑みにせず、批判的に見るように言ってあります。疑問や不満も出させています」「教科書の場合も同じ考え方ですか？」「ここは討論をするためのページ、つまりしかけです」「しかけを収拾するのは教師ですか？」「高校ではズレた議論をしても無理に収拾しなくとも、生徒だけでも大丈夫です」。

法廷に緊張感が走るのは、陪席裁判官の質問である。判決文を書くのは陪席裁判官だからだ。「高校生は教科書、執筆者の記述に影響を受けやすいと先生は考えていますか?」「受けやすいと思います。そこで「鵜呑み」にするなと前書きに書いたのです。生徒へ毎時間授業ノートを回すと、「今までの教科書観が変わった。もっといろいろな材料を見つけなければ」と書いてありました」。裁判長から最後に質問が「テーマ6、8のことは(授業で)プリントを使ってやっていましたか?」「天皇死去報道はやっていませんが、華字新聞や、特に「脱亜論」は一〇年来扱ってきて、高校生の反応もよくわかっています」。国側の原告本人への反対尋問は終わった。

八月二八日、三二年間にも及ぶ家永教科書裁判についに「実質勝訴」の判決が出た。その裁判の第二バッターとして始まったこの裁判も第一審の結審が決まった。原告側としては継続して証人を立てて、国側の問題点を浮き彫りにしたいと考えていたが、状況を判断して、裁判所側の提案を受け年内結審に同意した。

❖結審までもうあと二カ月に(九七年一〇月 二二号)

九七年九月二四日の第一二回目の証人尋問は、福沢諭吉研究者である安川寿之輔名古屋大学教授と、高校教員代表として大濱信宏氏が証言台に立った。安川さんの証言は福沢諭吉の思想批判と研究史の概論であり、実りのある講演を聞いた後のような感動が得られた。藤村弁護士が、安川さんの業績を聞き出す。

「一九六五年から福沢諭吉研究を続けています。福沢は日本の教育、思想史に大きく影響を与えています」「関連の著作はあるでしょうか?」「『日本近代教育の思想と構造―福沢の教育思想研究―』（新評論）が端緒の論文です。九七年四月には日本戦没者学生記念会の機関誌『わだつみのこえ』に「日本近代史像の見直し―福沢諭吉のアジア蔑視と侵略思想」を発表しています」「「脱亜論」と、脱亜入欧は違うのでしょうか?」「初期と中期以降の福沢諭吉の思想に変化があったか否かの判断に違いがあります」。

戦後、思想界に大きな影響を与えた丸山眞男は「脱亜論」では福沢を代表できないとし、代表できるとする安川氏の見解と異なっている。福沢の思想の変化の開始時期は研究者の見解でわかれており、安川氏は変化はないとしている。丸山眞男は『学問のすすめ』までの福沢は、啓蒙的自然権を根底にしており、国家は平等だと主張している」と考えていたが、台湾出兵前後、『文明論之概略』（一八七五年）を過渡期としている。福沢の隣国への認識は「Might is right＝権力は正義」に変化していく。これは「脱亜論」の主張そのもので、『学問のすすめ』（第三編）には「一身独立して一国独立する事」と主張されている。安川さんはこれを「国のためには財を失うのみならず、一命をも惜しむに足らない」と解釈する。丸山は「個人の自由独立と国家のそれは不可分である」とし、遠山茂樹は「絶対主義国家意識に対抗する、近代的国民意識を表現した簡潔なテーゼ」ととらえた。家永三郎氏は「民権の確立の上にのみ、国権の確立が可能となる」としたが、後に安川氏の批判を受容した。

「福沢がアジアへの蔑視を本格化するのは?」「一八八二年の壬午軍乱《じんご》、一八八四年一二月の甲申《こうしん》事変以来のことです。甲申事変前後の変化として、朝鮮は日本の生命線との認識に立ち、日清戦争に対して明治政府より早く出兵要請をし、当時の一万円という巨額の政治献金までしています。四〇〇〇万人の人だねが尽きるまで戦えと述べています」「丸山の福沢研究の特徴はどうでしょうか?」「アジア認識への甘い評価が特徴で、丸山は戦中における民主主義確立の評価軸として、研究を始めています。丸山の「福沢ボレ」は激しく、私の研究開始は戦後民主主義の形骸化開始の時期であり、評価の視点が異なっています」「福沢の特徴的な言葉はありますか?」「漫言が多く、中国人蔑視の言葉として、日清戦争の開始とともに「チャンチャン坊主」などと使用しています。当時の民族派の『日の出新聞』は、「ホラを福沢、ウソも諭吉」と評しています」「現代の研究者としては?」「大沼保昭氏は「大東亜戦争とは、アジアから収奪するために脱亜入欧を主張し、無限上昇志向の結果である」と評価しています。福沢を「近代日本のお師匠様」と称える者もいます」とその深化した研究の一端を証言していった。

大濱氏は訴訟準備期間に、神奈川県高教組教研・社会科小委員会の活動と調査、「現代社会」の授業実践を弁護士と支援者の学習会に報告してきた。教科書攻撃が厳しくなった昨今、この訴訟の重要性が増してきていると考え、証言台に立つことを決意した。社会科小委員会が調査した「現代社会」での教科書使用についてなどの質問を中心に高嶋さんの執筆した教科書の有用性を答えていく。

鈴木弁護士「証人の勤務校のレベルは?・」「生活指導加配対象校が多い」と答えると、裁判長が「加配?　どんな漢字?・」と質問した。「筑波大付属の実践が証人の勤務校でも取り組めるのか」との質問には、「高嶋実践を活用している」と述べた。「この経験を授業に取り上げますか?・」との裁判長の問いには、「今日の授業で呼び出し状を示して話をしてきました。明日もこの経験を話します」との答えに三人の裁判官が笑っていた。

❖一三回にわたる証人尋問が終了（九七年一一月　一二三号）

第一審最後の証人尋問は九七年一一月五日に行われた。裁判長が安川さんに尋ねる。「福沢の初期啓蒙期の一般的学説は?・」「丸山眞男は個人的自由と国家的独立の両者を不可分のものとしています。しかし実際は国のためには命も財も投げ捨てるというようなことを言っています。丸山解釈には無理があります。個人の自由と国家の独立のバランスを華麗に表現したため、初期啓蒙期の解釈が定着しました。そしてのちに福沢は挫折する、とする研究者が多い」「福沢の転換期はいつだとするのが一般的?・」「丸山は『文明論之概略』（明治八［一八七五］年）を転換期としていますが、それとは別に明治一〇（一八七七）年まで進歩的だったともしています。明治一四年の政変で福沢関係者が一掃され、そこで政府と対立しています。ですから「脱亜論」の前に変わっている、とするのが一般的です」。

大濱さんに対し「証人は前回の口頭弁論後に授業でこの裁判のことを取り上げましたか」と国側

代理人が尋問する。「はい、ちょうど憲法学習で裁判についての授業を取り上げていたので、法廷の図を書いたりして説明しました。裁判とは人権を守るためにあることを強調しました」と答えた。国側代理人は「この裁判の争点については、どのように説明しましたか?」「生徒の状況等から、個人でも国を相手に人権を守る裁判ができるのだといった説明をした」「証人の学校では教科書は使わないということですが」「私は大切にしてくれないと答えたはずです」と大濱さんは訂正をいれながら「実際に現場にいないとわかりにくいことでしょうが」と前置きをして、生徒が教科書をどう扱っているかを紹介した。

❖提訴四年半、ついに結審（九八年二月　二四号）

提訴から四年半、結審は九七年一二月二四日だった。口頭弁論が行われてきた横浜地裁の建物が建て直しのため、横浜家裁敷地内に建てられたプレハブの仮庁舎で行われた。結審ということもあってテレビ局のカメラも回っていた。

最終弁論において国側は書証の認否について「検定は必要かつ合理的範囲を越えているとは言えない。手続きは適法で、文部大臣の判断が裁量権範囲を逸脱したとは言えない」という最終準備書面を提出したのみで、法廷では口頭弁論を行わなかった。裁判長が「以上をもちまして、書証を終了します。国側に反論がありますか?」と原告側にふってきたので、大川弁護士が「新たなところに限って反論をしたいと思います。一つは国際人権規約違反があるということ、それから『福翁自伝』を勧めたことについての注意義務違反があります」と立ち上がった。

大川弁護士は「新しくなった検定制度の問題点として、かつて内閲調節があったが、今は二段階の修正表提出や期限など、簡素化の名のもとで画一化が進行し、学習指導要領に過不足ないものになっています。従来七件しかなかった不合格が、新制度になってから三年間で、二六件も不合格になっています。暉峻淑子さんの文章が記述削除になった事例を見ていても、検定当局はまるで官報を作っているようです。このときの検定官も入江調査官でした」と簡素化されて良くなったと誤解されがちな新制度にクギをさすと同時に、入江調査官の恣意的な検定姿勢をさりげなくはさみこむ。

「こうした制度のもとでは起こるべくして起きたことです。全国数千名の教科書執筆者も裁判の行方を見つめています。国際人権規約一九条（表現の自由の権利）は、表現を「国権力に妨げられず、自らの望む状況で広く伝えることができる」という内容になっています。ですから、「学習指導要領に過不足なく作れ」としている点で規約違反と言えます。検定意見の大半は、条約の容認する部分をはるかに越えています。旭川学テ判決（一九七六年）では「必要かつ相当の範囲の部分を明確にしていません。そして国のあらゆる介入が正当化されたわけでもありません。検定官の裁量権も検定制度の内在的な限界をもはみ出しています」と大川弁護士は、検定制度が国際的に見てもいかに遅れているか、原告側に不利な判決を出そうとする場合の論拠を先回りして押さえた陳述を行った。

藤村弁護士はテーマ6について、「情報寡占化について原告は、情報に主体的に向き合い自らアクセスする必要性を主張しています。それを論点不明確とする被告側の主張は理解しがたく、教育現場を知らない考え方と言えます。天皇死去報道については、被告側は入江調査官の誤った認識をもとにしていて、合理的根拠に欠けています。湾岸戦争については、「注意喚起」を検定意見告知の場で言っていません。「脱亜論」に関して原告側は、執筆意図の合理性・適切性を明らかにしています。子細に検討いただきたいと思います」と述べ、さらにテーマ8の「(湾岸戦争後の掃海艇派遣について)「アジアから意見を開いてほしいとの声があったと記述するのは低姿勢すぎる」と検定官が言ったのは検定意見ではない、と被告側は主張していますが、実質的にはアジアを低く見て、この記述を削ろうとしたものです」。

口頭弁論後の報告集会で、大川弁護士は「家永裁判は終わったが、決着のついてないこともある。新制度の問題点や、学習指導要領に過不足なく書かせることを検定基準にするのは、明らかに違憲です。国際人権規約に関わり、これまでは「大人」に関することと逃げられたが、今は子どもの権利条約もあります」と国側主張が、いかに国際感覚からもずれているかを指摘し、藤村弁護士は検定意見や国側主張での調査不足を指摘した。高嶋さんは、「判決は私たちが次に何をやるべきか考えるきっかけになります。責任も重くなってきます。教科書が自由選択になったとき、それを選ぶ教師の力量が問われます。その質を私たちがどうレベルアップしていくかも重要です」と、先を見通した展望を語った。また証人尋問を振り返って、特に教科書会社の編集者の方が大変な状況で、裁判を支え、証言してくれたことに深い感謝の意を表明した。

大川弁護士事務所で一審判決記事を読む「支援する会」世話人たち。

3　横浜地裁一部勝訴判決、そして控訴審へ

❖横浜地裁で《一部勝訴判決》出る

（九八年六月　二六号）

九八年四月二二日の判決当日、開廷の二時間以上前から地裁の仮庁舎前には、報道各社の脚立や三脚が並び始めた。整理券の配布される九時四〇分に並んだ人数は約七〇名。にこやかな高嶋さんと比較的緊張感のある表情をした弁護団が、サポーターから激励の拍手を受けて入廷、一〇時、裁判官三人が入廷。マスコミの代表撮影が行われて、緊張感は高まった。

開廷、慶田康男裁判長が判決主文を読み上げる。

「被告は原告に対して、金二十万円及びこれに対する平成五年七月一日から支払済みまで年五分の割合によ

る金員を支払え。原告のその余の請求を棄却する。訴訟費用は、これを五分し、その一を被告の負担とし、その余を原告の負担とする」。

判決は高嶋さんに調査官から告知されたのは「検定意見」であるという認定をした上で、「掃海艇派遣に関する記述に対する検定意見＝アジアに対して低姿勢すぎるのではないか」という点と、「勝海舟の氷川清話への検定意見について」、当時の学説状況を把握していなかったという点で違法とした、勝訴判決となった。

地裁前で待ち受けるサポーターの前に山崎弁護士が、垂れ幕を持って小走りに裁判所の建物を出てきた。マスコミのカメラが一気に取り囲む中、山崎弁護士が「勝利！　検定違法」と書かれた垂れ幕をかざした。サポーターからは大きな拍手と「やったぞ！」との大きな歓声がいくつも飛び出した。大川弁護士が判決文を持ってくると、回りにサポーターとマスコミの輪ができて解説に聞き入る。支援する会のメンバーはそのうち一部を受け取って、報告集会用の印刷へと走りだす。判決文は要旨だけで六七ページ、全文は六八〇ページという分厚さで、異例の二分冊のボリュームだ。大川弁護士から判決の内容が伝えられると、「脱亜論はどのようになったのですか？」「検定官の告知は、検定意見と認定されたのですか？」などと質問が相次ぐ。

弁護士会館で行われた記者会見では、大川弁護士が判決文を分析、高嶋さんが立ち上がり、「一高校教員が国を相手取って争い、国側の落ち度を指摘できたのは、皆さんが支えてくれたおかげです。日本の民主主義のおかげでここまで発言できるし、正義が通ると言うことを教える事例になったと思います」とあいさつした。会場からは、証人として福沢論の知られざる一面を証言してくださった安川寿之輔さん、「初めは裁判に反対した」と言いながら証言に踏み切った教科書編集担当の中村さん、呼びかけ人の一人である李仁夏さんたちが、勝訴の喜びとこれからの展望を語った。記者会見が終わり休憩タイムとなったが、高嶋さんはめずらしく携帯電話を手に立ったまま、紅潮した顔で話をしている。その電話の相手は家永三郎さん。家永さんはこの電話の時に早くも「控訴するのでしょう」と高嶋さんを激励した。

❖二審の争点は「脱亜論」（九八年八月　二七号）

地裁判決は一定の成果を挙げたものの、国側の問題点を追及するために控訴を決めた。被告・国側も控訴したため、教科書裁判第二幕は東京高裁で行われることになった。二審で大きく争点として掲げたいことが福沢諭吉の「脱亜論」をめぐる論争である。小中学校での福沢に対する一面的理解に警鐘を鳴らし、人物像を複合的に見ることの重要性を強調すると同時に、福沢が早くからアジアを蔑視していた側面への認識を広め、福沢像の見直しを提起することとなった。

❖いよいよ舞台は控訴審へ（九八年一〇月　二八号）

控訴審の第一回口頭弁論が九八年一〇月二六日に決定した。争点は横浜地裁が『氷川清話』の部分だけを違法として、肝心な部分の判断をしなかった「脱亜論」に関する点がまず第一にあげられる。高嶋さんは福沢観の見直しを提起しながら、一つの物事を多角的に、幅広くとらえることの大切さを取り入れた教科書像を改めて広く訴えようとしている。弁護団はこれに先立つ八月に合宿を行った上で九月に控訴理由書を提出した。

東京高裁での口頭弁論ということで、支援する会では支援の傍聴者の動向に不安を持ち、報告集会の内容を充実させることに着手した。ニュースには支援体制強化のために全国に依頼した地域窓口の一人、沖縄県石垣島の高校教員、渡久山修さんから「台湾に近い島からエールを送り続けたい」と題して、台湾に近い島から台湾侵略史を意識しつつ「国境のない」未来を望んでいます、とのメッセージが寄せられた。

❖控訴審始まる、新しい教科書像を問う（九八年一二月　二九号）

東京高裁での第一回口頭弁論は一〇月二六日、一〇一号法廷で始まった。右手被告席には国側弁護士を採用しないため、法務省の役人が前列に五人並んだ。後ろの文部省教科書課の人はわずか三名、やる気を疑わせる様相であった。

原告陳述で高嶋さんは、「民主社会下でも個人が国を訴えるのには勇気が必要であるが、社会科教師として憲法を大事にし、民主主義や人権を守れない者にそれを教える資格はない」と、まず自らのスタンスを明らかにし、地裁判決へのアジアの人々の反応にふれた後、「執筆した教科書は実践の中で練り上げたものなので、地裁判決程度で十分とするようならば生徒たちに批判されるだろう」

と述べた。「今後の審理では残る争点の二つと、新しい教科書観を具体化したことを確認したい。現場経験のない検定官がどのような判断が下せるのか」などの点を、具体的に判断するように裁判官に求めた。そして、「この裁判に注目しているのは大人だけではない。すでに、豊かな知性と判断力を持った高校生の教材となっている」と主張し、将来を担う若い世代が失望しないような裁判進行を要求した。

続いて鈴木弁護士が、検定制度の変化もあり、この裁判を家永裁判の枠組みと同様にとらえないようにとクギを刺し、討論授業・テーマ学習・高校生ということを考慮し、生徒に主体的に考えさせていく科目「現代社会」の特色を押さえて判断をするように要望した。

古川武志弁護士は、法的側面から現行の検定が法の適正手続きに反していると指摘、検定意見の形成過程が思いのほかズサンで、それが検定官の頭の中にしかなく書面化されていない、審議会のチェック機能が働いていないと、地裁の証人尋問で検定官から引き出した証言を引用して訴えた。行政の都合のいいように書かせる形になっている現行制度は透明性が低く、現に文部省は検定官の都合の悪い発言を「個人的感想」として逃げを打ったが、それでは教科書の書き手にとっては「表現の自由」などを始めとして人権の問題が生じる。制度が不透明ということが人権を萎縮させると、権力の横暴だけでなく、重大な人権問題になることを指摘した。

大川弁護士は、教科書内容に執筆者・文部省双方に学問的根拠があるときはどういう判断を取り得るのかと投げかける。文部省側に優越性があるならば、戦前の国定制度と同じである、一九七六年の旭川学力テスト事件最高裁判決を踏まえ、「戦前のわが国の教育が国家による強い支配の下で形式的、画一的に流れ、時に軍国主義又は極端な国家主義的傾向を帯びる面があったことに対する反省によるもの」ということを大前提として踏まえるべきと要望した。国際人権規約（一九六六年）や子どもの権利条約（一九八九年）の「表現の自由」や「受け手が求め受け、伝える自由」というのは、ただ伝わればいいというわけではなく、また制限するには法律によらなければならない、他との意見の衝突があるといって「公共の福祉」の一部として簡単に制限すべきではないと、先進国で唯一教科書検定制度を持つ日本においても、国際法に則った思考や制度の運用が必須であることを述べた。

高木新二郎裁判長は原告・被告両側を見渡して、「検定意見は「指摘事項一覧表」をもとに口頭で言っていたのか？　家永裁判でも少し触れられていたようだが、やり方は前から同じか？」と国側代理人に質問を投げかけた。地裁での議論の核心部分を突いた質問であったが、この質問に対して国側はうまく答えらない。被告席の前列に座っているのは法務省の役人であり、文部省教科書課の人たちも適切なアドバイスができない様子。

大川弁護士が「「指摘事項一覧表」ができたのは現行の一九九二年度の検定制度からで、それ以前はすべて口頭のみでした。ただ、現在でもあくまで指摘事項の問題箇所のみの指摘であって、内容は相変わらず口頭のままです」と答えた。裁判長は進行について何かあればと聞くとともに両者の準備書面の提出を促す。国側は争点がある程度明らかにも関わらず「原告側主張を待って」と言うので、裁判長は「それだとお互いになかなか進まない」と苦笑。鈴木弁護士は、地裁で一度出された検定関係文書の「文書提出命令」（高裁、最高裁では却下）を出すように要望した。

原告・高嶋さんは「控訴審では「新しい教科書観」を提起したい。裁判官や行政の人間に教科書の行間を読みとってもらい、意図を理解してもらうには時間がかかりそうだが、腰を据えてやっていきたい。地裁で勝ち取った二点についてはもう国側は覆すことはできないと考える。証人尋問などでも国側が勉強不足を認めてしまっている。当時にさかのぼって、実は勉強してましたとは言えないだろう。それに国側は今回の準備書面で「（掃海艇派遣の際に、声を聞いてほしかった）という記事がアジア諸国から相次いだ」との事実は確認されていないと言うが、入江調査官が法廷で「こうした事実があることを理解している」と証言している。四つの争点で勝つだけではなく、執筆意図をきちんと理解してもらいたいと思っている。様々な事実の積み上げで、家永裁判一次最高裁判決の可部判決をひっくり返したい。「看過し難い過誤がない限り」国側の裁量権を広く認めながら、合否まで握るというのは明らかにおかしい。家永先生は私の地裁判決のころから、「最高裁大法廷で判例を変えてほしい」と書かれている。私もその気になってきている。これからも裁判を楽しむ気分でいきます。こうしていられるのも皆さんのおかげと感謝しています」と語った。

報告集会では佐高信さんの講演が行われた。五年間山形県で高校教師をしていた佐高さんは教科書に依存しない自主教材つくりに携わったこともある、そんな話から住井すゑが教育勅語と水平社宣言を一緒に教えられるような教科書を作ってみてはと話したことや、亀井勝一郎が「愛国を求めるなら憎国も結びつけるべき」とした言葉から、自由主義史観のスタンスを問うた。自由主義史観は総会屋史観＝どちらも最終的な責任追及はしないとして、その中途半端さを指摘した。

一週間後、文部大臣の諮問機関、教科用図書検定調査審議会の建議により検定意見を文書化する方針が打ち出され、各新聞がこれを報じた。検定の透明性を高めるためにと提言された検定意見の文書化は、まさに「検定意見は調査官の頭の中」という状況を覆す、この裁判の大きな成果だと言える。

❖検定意見とは何か？　裁判長も疑問を持つ（九九年三月　三〇号）

二回目の口頭弁論は九九年一月一八日。原告側は準備書面の要旨を口頭陳述。大川弁護士が立ち、文部省の持つ関係文書を出すように国側に求めるとともに、裁判所側に対しても「文書提出命令」を出すよう求めた。古川弁護士は、「一審で入江調査官が告知した、テーマ8そのものが問題という検定意見は、告知の（仕方の）拡大解釈を国側がしている。入江調査官は検定意見を自分で詳細まで調べて構成したように考えられない」と指摘、国側は明確な基準を持っていないことを強調した。山崎弁護士も「国側は入江調査官の「低姿勢」発言を個人的感想、と言い逃れたが、一審は検定意見と認定した。記述変更を求めたのだから検定意見である。「低姿勢」という検定意見はないと国側は主張するが、それでは検定意見の範囲が不明確で、別の観点から低姿勢発言を検定意見と認定するべき」と国側の曖昧さをアピールし、一審よりさらに踏み込んだ認定を強く迫った。

裁判長は予定の調整を始めた。「裁判所として関心を持っているのは、検定意見の適法・違法の当否の前に、検定意見とはどの範囲なのか、どういう内容のどの部分なのかです。原審判決でもそこにスペースをさいています。検定意見とは何か、本来一致していなければならないが、食い違っている。新聞報道でも問題になっていたので、裁判所も関心を持っていました。前回の申し立てで国側もふれているが、それで（主張は）要約されている？　これ以上の主張はありますか？　補充はありませんか？」と、一審での流れをしっかり押さえた進行ぶりを見せた。

傍聴に来ていた高校生も、「裁判長の言うことはわかりやすい」と感心。裁判傍聴によく来ている人ほど、「こんなわかりやすい進め方はめずらしい」と感嘆の声。弁護団は第一回法廷での「指摘事項一覧表」の件に続いて、裁判長が国側の弱点を明確に突いてきたことから、裁判長は一審の記録をよく読み、この裁判に対し大変意欲的だと評価した。

❖検定関係文書提出問題（九九年五月　三一号）

第三回口頭弁論は九九年三月一七日午後から。国側からは準備書面（二）が提出されたが、口頭陳述は一切しない。原告側に提出する書面がなく口頭弁論はこれで終了。裁判長は小さい声ながら多弁だった。「文書提出命令の件で、聞くだけヤボだけど、国側の任意提出の可能性はないですかネ?」

と切り出した。驚いて一瞬間をおいた国側は、「ありません」と答える。裁判長「情報公開法が衆議院を通過して間もなく成立する見通しですよネ。成立すれば、関係文書も公開の対象になるのではないですか」と迫る。

さらに国側の返事を待たずに「大川先生は情報公開問題の専門家だから、どうですか?」と原告側に意見を求めた。大川弁護士は「確かにそうですが、情報公開法は成立から二年後に実施ということになっていますから、残念ながらこの件への適用はむずかしいです。この法律の趣旨に則り、国側は提出すべきです」と述べた。裁判長はさらに「民事訴訟法二二〇条三号後段についても、改正案の案文ができあがっているはずですよね」。

また、裁判長は「国側は既判力ということで主張していくわけですネ」と念を押す。既判力とは法律用語で、一事不再理の原則からすでに横浜地裁が出した文書提出命令が高裁と最高裁で拒否されて一応の決着がついているので、控訴審ではもうその件を審理できないとするものである。裁判長は「いずれにしても、検定意見は何だったかということで鋭い対立があるようなので、それを判断する材料になるかもしれない検定関係文書の提出命令の件は早くケリをつけたいのです。既判力の面から何度も判断していいのかの問題もあるし。それにどちらにしてもまた最高裁の判断を求めるということになるだろうし。原告側は補充する意見があるのなら、その際に既判力のことについても、決定を書く時に触れないわけにいかないので、考えを示してほしい」と要望した。

大川弁護士が「一審で文書提出命令拒否が決定された後の検定官証言から、検定意見は内部討議の概略になっているにすぎないことが判明したので、改めてこの部分について明確にする必要が生まれたという具合に、状況は変わったと考えています。そうしたことなどをまとめて、次回までに補充の意見をまとめて出します」と言い切った。

4　東京高裁証人尋問と判決

❖松浦玲氏証人尋問決定（〇一年二月　三九号）

控訴審七回目の口頭弁論は二〇〇〇年一二月一一日に開かれた。この間、高木裁判長から交代した北山元章裁判長は原告・被告両者に提出書類の確認をしたあと、「立証計画はあと考えている？もうこれでいいのか？」と尋ねた。

原告側は勝海舟研究の立場で松浦玲さんと、子どもの権利条約研究の立場から喜多明人さんの証人尋問を求め、二人の書いた意見書を書証として提出した。裁判長は「立証について合議するので、五分ほど休廷に」と、二人の裁判官と共に裁判官席の後ろに下がった。七、八分過ぎて再び席に座った裁判長は「国側はもう立証（計画）はないので、裁判所としては松浦証人は採用する。次回、人証調べをして、原告の陳述もあるでしょうから、その後に最終書面を出してもらいます」と告げた。次回は二月一九日、最終弁論は四月一六日と決定した。

傍聴の高校生はこの日の印象をこう記している。「裁判官は傍聴席の様子を考えて対応しているのでしょうか。この裁判は国や行政に対する危機感を発するきっかけとなり大切です。私たち教科書を使う生徒の意見は重視されないのか。文部省・国は国際的立場とか、日本のことを考えているのか」「初めて裁判を見るのでわくわくしていたけど、裁判官の態度を見て気持ちがさめました」「私たち国民が政治に関心を持ち、たとえ小さな力でもメッセージを発信することは異議を唱える姿勢が次の世代にも伝わり、体感できると思います」「裁判長の態度が怖かったんですけどいつもあんな感じですか」「裁判官の人は早口で何を言っているかわかりにくかった」「裁判官の対応に少し驚いた。感情を表に出さないものだと思っていたが、とても感情的だった。私としてはこのままの状況が続いていく方が、いつか国際関係で日本の信頼が失われると思ってしまうんですが」

❖松浦玲氏証人尋問、国側は有効打なし（〇一年四月　四〇号）

二〇〇一年二月一九日に行われた、勝海舟研究の第一人者・松浦玲さんが出廷しての控訴審唯一の証人尋問は興味深いものであった。

藤村耕造弁護士は「日清戦争の戦前戦後を通じてのことですが、勝海舟の中国や朝鮮、あるいは中国人、朝鮮人に対する考え方はどのようなものだったのでしょうか?」「朝鮮に対しては江華島事件、江華島条約以来、日本が優位、朝鮮が劣位で、それに反発したり、逆に清国を離れて日本につこうといった運動があり、国として十分にまとまって繁栄することができないままで、乱れに乱れて、日清戦争が起き、戦後になるわけですから、非常な同情の念を持っております。そのために日本人が朝鮮に対して侮蔑的な感じを持つことに対しては警戒をいたしまして、警告をすると。そのために「朝鮮は昔お師匠様」だと。新しい文化は朝鮮を通って日本に入ってきたんだということを強く申しますね」「朝鮮に対する考え方について伺いたいんですが、「朝鮮は昔お師匠様」という文章は勝海舟の朝鮮あるいは朝鮮人に対する基本的な考え方を示すものだというふうに考えてよろしいのでしょうか?」「はい。いいと思いますね。明治二七年四月、日清戦争が始まる宣戦布告の四カ月前、出兵の二カ月前、まだ何もそういうことが起こってない段階ですけれども、「朝鮮といへば、半亡国だとか、貧弱国だとか軽蔑するけれども」というふうに始まっておりまして、日本人全般、多くが朝鮮を軽蔑している、それを戒めるということを、日清戦争よりも前に言っております」「教科書調査官の方の御見解は?」「日清戦争後の国内の支那への侮りを警戒して、そのような意識を戒める意味あいでうんぬんとありますけれども、日清戦争後の議論ではありません。日清戦争が始まる前の年の明治二六年の議論でありますから、全くこれは見当が違うというふうに申し上げていいと思います」「現代社会の教科書の「アジアの中の日本」という部分、「朝鮮は昔お師匠様」文章が引用されて、更にそれに対する注が入ってますね。これは高校生の公民科、現代社会の教科書の原稿として書かれたものです。これの部分についてどのように思われるか、御意見をお述べください」「特に問題は感じませんが。こういう設問もあり得るかなという気がするだけです」。

尋問は脱亜論に関する部分に入る。

「先生ご自身も『明治と海舟のアジア』の中で、朝鮮に対する勝の考え方を示す文章としてこの文章を引用されてらっしゃいますね。この原稿は、更にその前の部分には「脱亜論」が挙げられています。福沢諭吉の「脱亜論」と一緒に掲載をされているということについてはどのようにお考えですか?」「海舟は冒頭に御質問がありましたように、軍人で政治家でありまして、思想家でもジャーナリストでもない。したがって体系的な記述、著述というものがありません。それに対しまして福沢は思想家であり、大きな著作もあり、新聞の論説を毎日書いているというようなことがありますので、同じ水準で比較するということはなかなか難しかろうと思うんであります。強いて比較すれば、どちらも新聞に載った発言という共通性がありますので、よく似た時期に新聞に載ったものを並べるということで比較するというのはそう不当ではなかろうという感じを持っております」。

「対外観についてはどうでしょうか?」「対外観では、日清戦争で最も強く現れております。海舟は反対であります。断固反対でありますけれども、福沢は時事新報で有名な日清戦争は文明の戦争という論説を書いております。文明と野蛮の戦争であると。福沢は情報に通じておりますから、日本が日清戦争を始めるときに朝鮮の王宮を占領して朝鮮政府を清国に刃向かわせるということでもって開戦のきっかけをつかむという、非常に悪らつな方法で、日本政府の当事者も悪らつであることを認めておりますけれども、そこは目をつぶって、日本が文明側であると。支那が野蛮であると。文明の野蛮に対する戦争であるということでもって、大義名分を欠いた戦争であるということを貫きますので、それは態度は明確に違うと思います」。

原告側尋問が終了すると、国側代理人が立ち上がる。「これまで教科書の編さん等に関与されたことは？」「ありません」「先生のように勝海舟について深い造詣があれば、そういう考えに行くだろうということですか？」「高校生がその設問を見て、なるほど、そういうふうに比較することができるのかと感じ取るということは有意義なことだろうと思います」。

再び藤村弁護士「明治期の勝海舟の政治的な影響力についてですが、いろんな重大な政局、例えば日清戦争の後始末をどうつけるのかといったときに、政府の関係者の人がいろいろ勝海舟に意見を聞きに来るということはありましたか」「黒田のほうも海舟を頼りにいたしまして、あれこれ知恵を借りに来るということはしょっちゅう言っております」。

今度は高嶋さんが問う。

「高校生は福沢諭吉と言いますと、一万円札の人というふうに教室ではすぐ反応をするんです。それなら一万円札の福沢諭吉は脱亜論のことがあってアジアからいろいろ問題提起をされる人物なので、次は勝海舟をお札の肖像にしたらという声が上がることも予想したんですが、先生は勝海舟をお札の肖像に使ったとき、アジアから問題提起をされる困った発言をしてる人と言われるような部分はありますか？」「海舟が本来発言したものの中で、それでアジアのどこかから攻撃を受けるということはないと思います。先ほど両方から御質問がありましたけれども、個人的にも勝海舟と福沢諭吉とは大変仲が悪いのでして、これは咸臨丸で太平洋を渡ったときからで、ずっと個人的にもけんかをしており、思想的にも非常に違うということで、学生、生徒の水準のところへ持ち込んでいっても、この対比は十分おもしろい話ではないかという気はいたします」。

一方、喜多明人さんの意見書では、「教科書検定における情報制限の問題は、とくに教科書が「絶対に誤りのない基礎知識の体系」として受け入れられる特徴を持っていることから、学習する子ども側から見れば、常に「情報探求・選択の自由」を侵害される恐れがある。たとえば、最近発生した東北旧石器文化研究所前副理事長による「旧石器遺跡発掘のねつ造」に関し、すでに教科書訂正申請がなされている事件については、当該遺跡発掘に関する報告書による研究的な裏づけがないままに教科書検定をパスさせ今日の事態を招いた。

家永教科書裁判では、しっかりした研究成果の裏づけを持ちながら「七三一部隊」に関する記述は研究的に不充分という理由でパスさせなかったことなど、恣意的な運用がなされてきており、歴史学習において子どもの情報探求・選択の自由が妨げられる懸念があるといえる。以上のような教科書検定制度の判断に関わる子ども観、教育観の問題は、判例上は十分とは言えず、国際基準に照らしてみても見直しを迫られているといえよう。

学力テスト旭川事件最高裁大法廷判決は、こどもの権利のとらえ方や教育行政のあり方に最高裁判決における一つの到達点を示した。判決は憲法二六条の背景には、「国民各自が、一個の人間として、また、市民として、成長、発達し、自己の人格を完成、実現するために必要な学習をする固有の権利を有すること、特にみずから学習することのできない子どもは、その学習要求を充足するための教育を自己に施すことを大人一般に対して要求する権利を有するとの観念が存在している」と判示した。そのうえで、国は国政の一部として「必要かつ相当」な範囲で教育内容を決定する権能を有するとしながら、他方で、親や教師の教育の自由を一定の範囲で認め、教育内容に対する国家的介入はできるだけ抑制的であることを要請した。

この学テ判決は玉虫色の内容を持つと評価されているが、子ども・国民の学習権と教育の本質論を背景にして、少なくとも教育内容に対する国家的介入抑制の法理を打ち出していることは明らかである。一方で、判決は子どもが「批判能力に乏しい」を根拠に子どもの権利主体性を欠落した教育観に基づいた判断になっている。この論理では子どもの学習権論も十全なものにはならない。このような考え方は、子どもの権利条約批准後のいわゆる第三次家永教科書裁判の最高裁判決などでも踏襲されている。最高裁判決が想定している子ども観・教育観は結局のところ、子どもは教育の一方的な受け手であり、保護の対象である。子どもに対する教育内容あるいは教科書をはじめとする教育情報は子どもが批判能力などが乏しいことから国の側が決定したり、選択して提供するというものである。

本件に関する原判決もこのような最高裁判例を踏襲し、保護型、未熟な子どもという捉え方の域を出ておらず、今日の時点での判断としてはきわめて不充分であるといわざるを得ない。以上のような趣旨から本意見書は、今日の国際基準の水準にふさわしく、権利の主体である子どもの豊かな捉え方、それに基づく教育、教科書のあり方について立論していくことが必要不可欠である、と判断する」と、旭川学テ判決を引用しながらも、その不充分さを指摘した上で、生徒の可能性を小さく見て、単なる受け手としか見ない考え方に警鐘を鳴らしている。

❖ついに結審、原告最終陳述（〇一年七月　四一号）

唯一の証人尋問が終わって九回目の法廷となった二〇〇一年四月一六日、控訴審は結審を迎えた。原告側は最終陳述に入る。

大川弁護士は「二〇〇〇年度検定から検定意見文書が交付されるようになりました。この四月一八日からは教科書センターなどで一般公開もされます。ところが本件当時の検定意見を客観的に確認するものがありません。国側はその上で検定意見の解釈に誤りがあるといい、最高裁は提出義務がないといいます。しかしこの四月から施行された国の情報公開法は、内部資料であっても行政機関が作ったものは公開されるものとなっています。あえて、非開示にする理由はありません。今日の午後には開示請求をしますが、その前に提出すべきではないですか。それをせずに原告の主張が誤りというのはおかしい」と厳しい指摘をした上で本論に入る。

「検定制度が違憲であり、表現の自由を侵すという主張の根拠は、国際人権規約に基づいています。これは教科書といえども制限されることはありません。「つくる会」の検定合格教科書は、神武東征の記述などが批判を受けています。文部科学大臣は「明らかな間違いがないので合格させた。国家はそれ以上介入できない」と述べたが、裁判で国側は「原稿記述に客観的事実が存在するだけでは容認できない」と主張しています。法廷の内外でのダブル・スタンダードは許し難いものです。執筆者側にそれ相応の根拠があれば許されるべきではないですか」。

古川弁護士は「司法が行政をチェックすることがこれからは重要です。司法の今の姿勢は、委任立法増大の中で、現場の役人の裁量で物事を決めてしまうことを追認していることになります。本件においてはまず、検定規則の解釈論、そして憲法三一条をどう捉えるかが重要です。運用違憲論はいずれ最高裁で明らかにしてもらいたいが、高裁でも詳細を聞きたいと思います」と、論点を絞って述べた。

藤村弁護士は「『脱亜論』の引用が一面的であるという検定意見がつきましたが、原審では学説が分かれているので、調査官はそれを意識して判断したと認定していました。一面的という内容性・適切性、一面的か否か、学説の状況、高校生がどう使うかなどを総合的に考えて判断してほしいものです。一面的という指摘はおかしいと思います。『氷川清話』について原審では松浦玲氏の考えを引用して認定しました。これに対立するような学説はありません。控訴審でも出ていません」。

最後に高嶋さんが立ち「私はまず法律上での権利衝突よりも文科省は市民の中でどうあるべきかが大切だと考えます。教育論をしたいと考えています。九三年の提訴時は高校教諭という弱い立場でした。今は身分保障のある大学にいますが、やってこれたのは民主主義のおかげだと考えています。教科書検定での不条理をそのままにしておけません。生徒たちから大人が行動すべき時にしなかったと言われ、責任を関われかねません。提訴三カ月前、第一次家永裁判の判決で国側に「看過しがたい過誤」がなければ可と認定されました。この判決のままではいけない、と裁判を決断したのはこの可部判決でした。とはいえ、個人で国相手に裁判をするのは重いものでした。

提訴一週間後には宮沢内閣不信任案が可決されました。社会科は今の情勢も学ぶ教科です。日本の政治も少しずつ変わっている、司法もそれまでと同じではないと考えました。その後の審理を見て、考えに間違いはありませんでした。九八年四月にこの裁判は勝訴を勝ち取りました。地裁では「検定意見は検定官の頭の中にある」という証言を得ました。検定意見が不安定・不透明なものと確認できました。判決の直前、文部省は検定意見を文書化する方向にしました。明らかにこの裁判の証人尋問の様子が報道され、広がった結果といえます。

教科書検定官自身が教員免状を持っていない、当然教壇に立った経験もないのです。二五年に及ぶ教育経験の蓄積に基づき、教育的配慮をして教科書の執筆をしましたが、そのような検定官が可否の判断をしています。検定制度の大きな欠陥です。私は「看過しがたい過誤がなければよい」という判断の改善を求めます。「看過しがたい過誤」がなければ許されるということは、国側は何を言っても許されることになります。「看過しがたい過誤」を国の基準として当てはめることには無理があります。民主主義下では公権力といえども行き過ぎは認められません。「看過しがたい過誤」がなければ良いというのは、検定制度における諸悪の根源といえます。これが最高裁判決として定着すると禍根を残すと考え、生徒に何も行動しないと思われたくないとの思いで提訴しました」と述べ、最後に「教育は宝探し」だと語った。

注目の判決言い渡し日について裁判長は「判決は追って通知する」と述べた。

報告集会の後に、四月一日から施行されたばかりの国の情報公開法に基づき、文部省へおもむいて高嶋さん執筆の『現代社会』教科書関係を中心に、教科書検定関係文書の情報開示請求を行った。その文部省中庭にはなんと「さざれ石」があった。

❖どうした東京高裁、結審後一年経過（〇二年五月　四四号）

東京高裁は結審後一年が経とうとしていた〇二年四月上旬になって、「五月下旬に判決」と通知してきた。

それより前、二月には東京で、「歴史教育アジアネットワークＪＡＰＡＮ」の発足集会が開かれた。この組織は、歴史教科書問題への危機感からアジア各地の人々を招いて行われた「歴史歪曲教科書を許さない！　アジア連帯緊急会議」において、アジアとしての歴史教育ネットワークが必要との声が高まったことから、日本側の組織として発足したものだ。高嶋さんもその共同代表の一人となり、講演を行った。

同時期、高嶋さんはあまりにひどい産経新聞の教科書関係の報道に対し、公開質問状を突きつけた。産経新聞の矛盾を突くと共に、その社会的責任の追及など様々な意味合いを含んだ申し入れであった。

❖国側主張うのみの全面敗訴、上告へ（〇二年七月　四五号）

二〇〇二年五月二九日、東京高裁・北山裁判長は、原告側全面敗訴の判決を下した。三分間のテレビ撮影ののち、開廷されると北山裁判長が早口な小声で判決文を読み始めた。その中で「……違反しない……認められない……原告の主張は理由がない……棄却する」という言葉が聞こえてきた。国側の言い分を全面的に認めた敗訴判決である。一〇一号法廷は一瞬沈黙が走り、すぐに憤然とした雰囲気に包まれた。退廷しようとする裁判長に厳しい声が投げつけられた。

東京高裁の判決の要旨は、①検定制度は違憲ではない。②本件の場合、検定審議会はその設置の目的・趣旨をはずれた運用はされていない。③②の判断から、検定意見の当否を問わず、本件検定処分を違法とする原告主張は理由がない。④検定意見の告知の際、教科書調査官（検定官）は注意義務に反していない。⑤本件の検定意見は文部大臣の裁量権を逸脱したとは言えない。⑥本件検定意見を違法とする原告請求は理由がないため、原判決を取り消す。というものだった。

検定官が「掃海艇派遣に関して東南アジア諸国の意見を聞くべきかは疑問であり、原文記述はやや低姿勢であるから、記述を修正する必要がある」と高嶋さんに言ったことについて、地裁判決は「検定官の個人的感想ではなく、検定意見」と認定したが、高裁判決はこれをあくまで検定官の「個人的感想であり、その区別は原告側ができるはず」と言及した。

記者会見で、大川弁護士は「時代に逆行する判決。時計が九年戻った」と怒り、九三年三月、高嶋さんが提訴を決意した家永二次訴訟最高裁判決（可部判決）レベルへの「逆コース」に、「このままでは引き下がれない！」とその場で上告宣言をした。高嶋さんは「同じ裁判でも、地裁と高裁ではこれだけ判決が分かれることもあるという教材になります」「これは第二の可部判決です。裁判長からの挑戦状にも思えます。これほどの裁判官がいるとは驚きです。教師生活が長い私と、教員免許や経験もない検定官の間で、一箇所でも誤りがあれば不合格にできる強い権限を現場の素人と言える検定官側に持たせることはどうなのでしょうか」とコメントした。

❖いよいよ最高裁の鐘がなる、上告理由書提出（〇二年一〇月　四六号）

高裁判決後、弁護団はただちに上告の方針を決めたが、二〇〇二年一〇月一一日には正式に上告理由書を提出し、審理は最高裁の場に移った。最高裁では口頭弁論は開かれない。憲法解釈に変更を行う場合にのみ、口頭弁論は行われる。支援する会ではそのための働きかけに取り組み始めた。

ニュースには長い期間、日本で「連合早報」（シンガポールの華字紙）の特派員をしていた陸培春さんの高裁判決へのコメントが紹介されている（陸さんは現在、マレーシア・クアラルンプールで、日本への留学希望者への支援教育機関を運営している）。

「日本の司法はどうなっているのか、心配です。日本は行政に裁判官の任命権があるので両者の癒着が進んだ結果とも言えます。これでは不公平・不公正になるばかりです。国家から給料をもらっている検定官が検定の場で言ったことを、検定意見でなくて「個人的感想」と認定するなど、是々非々の区別がつかない裁判官ですね。アジアをはじめ国際的問題を知らない人が裁判官をやっていては、その視野の狭さから裁くのは危険と言えるでしょう。

私は日本にいたとき留学生の裁判で、留学生の先輩として証言したくとも認められませんでした。その留学生は前科がなく主犯でもないのに、窃盗で実刑を受けました。日本人では考えられません。日本の司法は、差別や偏見、アジアを無視している問題を直視していません。司法が独立していないことを、私もこの体験から強く感じていました。高嶋先生は、聞けばすぐに上告されたとのことで、この動きをさらに広げてがんばってほしいと思います」。

高裁判決について、大川弁護士は以下のように話した。

「意外な判決でした。隅から隅まで読んでもいいところが一つもありません。家永教科書裁判では、制度合憲論にしても二つの流れがあります。合憲という考えの中でも、検定制度は執筆者や子どもの人権侵害だが、合憲的な運用をしなければならない。合憲論にも内在的な限界があるという考え方。もう一つは合憲ならそこから先はもう憲法問題と切り離して、文科省の裁量の裁量に委ねてしまう、というものです。

家永三次最高裁判決（大野判決九七年八月）では、弁護士出身の大野・尾崎判事が少数意見（五人中二人）で前者の考え方を示しました。「検定意見の内容が合理的なだけでは適法となるわけではない。それだけでは充分条件ではない。検定意見として合理性があっても、教科書として不適切かどうかという縛りがある」という趣旨で、この少数意見自体は採用されませんでしたが、実際には結論において七三一部隊についての部分などが影響を受けました。

本件では制度違憲を主張しているが、これをメインとしていません。「検定意見違法」を勝ち取ることを第一の目的として、一審判決ではこれが一部達成されました。一審では、違憲ではないという憲法解釈だが、「国の介入は抑制的でなければならない」とありました。検定手続きに対しても、たとえば検定意見と紛らわしい個人的意見を言うことも戒めていました。ところが今回の北山判決はいわば分離論です。一審の教科書調査官の証言でも、「審議会では検定意見は審議されず、検定官の頭の中にある」と言っているのに、「審議会での検定意見は適切」と言っているのは明らかにおかしいものです。

こうした判決内容は、教科書裁判の流れを一〇年近く逆流させたといえます。ただ、判決の中身だけがバロメータではありません。実際検定制度にどれだけのゆさぶりをかけられたかが、支援する会活動の評価には重要といえます。例えば検定関係文書の文書化が実現したことです。情報公開・行政手続法の流れの中で、ときどき今回のような逆流のような判決があっても、統制色を薄めているという成果はあります。さらに言えば、これまで裁判官の琴線にふれる法廷闘争をどれだけしていたかという反省をしておきたい。「つくる会」教科書問題にしても、中韓の教科書検定はよく国定制といわれていたが、例えば韓国では文部省が直接検定はしていません。日本の方が検定が厳しいのに、「つくる会」教科書を通してしまった現実、国際的批判を受ける教科書がこのままでいいのかということなど、「つくる会」教科書問題を今後、法廷にも反映していくべきだと考えています。また、他教科でも、例えば家庭科や理科などの検定で様々な問題点がクローズ・アップされています。これから各地で高嶋裁判に続く裁判を提起していってほしいと思います」。

5　最高裁への上告と「つくる会」教科書攻勢

❖最高裁への「口頭弁論開催要請」署名（〇三年五月　四八号）

最高裁への署名活動が続く中、二〇〇三年六月で高嶋訴訟は提訴一〇周年を迎えた。六月七日に行われた一〇周年イベントでは、「検定外中学校理科教科書をつくる会」の左巻健男さん（京都工芸繊維大学教授）が招かれた。同じ「つくる会」でも一八〇度違う「つくる会」である。左巻さんは、高嶋さんと同じく教科書検定の問題性を鋭く指摘してきた。誰のための理科教育を行うのか？　という問題提起、教員同士が良い授業のために口から泡を飛ばして論議し、子どもたちと共に授業を作り上げている。恣意的な教科書検定でわざわざ理科嫌いの生徒を作っている現状を、さまざまなエピソードを交えながら熱弁をふるった。学習指導要領の作成に関わった人が中心になって作成した教科書が、検定不合格になっているという。小中高大の教員を中心に二〇〇名以上の人々が編集したのが『新しい科学の教科書』（文一総合出版）である。

提訴一〇周年を迎える前、教科書をめぐって大きな足跡を残した人物の訃報が相次いだ。長い教科書裁判を闘って、計り知れない影響を日本社会に与えた家永三郎さん、朝日新聞記者としてアジアから日本の戦争責任を問い続けた松井やよりさん、都立大学長として、また「教科書問題を考える市民の会」として市民運動を育成してきた山住正己さん、そして家永全国連の神奈川県連で活躍し、高嶋訴訟の地裁傍聴にも欠かさず来られていた増井美弥子さんが相次いで亡くなられた。

八月には三年ぶりに高嶋さんのマレー半島ツアーが実施されたがその直後、高嶋さんを大きなアクシデントが襲う。

❖高嶋さん緊急入院（〇三年一〇月　四九号）

マレー半島ツアーが終わって二週間後の二〇〇三年九月七日、高嶋さんはツアーをまとめた冊子用の原稿を編集担当者にＦＡＸしてから沖縄へ戻り、その翌朝のことだった。朝五時ごろ胸が激しく痛みだした。いつまでたっても痛みは続く。「救急車を呼ぶのも大げさだ」と考えた高嶋さんは自分で車を運転して病院に向かうことにした。しかも七月に人間ドック受診時に精密検査を受けるように指示されて受け取った紹介状を、大学の研究室に取りに寄ってから病院に行った。心筋梗塞の一歩手前だった。病院からは、無茶をしてはいけない！　緊張するのが一番いけないのに、これでは突然死の可能性もあったと指摘され、何はともあれ緊急入院となった。

検査の結果、心臓の血管の狭い場所が六、七箇所あることがわかり、本格的な開胸手術を行ってバイパス治療を行うことになった。九月二四日に東京の病院に転院し、一〇月三日、七時間の手術を受けた。術後の経過は順調で、リハビリの努力もあって一二月中旬からは大学にも復帰するほどの回復の早さであった。

❖アジアからのメッセージも到着（〇四年一月　五〇号）

二〇〇三年の秋、懸命に術後のリハビリに取り組んでいた高嶋さんにマレーシアからメッセージが届いた。高嶋さんの裁判への熱烈な応援メッセージである。日本の右傾化に危機感を持つのはアジアの人々も同様であった。マレーシアでは日本の治安維持法に当たる法律が日本占領時からあって、いまも国民の政治活動を厳しく制限している。そうした状況で経済的に結びつきの強い日本をあえて憂慮するメッセージを発したのは、マレーシアの政権もこの問題への配慮が必要だと考えた証拠といえる。

《日本琉球大学教育学部　高嶋伸欣教授

公開審議を全面に支持すること。われわれ、以下の署名団体は貴殿の、強権を恐れず不屈の精神で歴史の真実を固く守る精神を非常に尊敬し賞賛したい。われわれは、この手紙をもって、貴殿の最高裁において日本文部科学省の歴史教科書改ざん訴訟を全面支持することを伝えたい。われわれは、貴殿がこの裁判で勝利するよう祈り、歴史の真実を返していただきたい。よいお返事をお待ちしています。

二〇〇三年度馬来西並紀念日据時期殉難同胞工委会ほか二三団体（マレーシア華人団体）》

❖多くの市民、教員と教基法改悪にNO！（〇四年九月　五二号）

教育基本法改悪の動きが激しくなってきたことで、神奈川でもこの動きを食い止めようという運動が立ち上がった。世話人のメンバーも多く関わった「六・一九教育基本法改悪反対」神奈川集会は、集会前に高嶋訴訟の年次総会が行われ、その後定員四〇〇人を大幅に超える六〇〇人が参加。高嶋さん、三宅晶子さん、大内裕和さんの講演、神奈川の教育問題に取り組むグループのアピール、ザ・ニュースペーパーのコントと盛りだくさんの内容となった。

高嶋さんはこの集会のトップバッターとして、教育基本法改悪の周辺状況、都教委の異常な取組みの問題点を厳しく指摘し、沖縄発の教科書作成について話した。小森陽一さんは「ここに来た人たちは、一歩外に出たら発信者となってほしい！」とハッパをかけ、最後は大内裕和さんがゲキをとばした。

総会、集会に九州から参加した村田久さん・和子さんご夫妻はニュースにこのような寄稿をした。

二〇年ほど前、三菱化成（現三菱化学）は、ARE社という子会社をマレーシアのイポー市郊外に設立、放射性廃棄物を野ざらし投棄をするという日本ではとても考えられないようなことをして、周辺に深刻な環境汚染をもたらした事件をご存じでしょうか。（略）その当時、私たちは北九州市にある三菱化成黒崎工場で働いていましたが、工場ではことあるたびに「安全第一」

を唱える会社がアジアではとんでもないことを平然と行う企業姿勢を追及するために、また、この問題をできるだけ多くの人に知ってもらいと考えて、ブキメラ村住民を招いた全国キャンペーンを企画しました。一三年前のことです。この全国キャンペーンを知った高嶋さんから「マレー半島南部戦争追体験の旅」参加者を多数紹介いただき、そのうえ、それらの人たちへの通信費用にと多額のカンパをいただきました。全国に知人も少なく「何とかしたい」という気持ちだけが先行していた私たちにとって、高嶋さんとの出会いはまさしく「地獄で仏」でした。私たちはこのキャンペーン以来ブキメラ住民との交流を深めていて、今も放射能汚染で白血病などの健康被害を受けた子どもたちの医薬援助活動を行っています。

❖高嶋さんは沖縄発信の教科書に着手（〇四年一二月　五三号）

二〇〇三年の東京での教育基本法改悪阻止大会が大成功をおさめて以来、全国各地で大きな集会が開かれるようになった。前述の神奈川六・一九の後、翌〇五年一・二二神奈川大集会（川崎）等が、東京では一一・六集会などが行われた。

高嶋さんは、着々と沖縄発の教科書作りへの取り組みを進めていた。ニュースには高嶋さんからのアピールが掲載されている。

われわれ琉球大学教育学部社会科教育専修では次のような研究・教育活動の目標を掲げている。「日本の中の沖縄だからこそ見えてくる社会諸科学の成果に立脚した世界平和のための教育をめざします。科目専門としての歴史学、地理学、経済学、社会学などの学習・研究を基盤としながら社会科教育を通じてそれらの成果を全世界に広げ、人類の平和に貢献できるものにします」（「二〇〇三年度、受験生のための琉球大学案内」より）。こうした目標にもとづいて、当教室では長年にわたり、有能な人材を沖縄県内を中心とする教育界へ多数輩出し、地域社会に結びついた大学としての役割を果たし続けてきた。

しかし、その一方で、学校教育の中心となる教科教育においては、主たる教材であるはずの教科書が東京や大阪を中心とした編集・発行体制下にあって、沖縄に関する記述に問題点が少なくない状況を是正しきれていないままとなっている。この点に関して、これまでにも個々には教科書記述の事実誤認などについて指摘し、是正を実現したケースも少なくない。にもかかわらず、事実誤認の記述は、再登場をくり返している。さらに、今もなお沖縄県内における研究成果や授業実践などの到達点から見て不適切と思われる記述が数多く存在している。

こうした事態を前にして当教室では、問題点の抜本的解決を図るには、沖縄のことを学ぶ教科書を沖縄在住者たちが編纂する必要があるのではないかとの声が数年前に挙がった。その後、教室内での議論を経て、沖縄版社会科教科書編纂発行に、附属学校教員の協力も得て取り組むことが、全員一致で確認された。幸いにも、そのための経費支援策として学内の研究・教育活動を助成する「二〇〇三年度大学教育研究重点化経費」の配分対象に選ばれ、二〇〇三年度から沖縄版社会科教科書作成のための研究活動に着手することに至った。

本報告書は、その第一年度分の研究活動を総括したもので、なぜ今沖縄版社会科教科書作りをする必要があるのかという点を中心として各専門分野別に、現状分析を通じて論じている。折しも、全国の教育界においては規制緩和、地方分権等の潮流の下で、教育特区の設定など、従来にはなかった様々な活動が地域毎に実施され始めている。地域版教科書の編集・発行は沖縄県の場合に限らず全国各地でも許容され具体化するのは時間の問題とさえ思われる。そうした全国的な動向の先駆けとなるものとしての意味も込めて、われわれは第二年度目への取り組みをめざしている。

沖縄県内外でこの件に関心をもたれる関係各方面、各位から遠慮のないご意見・助言をいただきたく、本報告書を広く供覧に付す次第である。

二〇〇四年三月三一日　研究者代表　高嶋　伸欣

❖あぶない教科書がやってくる（〇五年六月　五五号）

二〇〇五年四月五日、教科書検定の結果が発表され、「つくる会」の教科書も検定合格した。四年前にも普通なら不合格になるほどの問題点を指摘されていたが、多くの問題点、誤りを抱えながらの傷だらけの合格だった。検定の恣意性はまた証明された。高嶋さんの執筆した教科書と基準が異なるのは明白であった。

「教科書を読む会」古屋珠子さんは、「「つくる会」公民教科書（扶桑社）の変化」と題して歴史教科書だけではなく公民教科書への注意を喚起している。まず「現行本のなかでも突出した問題点で表現上今回は姿を消した部分」として、甚だしい大衆蔑視や住民投票への不信、福祉国家への疑問、核抑止論の肯定が、「変わらずに問題な部分」として、基本的人権の制限と国防の義務、家族のありかた、領土・領海、国旗国歌の扱いがある。また「さらに強くなった問題傾向」として、自衛隊と日米安全保障条約の記述、改憲についての積極的な主張、男女共同参画社会への否定的な見解を、「新しい問題傾向」として、規制緩和（新自由主義経済）の肯定、食料の自給そして農業問題、グローバル化とナショナリズム両者の肯定と国民不在の傾向があると指摘している。そこでこれから教科書検定の結果が公表され各地で展示会が行われるので、感じた意見を投書箱に入れるなどして、意思表示をしていくことを勧めている。

また「教科書採択制度の民主化を求める神奈川の会」の熊川美弥子さんは、「つくる会」が自分たちに都合のよい採択制度に変更させるため、どんな要求をしているのか、二年前から動きが頻発している神奈川県の例を紹介している。

一、教師の声を採択手続きから排除（学校現場での評価は低いため。学校票の廃止）

二、採択地区を一教委一採択地区単位に（単独の教委の支持だけで採択が可能なため）

三、教育委員自身による採択（選定委意見や選定資料を軽視させ、教育委員を取り込む）

四、選定資料の観点に学習指導要領の項目を挿入する（F社に有利な「国を愛する心」の観点を挿入して選定資料での評価を高めるため）

五、静謐な採択環境（教委会議非公開、採択決定日県内同一化、警察による反対運動抑止）
六、県教委の市町村教委への指導を強化（県内全地区への統制が可能）
七、息のかかった人物を教育委員や教育長、採択関係者に送り込む

同時期、確かな歴史認識を広げるために取り組まれてきた東アジア三国の近現代史『未来をひらく歴史』（高文研）が発刊され、高嶋伸欣さんが推薦文をニュースに寄せている。

私が教科書執筆でめざしていたのは、戦前・戦中のような自国中心的な世界認識を超えて、若者たちに相互に多様な価値観を認め合う学習の材料を創りたいということでした。それが検定で阻止され、泣き寝入りはできないとして提訴したものの、すでに一二年目になろうとしています。その間に、「新しい歴史教科書をつくる会」の登場が反面教師的役割を果たした形で、この程日中韓三国共同編集の『東アジア三国の近現代史』が発行されることになりました。私は脇で見ているばかりでしたが、これまでの関係者の皆さんの努力には敬服しています。私の裁判支援の会からも、柴田健氏を中心に積極的に参画しています。この自主的な国際協力の成果を普及させるために、多くの方々がまたご支援下さるよう願っています。

❖「つくる会」教科書の採択、低水準（〇五年九月　五六号）

多くの市民運動が「つくる会」側の攻勢を見事にはねのけた。「つくる会」教科書の採択は歴史が

〇・三八％、公民が〇・一八％という結果に終わった。これは学校教育をねじ曲げ、政治的に利用し、子どもたちの可能性を奪おうとした動きをしっかり食い止めた、歴史的な運動の成果といえるだろう。

「つくる会」教科書を採択させようとした動きは、現場教員から教科書選択の権利を奪い、議会や教育委員会にも圧力をかけ、文科大臣が「つくる会」寄り発言をするなど全力をこめて取り組んできたもの。それを阻止した市民運動と、多くの国民の意識の健全さは、結果的に国内のみならず日本にこうしたしっかりとした市民の活動があるということをアジアなど世界へアピールしたことにもなる。「つくる会」教科書が採択された地域でも、粘り強い阻止運動が行われたことは今後大きく生きると考えられる。

さらに「つくる会」側の犯罪的行為がさらに明らかになった。高嶋さんたちが公正取引委員会に告発しながら証拠不十分とされていたことについて、内部告発資料の存在が明らかになり、いかに禁じ手を使って彼らが活動してきたかが判明した。

二〇〇五年七月一九日、文科省へ高嶋さんは俵義文氏と共に、再調査としかるべき対処をするように申し入れを行った。それは「つくる会」に扶桑社などから年間一億円もの資金援助がされ、事務局員八人分の給与も同社が負担しているという資料である。産経新聞が前回の検定申請以後も、資金面での関与を続けていることが示されているものだった。

「つくる会」と扶桑社は法的に無関係であると、藤岡信勝氏たちは以前から主張してきており、四年前に高嶋さんたちが公正取引委員会に告発した際、公取委も文科省も両者一体の証拠がないと結論づけていた。しかし実際は〝表裏一体の関係〟にあることが、この内部告発の資料で明らかになったのだ。そこでは教科書関連販売諸費予算には「つくる会対策費」、会議のまとめには「産経とも相談の上で」などという一文も見受けられる。

一九日にはこの件での記者会見を行った後、公取委にも申し入れる際には、併せて国税庁に脱税の疑いありとして資料提供をすることになった。扶桑社が「つくる会」とは無関係を装うために、資金援助を『国民の歴史』などの印税を名目として贈っていることから、高率になる贈与税を脱税している疑いが濃いといえるのだ。このような卑怯な手を使っている人々がどうすれば「日本の誇り」などと口走れるのだろうか。今後「つくる会」と扶桑社の違法性が認定されれば、すでに扶桑社を採択した栃木県大田原市や杉並区、さらに私立学校にも、採択のやり直しを求めることが、法的に可能になると考えられる。

毎年六月に行っていた年次総会は初めて横浜を出て、北海道教組の協力で一〇月一五日に札幌・教育会館で行われた。高嶋さんの講演と、『未来をひらく歴史』の中国側責任者である社会科学院近代史研究所の歩平さんを招き、「中国から見た歴史認識の共有」と題して講演していただいた。

6　最高裁判決とそれから

❖上告三年、最高裁判決はいつ？（〇五年一二月　五七号）

最高裁判決が出ないままであったが、東京高裁判決が「つくる会」教科書騒動の翌年五月に出たことを考えると、それほど遠くない時期に判決が出る予想はできた。それを意識して高嶋さんは、ニュースの連載「琉球だより」で「特論＝高嶋教科書訴訟の今　文科省が追認した高嶋の教科書観―すでに破綻している検定の〝バランス論〟」と題した文書を寄せた。

《最高裁が私の上告を棄却し、北山判決を確定させることになれば、〝最高裁は腐っている〟と言われるのは明らかで文科省はまた大喜びになるでしょう。しかし実は、文科省は私との教科書論争ですでに敗北しているのです。それも、文科省自身が作った土俵の上で、自分から敗北宣言を発したのです。それは、九六年七月のことです。

この時、第一五期中央教育審議会が「二一世紀を展望したわが国の教育のあり方」に関する第一次答申を、文相に提出しました。その骨子は「生きる力の育成とゆとり」を基調に、自ら学び自ら考える教育への転換、教育内容の厳選、横断的・総合的な時間の導入、五日制の完全実施などでした。そこでは「知識の習得に偏りがちであった教育から、自ら学び、自ら考える教育などの『生きる力』を育成する教育へ」学校教育の基調を大転換させることを求めています。この答申直後の同年八月、教育課程審議会に、ここで言う「生きる力」育成の提言を求める諮問がされ、教課審は九八年七月に答申を提出しました。同答申では、特に「教科書及び補助教材」の節を新設し、「知識の暗記に陥りがちな教材の精選を図ると共に、学び方や問題解決能力の育成に資する教材を豊富にする」ことを、二一世紀型教科書として求めています。

現行学習指導要領の大枠を決めたのがこの教課審答申です。現指導要領は、教課審の審議と並行して作成作業が進められ、九八年一二月に官報で告示されました。文部省（当時）はこの時も、改定の基本的なねらいは「自ら学び自ら考える力などの『生きる力』の育成を図ること」にあると、くり返し強調しています。それは中教審答申が、このことを二一世紀の日本の学校教育の「基本的方向」と明示したからだったのです。

こうした教育の基本的方向、教科書の性格づけは早くから「教科書を教えるのではなく、教科書で教える」というスローガンの形で、求められていました。しかし、敗戦までの国定教科書、戦後の受験競争のため、普及できませんでした。それでも八〇年代の臨時教育審議会第三次答申（八七年四月）では、「教科書制度の改革」を掲げ、教科書観の大転換を提案しています。それを受ける形で、九〇年代にはすでに「今までは社会科資料集で補足しなければならなかったようなグラフ・絵・図版・写真などの資料が、現在では教科書に満載され」「〃本文を読んで資料で補足する〃というこれまでの授業を、〝資料を使って内容を見つけ出し、本文で確認する〟という授業」への転換（西尾一氏）が、進み始めていました。

この大転換は教師にとって大変な負担です。これまでは何はともあれ、教科書通りに教えていればすみました。それが今後は、一見しただけでは結論の分かりにくい教科書で、生徒が図表などから何を言い出すかも分かりません。臨機応変に進められる力量が求められます。

四年前に新版の見本本が公開されると「なんだこれは」「これでは何を教えれば良いのか分からない」などと、教師たちのとまどいの声が次々と伝えられました。これこそ、教科書編集者たちが最も危惧していたことでした。いくら教課審答申の求める二一世紀型の教科書に大変身させてみても、現場の教師たちがそのことを十分に認識しているとは思えない。だとしたら、一気に大変身させたら、教師から「使いにくい」とされ、採択に悪影響が及ぶと心配したのです。教科書編集者たちは、この大変身を中途半端なものにして、様子を見ることにしていました。そこへ、前出の教師の声が伝えられたのでした。でも、事態は急変します。その後間もなく前出の声は急速に消えていきました。採択の最終結果で明らかになったのは、大胆に教科書を変身させた帝国書院版の採択率急上昇でした。

他の教科書会社も安心して今回の改訂版では、教科書の大変身を進めました。扶桑社版をめぐる話題が注目され、このことにはほとんど関心が集まりませんでした。でも、これで教科書の大変身は定着したことになります。その結果、高嶋教科書訴訟で国側は重要な論拠を失ったのです。福沢諭吉について問題点ばかりを指摘して、啓蒙思想家としての功績があったことや、アジアについて公平な認識も部分的には示していたことに言及していないのは、バランスを欠いているという主張です。私は小学校学習指導要領で福沢を必ず学習する人物として指定してあり、それらのことを中学までに生徒は学習しているので、記述しておく必要はないと主張しています。それどころか記述しないほうが、生徒たちが考えることになり、討論のための発言の機会を作ることにもなると説明しました。ところが、検定官はバランス論を楯に、それに耳をかさなかったのです。

文部省が、実は前述の通りにバランス論を崩壊させる教科書の大変身を九〇年代から提唱し、一〇年かけて今回それが定着するまでに至ったのです。私の教科書記述に先見の明があったことになります。

私の原稿をチェックした主任検定官は、定年寸前で古い教科書観にこり固まり、福沢諭吉を身びいきしている人物でした。若い検定官に交代していたら、違った結果になったはずと思っています。文科省は九〇年代に高嶋教科書裁判での敗北をすでに認めているのです。それなのにまたこじつけた理由で、文科省側が勝訴となる判決を出すのであれば、最高裁はますます笑いものになるばかりです。

前述の二一世紀型の思考力重視の学校教育への転換は、「日の丸・君が代」強制問題での逆転の論理としても、大いに有効なはずです。学校教育法は中学校で「公正な判断力」、高校で「健全な批判力」の育成を目標として明示しています。たかが省令でしかない指導要領の一部分を政治的思惑などから、上位法規よりも優先させている教育行政の歪みを正すこと。高嶋教科書裁判において文科省がすでに実質的に敗北している事実を明確にすることで、新たな勢いを得ることにもつながるはずです。児童—生徒の思考力・判断力には無限の可能性が秘められ、信頼に値すること。教育基本法「改悪」論者が根拠にする教育の荒廃の大部分は、生徒の思考力を抑圧し続けてきたこれまでの管理教育に原因があること。これらのことを、高嶋教科書裁判の場から今こそ全国に発信する時だと考えています。》

❖最高裁判決はわずか二ページ（〇六年一月　五八号）

二〇〇五年一一月二一日、ビルマ国境の泰緬鉄道の戦跡を訪れていた高嶋さんに、電話連絡が入った。判決日をテレビで知った、支援する会世話人からの連絡を受けた家族からのもので、高嶋さんは一二月一日に最高裁判決が出されることを知った。急遽、予定を切り上げて日本へ帰国した。その日夕方、情報がＮＨＫニュースや共同通信配信で流れ始め、支援する会メンバーも連絡や、当日の集会準備に動き始めた。最高裁は判決日通知を代理人（弁護士）にしか知らせない。重要な最高裁判決日が本人に通知されず、しかも一〇日前であった。

一二月一日、最高裁・第一小法廷（横尾和子裁判長）は、一つの空席を残して満席となった。最高裁では裁判は代理人はやるものとの前提から、原告も傍聴席に座ることになっている。高嶋さんは係官に相談し弁護団席に座ったため、空席が一つできたのだ。五人の裁判官が入廷するとまずは報道陣の撮影が行われた。そして一〇時三〇分、横尾和子裁判長が判決文を読み上げる。

「開廷します」「主文、本件上告を棄却する。裁判費用は上告人負担とする」……この間、わずか一〇秒足らず……最高裁は東京高裁の決定を全面的に支持し、上告を棄却した。行政寄り、国民不在といわれるようになって久しい最高裁は、今回またその独立性を疑わせるような判決を出した。

口頭弁論がなかったことから厳しい判決になることは予想できたが、その判決文はわずか一二ページである。しかも最高裁自体の判断は八ページ足らずで、原告側提出の上告理由書二一〇ページのうち憲法判断について触れた部分に六ページ、一七〇ページかけたこの訴訟への判断がたったの一・五ページである。子どもたちの教育にかかわる事柄は、充分な論議や実践などの積み重ねが重要になるはずだ。それがインターネットのページを切り貼りしたような判断、そして「高校生には判断できない」としている最高裁は、生徒の可能性など念頭にない反社会的ともいえる判決を出したことになる。

多くの報道陣が待ち構える最高裁前で、山崎弁護士が「不当判決」の垂れ幕をかざす。記者たちが路上で高嶋さんを囲んでニュース用のインタビューが行われた。このときの模様は正午のＮＨＫニュースで全国に流れた。

最高裁判決は東京高裁での判決をそのまま認めた。一審証人尋問で、検定官が学術的に問題視された角川文庫版の『氷川清話』を使用したと認めた事実までも否定されることになる。最高裁の判決内容以前に、説得力がなく説明責任が果たされていない、国民不在の判決である。

全国町村会館で行われた記者会見と報告集会で大川弁護士は、「家永裁判ではモノサシを提示した上でそれを振り回すだけでなく、当てはめようとしていたが、今回の判決はどうしてこのモノサシなのか、にも触れていない。弁論がないことから判決内容は予想できたが、少数意見すらつかないのは残念。客観的資料で検定していないのが問題だとこちら側が指摘しても、検定意見は文書化されていないのだからそのようなことは不要としているが、訴訟中に検定意見は文書化されるようになった。「訴訟で負けて、勝負に勝った」という感じだ。家永・高嶋教科書訴訟があけたドアを、過誤だらけの「つくる会」教科書がスルリと通り抜けていく状況では、検定などやめてしまえばいいと言いたい」とコメントした。

記者会見、弁護団による判決解説、支援者からの発言のあと、高嶋さんはこう述べた。

「過去三〇年間、アジアへ行く中でなぜ日本兵があれほど残酷なことをしたのか？　今、日本では学校でそれを考えさせていないのではと指摘を受けた。高校の社会科教師としてひどい行為のことだけでなく、「なぜ」という背景を考えさせるが重要と考え、明治以降の日本社会のアジア観を提示してきた。生徒は敏感に反応し、意味があると感じてくれたので、教科書に記述したが、それを検定意見で否定され提訴した。事実認定をしっかりすることが裁判だと思っていたが裁判官には、教育について勉強不足で、役割を果たしていない、恥ずかしくないですか？　と言いたい。小学生でも論理矛盾はわかるのではないか。欠陥判決を出しっぱなしの問題は大きい。生徒たちのこと、アジアのことを考えればこのままで済ますわけにはいかない。検定を受ける方は最後まで合否がわからないという不利な立場にいるのに、対等にやっていると勘違いしているようだ。やはり教科書検定はもう密室ではなく、第三者機関が公開してやるべきである。最高裁は教育、教科書というものがまるでわかっていない」。

また一二月一日付けで、原告の高島さんは声明を発表した（二九五ページ参照）。

中身のない最高裁・横尾判決であったが、一二年半にわたる裁判は多くの収穫をもたらしてくれた。横浜地裁の証人尋問では、検定制度の問題点をいくつも浮き彫りにした。弁護団の尋問に、当時の教科書調査官（検定官）が「検定意見は検定官の頭の中にある」とした発言は、検定意見の文書化をもたらすという大きな果実を得た。日本社会のアジア観に関しては、安川寿之輔さん（福沢諭吉）や松浦玲さん（勝海舟）の証人尋問が実現し、それがさまざまな現場の教育実践につながって大きな輪を拡げた。家永教科書裁判の役割を継承する役割も果たしており、その発信力は強力なものがあった。

高嶋教科書訴訟の成果を考えれば、この裁判が単なる教科書検定についての裁判ではなく、われわれのいる場所の教育がどうあるべきか、教育を受ける生徒たちにとって何が大事なのかを提起し続けて来た裁判といえるだろう。

「高嶋教科書訴訟を支援する会」は、二〇〇六年一月二七日に横浜で最高裁判決の報告集会を開催した。

高嶋さんの発信はまだ続く。琉球大学教授としての仕事を基盤にこれまで通りの教育、教科書をめぐる動きへの発言や執筆、講演。沖縄版教科書の作成、アジアとの交流と戦争責任問題への取り組み、四年後に向けて「つくる会」の悪辣な動きへのチェック、告発などがある。一人ひとりが、高嶋さんから発信されてきたもの、これから発信されるものをどう受け止め、拡げていくのかを考えていきたい。

一二月末から世話人会において今後の支援する会のあり方についての話し合いが重ねられ、支援者からの声も聞き、〇六年六月に「高嶋教科書訴訟を支援する会」を解散することを決定した。しかし、後継組織が立ち上げられることになった。教育を政治的意図から守り、アジアとの友好のためにも重要だからである。これからも一人一人が教科書問題を自らの問題として受け止め、発信体となることを目指して、新たな「教科書・市民フォーラム」が活動を始める。

高嶋教科書訴訟・13年のあゆみ

◆1992年

10. 1　検定意見伝達
11.10　修正表提出
11.27　修正表に対する意見提示
12. 1　高嶋伸欣担当分、4頁の全面撤回決定
12.9～11　検定官と調整(高嶋は「検定意見に納得したわけでない」旨通告)

◆1993年

2. 8　調整終了
4. 7　合格決定文到着
4.16　「横浜教科書訴訟を支援する会」発足
6.11　横浜地裁に国家賠償を求めて提訴
7.13　第1回世話人会（支援運動の組立て／個人加盟・事務局設置）
8.25　第1回口頭弁論（原告：本人陳述、訴状陳述、被告：答弁書陳述）
10.23　弁護団学習会・第1回（俵義文／大川隆司）
11.10　第2回口頭弁論（被告：第1準備書面陳述）
11.20　弁護団学習会・第2回（高嶋伸欣／弁護団）
12.11　弁護団学習会・第3回（暉峻淑子／浪本勝年）

◆1994年

2. 2　第3回口頭弁論（原告：第1準備書面陳述、被告：第2準備書面陳述）。弁護団学習会・第4回（石渡延男）
3.19　弁護団学習会・第5回（陸培春）
5.25　第4回口頭弁論（川波利明裁判長、原告第2準備書面陳述、被告第3準備書面陳述）。弁護団学習会・第6回（田中伸尚）
7.20　『教科書はこう書き直された！』（高嶋伸欣著）刊行
8. 3　第5回口頭弁論（原告：書証メモ提出、被告：第4準備書面、テーマ6）

10. 12　横浜地裁第五民事部に「傍聴席増加」の要請
10. 26　第６回口頭弁論（原告：求釈明、被告：第５準備書面陳述）

◆1995年
1. 18　第７回口頭弁論（原告：第３準備書面陳述）
3. 29　横浜地裁：「文書提出命令」
4. 4　被告：即時抗告→東京高裁へ（理由書提出は5/16）
4. 19　第８回口頭弁論（被告：第７準備書面陳述）
6. 9～11　『ヨコハマから見るアジア・教科書』パネル展
7. 5　第９回口頭弁論（原告：第４・５準備書面提出）
7. 21～22　弁護団合宿（箱根）
9. 13　第10回口頭弁論（証人リスト提出）
10. 3　東京高裁『文書提出命令』取消し、原告：最高裁へ特別抗告（11. 6）
11. 15　第11回口頭弁論（立証計画）

◆1996年
1. 17　第12回口頭弁論（第１回証人尋問：入江博邦）
2. 28　第13回口頭弁論（第２回証人尋問：入江博邦）
3. 6　高嶋伸欣、筑波大学附属高等学校の最終授業、16㎜映画撮影
4. 1　高嶋伸欣、琉球大学教育学部へ異動
4. 17　第14回口頭弁論（慶田康男裁判長、第３回証人尋問：入江博邦）
7. 10　第15回口頭弁論（第４回証人尋問：入江博邦）
9. 29　映画『アジアとの友好のために』（映像文化協会）完成
10. 2　第16回口頭弁論（第５回証人尋問：小林保則）
11. 13　第17回口頭弁論（第６回証人尋問：小林保則）
12. 18　第18回口頭弁論（第７回証人尋問：俵義文、高嶋伸欣）

◆1997年
2. 5　第19回口頭弁論（第８回証人尋問：中村幸次）
3. 13　要請文「中学校教科書記述削除の意見等について」神奈川県議会、

横浜市議会へ

3.19　第20回口頭弁論（第９回証人尋問：中村幸次、高嶋伸欣）

5.14　第21回口頭弁論（第10回証人尋問：高嶋伸欣）

6. 7　４周年記念総会（講演：尹健次、高嶋伸欣）

7. 9　第22回口頭弁論（第11回証人尋問：高嶋伸欣）

9.24　第23回口頭弁論（第12回証人尋問：安川寿之輔、大濱信宏）

11. 5　第24回口頭弁論（第13回証人尋問：安川寿之輔）
特別講演会『日本近代史像の見直し』（安川寿之輔）

12.24　第25回口頭弁論（結審）

◆1998年

2.20　『教科書裁判はつづく』（家永三郎・高嶋伸欣著）刊行

4.22　第一審判決（横浜地裁）

5. 1　被告控訴

5. 6　原告控訴

5.16　判決報告集会（講演：高嶋伸欣、挨拶：佐々木潤之介）

6.13　「子どもと教科書全国ネット21」結成総会

6.20　社会科教科書懇談会（報告：高嶋伸欣）

7.13　「横浜教科書裁判に学ぶ出版労働者と市民の集い」

10.26　第１回控訴審（裁判長 高木新二郎、講演：佐高信）

◆1999年

1.18　第２回控訴審（講演：「東南アジアのゴム園をこう扱う」高嶋伸欣）

3.17　第３回控訴審（対談「教科書はこうありたい」山本典人、高嶋伸欣）

5.12　第４回控訴審（映画『日独裁判官物語』上映）

6. 9　東京高裁、国に検定文書提出命令

6.19　６周年記念総会（シンポジウム「生徒がつくる新たな学校像・所沢高校」）

8. 6　『ウソとホントの戦争論』（高嶋伸欣著）刊行

9.22　最高裁へ「検定文書提出命令」に関する要請書提出

〈年表〉高嶋教科書訴訟・13年のあゆみ

◆2000年

3.10　最高裁「文書提出命令」を破棄
6.10　７周年総会（映画『あかね色の空を見たよ』上映）
7.10　口頭弁論（東京高裁）：報告集会（講演：高嶋伸欣）
9.18　口頭弁論（東京高裁）：報告集会（講演：高嶋伸欣）
12. 8　アジアフォーラム横浜（かながわ県民センター）
12.11　口頭弁論（東京高裁）：報告集会（講演：高嶋伸欣）

◆2001年

2. 9　「つくる会」教科書批判講演会（講師：高嶋伸欣）
2.19　口頭弁論（東京高裁）：報告集会（講演：高嶋伸欣）
4.16　口頭弁論・結審（東京高裁）：報告集会（講演：高嶋伸欣）
文科省へ検定文書公開請求・文科省で記者会見
6.16　８周年総会（講演会「教科書問題を考える」柴田健）
11.17　高嶋伸欣講演会「つくる会教科書と採択問題」

◆2002年

2. 2　「アジアネットワークＪＡＰＡＮ」設立総会
4.26　『週刊金曜日』市民運動紹介欄「こんなことやってます」掲載
5.20　東京高裁司法記者クラブで「事前レクチャー」
5.29　東京高裁：控訴審判決（報告集会）
6. 8　９周年総会・判決報告集会（判決評価：君島和彦）
6.11　原告上告
9.25　「教育基本法『改正』問題を考える集会」
10.11　最高裁へ上告理由書提出

◆2003年

1. 8　最高裁への口頭弁論開催請求署名開始
2.15　家永三郎先生追悼・学習会「あやしい検定、最高裁はどう裁く」
（講演：石山久男）

2.27～3.1「歴史認識と東アジアの平和フォーラム」東京会議
5. 1　「口頭弁論開催要請」署名・最高裁提出行動（第1回）
6.11　「口頭弁論開催要請」署名・最高裁提出行動（第2回）
6. 7　10周年総会（講演「『現代人のための中学理科』を作成して」左巻健男）
6.21　「今教育が危ないー『教育基本法』と心のノート」小森陽一講演会
8.28　「口頭弁論開催要請」署名・最高裁提出行動（第3回：合計56,289名分）
9. 7　高嶋伸欣さん、狭心症発症
10. 3　高嶋伸欣さん、狭心症手術、成功
11.15　「教科書採択2005年問題を検証する」学習会（講師：俵義文）
12.23　教育基本法改悪反対12.23全国集会（日比谷公会堂）

◆2004年
4.16　高裁判決破棄要請署名・最高裁提出行動（43,336名分）
6.19　11周年総会と教育基本法改悪反対神奈川集会
10.22　高裁判決破棄要請署名・最高裁提出行動（11,958名分）

◆2005年
5. 7　教育基本法の改悪をとめよう！全国集会（代々木公園）
5.26　日中韓共同編集『未来をひらく歴史』刊行
10.15　12周年総会（歩平氏講演会　札幌・北海道教育会館）
12. 1　最高裁・第一小法廷（横尾和子裁判長）判決　報告集会

◆2006年
1.27　最高裁判決報告集会
6.17　『高嶋教科書裁判が問うたもの』（高文研）刊行
「支援する会」解散総会（横浜・のげシャーレ）
7.11　ニュース第59号（最終号）発行

Ⅲ章　〔争点〕勝海舟「氷川清話」と福沢諭吉「脱亜論」

安川　寿之輔／松浦　玲

福沢諭吉のアジア認識

――「脱亜論」の占める位置

名古屋大学名誉教授　安川　寿之輔

◆はじめに――新たな「脱亜論」擁護の登場

高校「現代社会」教科書における検定処分をうけた原告・高嶋伸欣の「テーマ8　アジアの中の日本」の原稿「第二次世界大戦で、日本軍は『大東亜共栄圏』の建設をめざして、アジア・太平洋地域で戦い、敗れた。これが、明治以来の『脱亜入欧』の道、西欧近代国家への道をとり、アジアの諸民族・諸国家に犠牲をしいた近代日本の一つの結末だった。」には、「脱亜入欧」の頭注として、「福沢諭吉が発表した『脱亜論』の主張を要約したことばで、欧米を手本とした近代化を最優先し、そのためには、欧米諸国同様に、アジア諸国を処分（植民地化）すべきだというもの。」と記載し、囲み記事として、有名な「脱亜論」の結論部分を引用していた。

これに対する一九九二年十月の検定意見は、「福沢が脱亜論を書いた背景事情を説明して欲しい」

というもので、教科書調査官はその趣旨を、「福沢は朝鮮の民主化がうまくいかないので、落ち込んだ気分だった」と説明した。十一月に提出した原告の加筆修正に対する再検定意見は、「「脱亜論」は福沢の（アジア認識の）思想全体を表すものではない」として、「もし勝（海舟）や福沢のアジア論を紹介したいのならば、『氷川清話』に対しては『福翁自伝』くらいが妥当であろうし、それらを読めば、むしろ二人が支那を高く評価しているというような優れたアジア理解の共通点が浮かび上がってくるだろう。」というものであった。つまり「脱亜論」は、福沢が刀剣や爆薬類の供給までして支援した金玉均、朴泳孝らの「甲申政変」のクーデターが失敗して、「落ち込んだ気分」の時に書いた例外的な文章であるから、福沢のアジア認識を代表する典型的な論説ではないという誤った判断であった。

この検定に対して、筆者は、一九九七年九月の横浜地裁において、「脱亜論」が福沢のアジア認識の例外ではなく典型そのものであることを、初期啓蒙期から「脱亜論」をへて日清戦争にいたる福沢のアジア認識の全体の流れにもとづいて証言した。その記録は、筆者の『大学教育の革新と実践』（新評論、九八年三月）のⅢ第一章「横浜教科書訴訟における口頭弁論―福沢諭吉「脱亜論」をめぐって」として収載した。その後、私はこの証言内容を大幅にふくらませて『福沢諭吉のアジア認識』（高文研、二〇〇〇年）を刊行し、さらに『福沢諭吉と丸山眞男』（同、二〇〇三年）を刊行して、アジア認識を含めて、教科書調査官の誤った検定を支えている丸山眞男の福沢諭吉論を、壮大な虚構の書として全面的に批判した。

両書に対する正面からの批判・反論は、基本的に皆無の現状である。〇三年の故丸山眞男を偲ぶ〈「復初」の集い〉の席上で、丸山門下生の飯田泰三が『福沢諭吉と丸山眞男』に対する「批判的なコメントを発表したい」と予告したので、待望していたが果たされなかった。飯田泰三は、丸山「先生」の福沢研究が解明したのは「福沢諭吉」像ではなく、丸山の（願望と）読み込みにもとづく「丸山諭吉」像であり、それが福沢の「客観的な像」であるはずのないことを示唆・教示していた張本人であり、私は、同書の副題〈「丸山諭吉」神話を解体する〉の「丸山諭吉」を、その飯田から借用していた。だから、その飯田の批判なら耳を傾けたいという気持ちがあったが結果として果たされなかったのは、二人の丸山の福沢論への理解・評価には本質的な対立がないためと理解している。

ところが、丸山眞男の虚構の「丸山諭吉」像以上に、福沢諭吉は初期・後期を通じて一貫して「典型的な市民的自由主義者」であったと無謀な主張をする井田進也『歴史とテクスト』（光芒社、〇一年）、平山洋『福沢諭吉の真実』（文春新書、〇四年）の二書が登場した。

二人は『福沢諭吉全集』⑧〜⑯巻の無署名論説（「時事新報」社説）の「語彙や文体」による起草者認定にとり組み、アジア蔑視や侵略志向、天皇賛美の論説（著書も）は、福沢ではなくもっぱら「民族差別主義者・領土拡張論者」「天皇賛美者」の石河幹明記者が起草したものであり、昭和版『続福沢全集』が刊行された一九三二、三年当時、つまりアジア太平洋戦争期の日本の「大陸への拡大政策に迎合するように」意図的・作為的に「ねじ曲げ」て編集された『福沢全集』であると主張する。したがって、その石河幹明によって編集された大正版『福沢全集』と昭和版『続福沢全集』を踏襲した現行版『福沢諭吉全集』21巻の無署名論説は、福沢の本来の思想（真のアジア認識）を伝えるものではないから、『福沢全集』から石河ら他記者起草の論説を除外した真の『福沢全集』を再編集して、「駿馬の雄姿」の「本来の福沢諭吉像」を回復しなければならないと、二人は主張しているのである。他記者起草で福沢の関与の少ない論説を『福沢全集』に収載していいのかという疑問自体は意表を衝く問題提起であり、くわえて、日本のマスコミの福沢理解が圧倒的に「丸山諭吉」像の影響・支配下にあるため（安川寿之輔「一万円札の肖像だけが、なぜ変わらなかったのか」『マスコミ市民』四三一号参照）、この新たな福沢美化、偶像化論の誤った「成果」、とりわけ平山洋『福沢諭吉の真実』に日本のマスコミは飛びつき、賞賛の大合唱を演じた。

ところが、「脱亜論」の筆者は（当時入社さえしていない）石河幹明であるという井田進也の誤認定に始まって、その起草者認定作業は杜撰《ずさん》そのものである。二人が石河起草と認定した論著（例えば『尊王論』、「日本臣民の覚悟」）の大半がやはり福沢諭吉の「真筆」そのものであり、真筆が論証できない論説の場合も、石河幹明が福沢先生の「思想と文章」を文字どおり忠実に踏襲した（諭吉の長男福沢一太郎の証言「其思想文章ともに父の衣鉢を伝ふるものは独り石河氏あるのみにして、文に於て氏を見ること猶ほ父のごとし」もある）、その限りで『福沢全集』に相応しいものであることが論証・確認された。その成果が、本書とほぼ同時期に刊行される筆者の『福沢諭吉の戦争観と天皇制論』（高文研）である。

「脱亜論」に限定しても、井田進也は「脱亜論」にいたる福沢のアジア認識を「対中国不干渉論」

「対中国消極論」「慎重論」と把握し、平山洋は「脱亜論」に「むしろ西洋諸国からの侵略の脅威におびえる」福沢の姿を読みとっており、常識的な「脱亜論」理解と遠く隔たっているのであるが、その成果をそろって賞賛する日本のマスコミの現実が存在する。したがって、本稿は、横浜教科書訴訟時の「脱亜論」の評価は、先の『大学教育の革新と実践』収載の論稿にまかせ、新たな二人の「脱亜論」評価も視野に入れて、次のような構成とする。

文部省「脱亜論」検定の誤謬を論証するために、I、初期啓蒙期の福沢の国際関係認識が国家平等論であったという丸山眞男を筆頭とする定説的把握の誤りをまず論証し、II、「脱亜論」のアジア認識が福沢の例外的な認識ではおよそなく、『時事小言』のアジア侵略の強兵富国路線確立以来の不動の「東洋政略論」であったことを確認し、III、「脱亜論」を典型とする「脱亜入欧」の道がその後の日本のアジア太平洋戦争にいたる道のりに通じていたことを、福沢自身の論著にもとづいて解明する。補足として、検定官が「脱亜論」の差し替えを指示した『福翁自伝』が「支那を高く評価している…優れたアジア理解」を示す著書ではなく、福沢が晩年までアジア蔑視観を持続していた事実を論証する著書であることを指摘する。

I　幕末・初期啓蒙期の福沢の国際関係認識

1　弱肉強食「パワー・イズ・ライト」の国際関係

幕末・初期啓蒙期の福沢の国際関係認識が、国と国とは平等の「国家平等論」であったという丸山眞男の把握は、いまなお定説的な位置にある。しかしこの把握は、福沢が国民を開国に向けて啓蒙するために、国際関係の建前として述べた部分のみを『全集』から引用してつくりあげた虚像である。福沢自身の当時の認識は、岩倉具視、山県有朋らの明治政府首脳と同様に、三度の洋行体験をふまえ、国際関係の現実は「傍若無人」、「切捨」御免、「無情残刻」、「パワー・イズ・ライト」の関係にあると明確に認識していた。国際関係は「舌に籍《たす》くに軍艦を以てし、筆に次ぐに鉄砲を以てし」という現実であり、国家平等の「万国公法は…欧羅巴各国の公法にて、東洋に在りては一毫の働をも為さず」という一八七二年の手稿「内は忍ぶ可し外は忍ぶ可らず」が、彼の当時の国際関係認識の端的な表現である。

先行研究の誤りはまた、この時期の台湾出兵と江華島事件という日本の対外出兵事件についての福沢の具体的な認識・発言をすべて無視するという恣意的な認識である。七四年の台湾出兵による50万テールの賠償金獲得を、日本人なら「誰か意気揚々たらざる者あらん。」と喜んだ福沢は、結論として「抑《そもそ》も戦争は国の栄辱の関するところ、国権の由《よっ》て盛衰を致す所」と主張し、朝鮮の江華島事件では、「小野蛮国」の朝鮮が「来朝して我属国と為るも、尚之を悦ぶに足らず」と説いていたのである。

2　初期啓蒙期の福沢についての誤認
――福沢研究史上最大の誤読箇所

弱肉強食の国際関係認識を前提にして福沢は、『文明論之概略』において当面「自国の独立」確保を至上・最優先の民族的課題に設定した。そのため『学問のすすめ』第3編の「一身独立して一国独立する」における「一身独立」は、「国のためには財を失ふのみならず、一命をも抛《なげうち》て惜むに足ら」ない「報国の大義」という一方的な内容になっていた。また、『概略』の結論にあたる最終章では、福沢は「国体論の頑固なる…忠臣義士の論も…儒者の論も仏者の論も…暗殺攘夷の輩と雖ども」、彼らが「一片の報国心」をもっているという理由で、「文明の方便」として利用・許容すればよいという衝撃的な結論となっていた。つまり、至上の「自国の独立」確保のためには、封建的な思想や運動とも手を結ぶ一方的な「報国」心も厭う必要はないと主張していたのである。

丸山眞男の門下生飯田泰三が、痛恨の思いをこめて「丸山先生」を適切に批判したように、『概略』終章は、「まさに否定すべき「権力偏重」の社会において培われた「惑溺《わくでき》」の信条に他ならないものを動員拡大するという」アジアへの「〃抑圧と侵略〃に結びつく」排外主義的ナショナリズム（つまり、アジア侵略）への道のりを提起したものに他ならなかった。その意味で、『すすめ』の〈一身独立して一国独立する〉と『概略』終章の理解こそが、福沢諭吉神話＝「丸山諭吉」像を信奉するか否かの分岐点である。先行研究は、丸山を筆頭に、遠山茂樹、服部之総、家永三郎、加藤周一等すべての研究者が福沢の「一身独立」と「一国独立」は「見事なバランスを保って」いたものと勝手に把握していた。安川『福沢のアジア認識』で「一身独立して一国独立する」は福沢研究史上最大の誤読箇所であると指摘して以来、誰からも反論はない。

逆に先行研究がそろって見落とした初期啓蒙期の福沢の偉大さは、「自国の独立」確保が「文明論の中に於て瑣々《ささ》たる一箇条」に過ぎないという優れた歴史認識をもち、国家独立を確保した上で、「個人の自由独立・一身独立」もあわせ達成するという「文明の本旨」の課題追求を自明の前提として、福沢は『概略』終章で、それを「第二歩に遺《のこ》して、他日為《な》す所あらん」と社会的に公約していたことである（つまり「一身独立」＝「一国独立」の否定）。

3　初期啓蒙期福沢のアジア認識

以上の前提をふまえて、この時期の福沢のアジア観を見ると、江華島事件の際の「小野蛮国」発言に示唆されているように、蔑視観は否定できない。しかしその発言は、欧米列強の帝国主義的圧迫策に対する「一国独立」確保の方策をめぐるアジア諸国の具体的な対応策の是非についての批判や評価であり、保守化した中期のような侵略の口実としての朝鮮・中国への丸ごとの蔑視・侮蔑ではなかった。たとえば、七六年の「台湾蛮人…は禽獣…朝鮮人は唯頑固の固まり」という初期啓蒙期の例外的な丸ごとの蔑視は、「外国船とさへ見掛れば直に発砲するが如きは恰も我国の往日の如し」という、冷静さを伴った発言であった。

Ⅱ　中期福沢の保守思想の確立と強兵富国路線
――脱亜入欧＝帝国主義への道

1　福沢と自由民権運動
――公約「一身独立」追求の放置と「愚民を籠絡する…欺術《ぎじゅつ》」としての天皇制の選択

一八七四年「民選議員設立建白書」提出に始まる自由民権運動と遭遇した福沢は、「他日為《な》す所あらん」と公約していた「一身独立」追求の好機と歓迎する気配はなく、翌七五年の論説で日本国民はすでに「暴政府を倒して全権」を得ており「今日は政府も人民も唯自由の一方に」向かっているという明白な虚偽を主張し、①七八年『通俗民権論』等で、民権運動の陣営を「無智無識の愚民」「無分別者」「無頼者の巣窟」などと非難・中傷し、②それまでの『学問のすすめ』のような全国民対象の啓蒙の断念を表明し、「馬鹿と片輪に宗教、丁度よき取合せならん」の（生涯で百篇をこす）宗教教化路線を表明した。③『通俗国権論』で国権拡張至上主義を表明するとともに、「敵国外患は内の人心を結合して立国の本を堅くするの良薬」という権謀術数的な外戦の勧めまで、福沢は主張した。

④とりわけ翌七九年『民情一新』で、モデルの欧米「先進諸国」が労働運動・社会主義運動の発展で「今日の西洋諸国は正に狼狽して方向に迷ふ者なり。」との認識を表明した福沢は、後ろ向きの歴史的現実主義の方向に大きく軌道修正をはかった。それが中期保守思想確立宣言の書である八一年『時事小言』と八二年『帝室論』である。「一身独立」の課題追求の放置に対応して、福沢は『帝室論』において、「愚民を籠絡する…欺術《ぎじゅつ》」としての天皇制を「日本人民の精神を収攬《しゅうらん》するの中心」にすえた。兵士には「帝室の為に進退し、帝室の為に生死するものなりと覚悟を定めて、始めて戦陣に向て一命をも致す」という皇軍精神を提示した福沢は、翌年の論説「徳教之説」において、日本の近代化のリーダーである「我日本国士人」（ブルジョアジー）の道徳の基準としても「報国尽忠」という「尽忠」ナショナリズムを提示し、「諸外国に誇る可き一系万代の至尊を奉戴し、尽忠の目的は分明…日本国民は唯この一帝室に忠を尽して他に顧る所のもの」なしと主張した。

『帝室論』の翌月の論説「藩閥寡人政府論」の「我輩畢生の目的は唯国権皇張《こうちょう》の一点に在るものにして、内の政権が誰の手に落るも…其政治…専制に似たるも、此政府を以てよく国権を皇張するの力を得れば、以て之に満足」という主張を見れば、福沢が国内政治は「愚民を籠絡する…欺術」の『帝室論』に委ね、つまり、公約「一身独立」追求の課題をもはや完全に放置して、アジアに向けて「国権を皇張する」路線に乗り出したことは、明らかである。

2 「強兵富国」のアジア侵略路線
——「脱亜論」への道のり

『時事小言』冒頭で「正道」の自由民権論との訣別と、権道の国権論（国権拡張至上主義）選択の意向を宣言した福沢は、アジア侵略の対外強硬路線の選択を、次のように表明した。

「金と兵とは…無き道理を造るの器械なり…武は先にして文は後なり…富国強兵…道理に於て然るが如くに聞ゆれども、社会の事跡に於ては往々然らざるものあり。…本編立論の主義は専ら武備を盛にして国権を皇張するの一点に在り。…亜細亜東方の保護は我責任なり…事情切迫に及ぶときは、無遠慮に其地面を押領して、我手を以て新築するも可なり。…我日本の武力を以て之に応援するは、…自から為にするものと知る可し。」

福沢が選択したのは（「富国強兵」ではなく）「専ら武備を盛にして国権を皇張」し「無遠慮に其地面を押領」する（自国の利益の為の）アジア侵略の「強兵富国」路線であり、彼はそれを「内安外競」主義と命名した。しかし、同時代の田口卯吉がそれを「内危外競」路線であると適切に批判したように、その実態はもっぱら「外の艱難を知って内の安寧を維持する」権謀術数的な対外強硬路線であった。

『時事小言』の翌八二年の壬午軍乱、八四年の甲申政変という日本のからんだ朝鮮国内の武力衝突を好機到来と迎えた福沢は、最強硬な軍事介入を主張し、自らがクーデターの武器提供まで担った甲申政変では、北京攻略と必要なら天皇の「御親征の挙断じて行ふ可きなり」というあまりにも激烈な開戦論のために、「時事新報」紙は発行停止処分さえ受けた。壬午軍乱四ヶ月前の論説「朝鮮の交際を論ず」で、「朝鮮国…未開ならば之を誘ふて之を導く可し、彼の人民果して頑陋《がんろう》ならば」、「我日本の為に」「武力を用ひても其進歩を助けん」と福沢は主張した。つまり、朝鮮が「頑陋」であることが、「武力」行使の容認・合理化につながるという勝手な論理の成立であり、さらに朝鮮・中国を文明に誘導するという帝国主義的な名目で、福沢は侵略を合理化した。

その結果、福沢は「武力」行使の絶好の口実として、一斉に朝鮮・中国への丸ごとの蔑視・偏見・マイナス評価の垂れ流しを開始した。それが両事変前後の「朝鮮人…頑迷倨傲《きょごう》」「朝鮮人の無気力無定見」「支那人民の怯懦卑屈は実に法外無類」「チャイニーズ…恰も乞食穢多」「朝鮮国…人民一般…滅亡こそ寧ろその幸福を大にするの方便…露英の人民たるこそ其幸福は大なる可し。」などという蔑視発言である。発行停止処分となった最後の論説「朝鮮人民のために其国の滅亡を賀す」は、「面目名誉」を最大の人権と主張していた諭吉が、朝鮮人は露英の植民地支配下で「終身内外の恥辱」に耐えよという侮蔑的な主張であった。

八一年『時事小言』の「無遠慮に其地面を押領して、我手を以て新築する」道が「西洋の文明国と進退を共にし、其支那朝鮮に接するの法も…正に西洋人が之に接するの風に従て処分す可きのみ。」という八五年「脱亜論」に直接つながるアジア侵略の強兵富国路線であることは自明である。しかしその道のりを「対中国不干渉論・慎重論」と評価する新たな福沢美化・擁護論が登場しているので、井田進也『歴史とテクスト』の主張を見ておこう。

同書は、「脱亜論」の半年前の八四年九月中旬から一ヶ月間の「時事新報」の清仏戦争報道と、八三年九月「外交論」から八五年三月「脱亜論」までの一五論説中の八論説を対象にした無署名論説認定を行なうことによって、遠山茂樹『福沢諭吉』（東京大学出版会）の「（明治）十六年から十七年にかけて、福沢のアジア侵略への衝動は加速度的に強まった。」という定説的な見解の批判を行なっている。井田の論証過程が、無理に無理を重ねた、およそ説得力をもたない認定作業であることを確認しよう。

たとえば、八四年九月「支那を滅ぼして欧州平《たいらか》なり」の分析では、「欧州文明の惨状は今正に其惨を増加し、…其の気焔の熱を緩和するがため、外に劣者の所在を求めて内の優者の餌食に供するは、実に今日の必至必要とも云ふ可きもの（なれば、斯《かか》る必至の場合に臨《のぞみ》て何事を顧慮するの遑《いとま》あらんや。）」という論説の引用に際して、井田は、括弧内の文章を無視する。つまり、清国へのフランスの帝国主義的侵略に共感して後押ししている「脱亜論」につながる「斯る必至の場合に臨て何事を顧慮するの遑あらんや。」という福沢の文章を勝手に削除するという作為によって、この論説を「外に劣者の所在を求めて内の優者の餌食に供するは、実に今日の必至必要とも云ふ可きもの」という文明国の否定的側面に対する福沢の現実認識が示されている」だけの論説であると、勝手に解釈しているのである。

また、同じ八四年九月の「支那風擯斥《ひんせき》す可し」の場合は、「以上…、到底今の支那人に向ては其開化を望む可らず。…之を友とするも精神上に利する所なし。」という結論部分は、「脱亜論」の「今の支那朝鮮は我日本国のために一毫の援助と為らざるのみならず、…」という同じ結論部分の判断に明らかにつながっている。そのため、井田も「事実上半年後の「脱亜論」を先取りしており、とかく大陸進出論、侵略主義の脈絡で語られることの多い「脱亜論」の真意は、ことによるとこの辺に述べられているのではあるまいか。」と、ひとまず素直に書いている。ところが井田は、突然、六年も前の『通俗国権論』第七章の「余輩の主義とする所は、戦を主張して戦を好まず、戦を好まずして戦を忘れざるのみ」という文章を、曲芸師のように引用してきて、それを根拠に「支那風擯斥す可し」について、この論説に「現実的、積極的な進出・侵略の意図を読みとるのは少しく早計かと思われる。」という勝手な評価・結論をくだすのである。なぜ、井田が曲芸師なのか。

『通俗国権論』は、「内国政府の処置の如きは唯是れ社会中の一局事にして」という国権拡張至上主義と、「我人民の報国心を振起せんとするの術は、之と兵を交《まじえ》るに若《し》くはなし。」という権謀術数までを展開して、「百巻の万国公法は数門の大砲に若かず…大砲弾薬は…無き道理を造るの器械なり。…各国交際の道二つ、滅ぼすと滅ぼさるるのみ」という国際関係のきびしい現実を指摘して、終章の「第七章　外戦止むを得ざる事」を主張したものとして、ひろく知られている論説である。したがって、井田が引用した「戦を主張して戦を好まず、…」云々という文章は、『通俗国権論』の主題だけでなく、「外戦止むを得ざる事」という第七章の表題をも代表できない、つまり、同書の論旨の文脈からは二重に外れた傍流の外交辞令的な文章にすぎない。つまり、この傍流の文章の引用が、六年後に書かれた「支那風擯斥す可し」が対中国「慎重論」であるという曲芸的な解釈の根拠になるという、井田の論証過程の無理はあまりにも明らかである。

以上の二論説の場合と異なり、八四年一二月「戦争となれば必勝の算あり」については、井田はまず、「筆癖」から筆者を高橋義雄・渡辺治両記者の合作と認定する。その上で、同論説末尾の「我輩の財産最早愛《おし》むに足らず、挙げてこれを軍費に供すべし。」という文章を、「高橋の揚言」と非難がましく認定して、この論説は「滅私奉公型思考の原型として、日清戦争期の石河起草「日本臣民の覚悟」を先取りしたものといえよう。こういう安直な思考法こそ、福沢の現実感覚からもっとも隔たったものなのではあるまいか。」と断定している。つまり井田は、この社説を他記者起草と認定することによって、井田が「対中国消極論・不干渉論」と把握する「脱亜論」への福沢の道のりとは無縁の論説に位置づけるとともに、福沢はこんな安直な滅私奉公の揚言などはしない人物であるという勝手な評価も加えているのである。

井田は、日清戦争期の福沢の代表的論説「日本臣民の覚悟」について、自信たっぷりに「これはもう石河がサインしているようなもの」で、「達意を旨とする本来の福沢文とは月とスッポン、似ても似つかぬ冗長な悪文と断ぜざるをえない」と認定した。さらに悪乗りした井田は、「日本臣民の覚悟」の「我輩の目的は唯戦勝に在るのみ。…内に如何なる不平不条理あるも之を論ずるに遑《いとま》あらず。」という国権拡張至上主義を、「昭和十年代を先取りした滅私奉公論」と決めつけ非難して、「日本臣民の覚悟」は、「ほとんど石河の文」と認定した。平山洋も、「戦争煽動論説」の同論説を「純粋に石河の執筆」と認定した。

ところが、石河幹明『福沢諭吉伝』③には、福沢がこの論説を書いた動機、執筆前後の経緯、熱意、主題と強調点などが約四千字にわたって詳細に記録されている。また、二人の認定法の杜撰《ずさん》さは、同時期の福沢「真筆」に同様の「思想と文章」が表明されている事実を一貫して無視することである。詳細は近刊『福沢の戦争観と天皇制論』に譲るが、右の「財産最早愛《おし》むに足らず、挙げてこれを軍費に…」の場合は、同時期の「軍費之如きハ、国民が真実赤裸《まるはだか》ニなるまで厭ひ不申《もうさず》」「身代を分ち棄るハ当然」「家も蔵も衣服諸道具も挙げて国用に供して、…」という日清戦争時の福沢「真筆」論説と書簡の同様の主張で確認できるし、「目的は唯戦勝…内に如何なる不平不条理あるも……」という国権拡張至上主義が「昭和十年代」の「滅私奉公論」という把握の場合は見当違いも極まった評価である。

強兵富国路線を提示した『時事小言』自身が「国権を振起する…我輩畢生の目的は唯この一点」と宣言しており、三年前の『通俗国権論』は「政府の専制…恐るるに足らず」「内国政府の処置の如きは唯是れ社会中の一局事」と書き、『小言』翌年の「藩閥寡人政府論」も「我輩畢生の目的は唯国権皇張の一点」と主張していた。つまり、対外強硬路線を確立して以来の福沢にとっては、国権拡張至上主義は彼の政治的持論そのものになっていたのに、二人は、その主張を石河幹明流の「昭和十年代」の「滅私奉公論」と誤って判定しているのである。

以上によって、「脱亜論」にいたる福沢のアジア認識を「対中国不干渉論・消極論・慎重論」と把握する井田進也らの無理は明らかそのものであろう。

『時事小言』の「専ら武備を盛にして国権を皇張…無遠慮に其地面を押領」の侵略の強兵富国宣言から四年後の「西洋の文明国と進退を共にし、…正に西洋人が之に接するの風に従て処分す可きのみ。」という「脱亜論」への道のりが、福沢にとっては、不動の「東洋政略論」そのもの——しかもそれは、Ⅲの1で確認するように、「日本の国威を耀かして、印度支那の土人等を御《ぎょ》すること英人に倣《なら》ふのみならず、其英人をも窘《くるし》めて東洋の権柄《けんぺい》を我一手に握らん」という壮大な構想の一環——であったことを、彼の論著で列挙的に確認しておこう。

八二年九月『兵論』「支那国果して自立を得ずして諸外国人の手に落ることならば、我日本人にして袖手傍観《しゅうしゅぼうかん》するの理なし。我も…共に中原に鹿を逐《お》はんのみ」。八三年一〇月「外交論」「世界各国の相対峙するは禽獣相食《は》まんとするの勢にして、食むものは文明の国人にして食まるるものは不文の国とあれば、我日本国は其食む者の列に加はりて文明国人と共に良餌を求めん」。八四年一二月「戦争となれば必勝の算あり」「朝鮮京城の支那兵を鏖《みなごろし》にし、…我兵は海陸大挙して支那に進入し、直ちに北京城を陥れ、…」。八五年二月「求る所は唯国権拡張の一点のみ」「政府に何人が居て…如何なる謀《はかり》を運《めぐ》らすも、…国権拡張の一大義を誤らざれば、夫《そ》れにて沢山なり」。八五年三月「国交際の主義は修身論に異なり」「仏軍の戦勝…仏人…武勇者たるのみならず、道徳に於ても亦正義者…我輩は決して之を咎《とが》めず、寧ろ賛成して只管《ひたすら》其活動を欽慕するものなり」。「脱亜論」が侵略を志向した福沢のアジア認識の典型そのものであることは、あまりにも明らかな事実である。

この福沢のアジア侵略路線に対しては、同時代人からきびしい批判が出された。「法螺を福沢、嘘を諭吉」という民権運動陣営からの嘲りを筆頭に、吉岡弘毅（元外務権少丞）からは「此ノ如キハ…我日本帝国ヲシテ強盗国ニ変ゼシメント謀ル者ナリ。是ノ如キ不義不正ナル外交政略ハ、…不可救ノ災禍ヲ将来ニ遺サン事必セリ」という適切な批判が寄せられた。つまり、福沢の先導した道のりを歩むことによって、日本帝国主義はアジア二千万の人々の命を奪い、三百十万の自国民の死をも余儀なくした。これは、その後の近代日本の現実の道のりへの見事なまでの適切な批判であり、予言であった。

「一身独立」＝民権確立の課題と訣別して、中期保守思想を確立した福沢にとって、労働運動・社会主義運動によって「正に狼狽して方向に迷ふ」「今日の西洋諸国」から学んだ「内国の不和を医するの方便として故《こと》さらに外戦を企て、以て一時の人心を瞞着する」権謀術数は不動の政治的持論、「東洋政略論」になっていた。それは国内矛盾への国民の不満を外にそらす「内国の不和を医する」手段であり、くわえてアジア侵略に向けての「人民の報国心を振起」する効用まで果たしてくれる帝国主義の時代に相応しい絶好の政治的方策であった。

このように、国権拡張至上主義と「外に対して事端を開く」権謀術数は、「他日為す所あらん」と公約していた「一身独立」路線の追求を棚上げしたまま、「強兵富国」のアジア侵略路線と「愚民を籠絡する…欺術」としての天皇制を選択・確立した福沢にとっては、それらは必然的な政治の手法であった。「一身独立」＝国内の民主化の課題を放置したからこそ「愚民を籠絡する…欺術」が必要となり、そのために国民の近代的な個としての「一身独立」＝民権確立の課題を一貫して放置・抑圧せざるを得ず、したがって、「内国政府の処置の如きは唯是れ社会中の一局事」と考えわりきる国権拡張至上・滅私奉公論も思想的な必然であった。

Ⅲ アジア太平洋戦争への道のり

はじめに——福沢の「洸《こう》として夢の如」き人生総括

「今や隣国の支那朝鮮も我文明の中に包羅せんとす。畢生の愉快、実以て望外の仕合に存候」、日清「大戦争に国光を世界に耀かして大日本帝国の重きを成したる…前後を思へば洸として夢の如く、感極まりて独り自から泣くの外なし。長生はす可きものなり」、日清戦「の勝利、愉快とも難有《ありがた》いとも云ひやうがない。命あればこそコンナ事を見聞するのだ、…私は自身の既往を顧みれば遺憾なきのみか愉快な事ばかりである」は、福沢がその晩年の手紙、演説、『福翁自伝』に表した、自からの人生の総括である。彼が自分のこのように人生を手放しで全面肯定した稀に見る異例の脳（能）天気な総括になったのは、「一身独立」の課題を「他日為す所あらん」と表明していた初期啓蒙期『概略』終章の公約の視座からではなく、保守化した強兵富国のアジア侵略の「脱亜論」の視座からの総括であったからである。

1　日清戦争の勝利は「唯是れ日本の外交の序開き」
——福沢の壮大な東洋政略論

さらに注目すべきことは、『福翁自伝』の同じ末尾で「実を申せば日清戦争何でもない。唯是れ日本の外交の序開きでこそあれ、ソレホド喜ぶ訳けもない」と書いている事実である。その理由を解く鍵は、『時事小言』の翌年に書いた連載社説「東洋の政略果して如何せん」にある。この論稿で「我東洋の政略は結局兵力に依頼せざる可らず」という兵力至上の強兵富国論を再確認した福沢は、そのための軍備拡張への協力を国民が「悉《ことごとく》皆《みな》天皇陛下の臣子にして良民たる…の一義を抵当」にした「国民たるの義務」「報国の本分」と説明した。

その上で、「英国の士人が…支那其他の地方に於ても権勢を専らにして、士人を御《ぎょ》する其情況は傍若無人」という帝国主義諸国によるアジア蔑視や植民地支配の目撃情報を紹介しながら、彼は「人に制しらるるは人を制するの愉快なるに若《し》かず。…我より他を圧制するは甚だ愉快なり」と書いて、「吾れも日本人なり、何れの時か一度は日本の国威を耀かして、印度支那の土人等を御《ぎょ》すること英人に倣《なら》ふのみならず、其英人をも窘《くるし》めて東洋の権柄を我一手に握らんものをと、壮年血気の時節、竊《ひそか》に心に約」束したことを紹介する。福沢は大英帝国に比肩する帝国主義強国日本の未来像を、「地球上海水の通ずる処に日本艦を見ざるはなし、日章の国旗以て東洋の全面を掩《おお》ふて、其旗風は遠く西洋諸国にまでも吹き及ぼすが如きは、亦愉快ならずや。…之を想へば今日些少の苦痛は訴るに足らず。」と描いていた。

以上の福沢の壮大な将来展望を知れば、彼が日清戦争の勝利を「唯是れ日本の外交の序開き」に過ぎないと戒めていたのは当然である。彼は『福沢全集緒言』において自分が明治政府の「御師匠番」であったことを自負していたが、福沢はそれ以上の存在、つまりアジア太平洋戦争にいたる日本の近代化の道のり総体の「御師匠番」であったことをさらに確認しよう。

2　靖国神社の軍国主義的利用
——「以て戦場に斃るるの幸福なるを感ぜしめざる可らず」

一八九五年十一月「戦死者の大祭典を挙行す可し」の「今回の戦争に…国光を発揚したる…原因…生を毫毛の軽きに比したる大精神こそ、其奇功の本源にして、…再び干戈《かんか》の動くを見るに至らば、何物に依頼して国を衛《まも》る可きか。…益々此精神を養ふこそ護国の要務にして、之を養ふには及ぶ限りの光栄を戦死者並に其遺族に与へて、以て戦場に斃《たお》るるの幸福なるを感ぜしめざる可らず。…恐れ多きことながら大元帥陛下自ら祭主と為らせ給ひ、…」は、「死ハ鴻毛《こうもう》ヨリモ軽シ」の日本軍兵士の「大精神こそ」が、日清戦争勝利の「本源」であると判断した福沢が、「再び干戈の動くを見るに至らば（結果的には、彼の死後の日露戦争）、何物に依頼して国を衛る可きか」と問いかけて、「及ぶ限りの光栄を戦死者並に其遺族に与へて、以て戦場に斃るるの幸福なるを感ぜしめざる可らず。…大元帥陛下自から祭主と…」という、後世に及ぶ靖国神社の軍国主義的な政治的利用を先駆的に主張したものであり、一ヵ月後には靖国神社の臨時大祭が開催され、「辱《かたじけ》なくも天皇陛下の御親臨」が実現した。

3　旅順虐殺事件の隠蔽に加担
――南京大虐殺への道

英米の「タイムズ」「ワールド」紙などで世界的に喧伝された九四年十一月の日本軍による旅順虐殺事件について、一二月一四日と三〇日の社説「旅順の殺戮無稽《むけい》の流言」と「我軍隊の挙動に関する外人の批評」は、自紙にも特派員報道が掲載されているのに、事実を隠蔽する道を選んだ伊藤博文首相・陸奥宗光外相らの方針に追従して、「時事新報」は「実に跡形もなき誤報・虚言」と全面否定した。藤村道生『日清戦争』（岩波新書）も指摘するように、虐殺事件の責任が不問に付されること（福沢らのそれへの加担）によって、「そののちこの種の行為を続発させることになり」、遠く南京大虐殺への道を敷設した（平山洋は、両社説は「石河が独断で掲載」した可能性を認定しているが、井田進也は、福沢が両社説に差配した事実を認定。平山は、この場合のように、自説に不都合な井田の認定は一貫して恣意的に無視・隠蔽）。

4　日韓併合の可能性の示唆

九五年一月「朝鮮の改革に外国の意向を憚《はばか》る勿れ」は、「日本は…自国自衛の為めに隣国の独立に力を致さんとするものなり。…主権云々は純然たる独立国に対する議論にして、朝鮮の如き場合には適用す可らず。…今、日本の国力を以てすれば、朝鮮を併呑するが如きは甚だ容易にして、一挙手一投足の労に過ぎざれども、…我に利する所少なきが故に先づ之を見合せ、…政略上に商売上に我正当防禦の用に供せんとするもの」という主張は、「我に利する所」あれば朝鮮の併呑もありうることを示唆しており、一九一〇年の「韓国併合」を予告したものと解釈できよう。

5 「昭和十年代」の「滅私奉公論」の先取り

「日本臣民の覚悟」の筆者を誤認定した井田・平山は、「目的は唯戦勝…内に如何なる不平不条理あるも」という国権拡張至上主義を「昭和十年代」の「滅私奉公論」の先取りと把握・主張していたが、「国権を振起する…我輩畢生の目的は唯この一点」が『時事小言』以来の福沢の持論であることを確認した。ということは、福沢は『時事小言』＝「脱亜論」の強兵富国路線を提示した時点から、アジア太平洋戦争期の挙国一致「滅私奉公」の「戦争煽動論」を早くも確立していたことを意味する。日清戦争時の福沢「真筆」に即して、「眼中物なし、唯日本国あるのみ」「都《すべ》て私を忘れて国に報ずる」「全国四千万人の人種《ひとだね》の尽きるまで」「家も蔵も衣服諸道具も挙げて国用に供して、身は赤裸《あかはだか》になるも」「一命をさへ棄る忠臣」などという福沢の同様の「真筆」主張は、いくらでも見出し確認することが出来ることを指摘しておこう。やはり福沢は、軍国主義と侵略をバネとする日本近代化の道のり総体の偉大な「御師匠番」であった。

6　日本軍性奴隷＝「従軍慰安婦」構想

『福沢のアジア認識』において私は「もしも福沢が…」という歴史研究のタブーの領域にふみこんで、もし福沢がアジア太平洋戦争期に存命していたならば、日本軍性奴隷制度の存在と構想に反対することはなかったであろう、とあえて書いた。理由の第一は、次に予定をしている『福沢諭吉の女性観と教育論』で明らかにするように、福沢は家父長制的な差別的女性論を体系化した人物で、とりわけ公娼制度の積極的な賛成論者であった（丸山眞男、遠山茂樹、井上清、ひろたまさき等は、福沢を男女平等論者と把握）。第二に、福沢はアジアへの蔑視・侮蔑意識を先導・煽動した人物であり、第三に、「人種《ひとだね》の尽くるに至るまで戦ふ」という主張に象徴される、戦争勝利への異常なまでの彼の熱意を見ると、その至上目的のために、野蛮なアジアの女性を犠牲にすることを厭わないという対応の可能性が十分予想されよう。

第四に、「元来兵の性質は厳令に束縛せられて恩威に服従するものなれば、圧制の長上に卑屈の軍人を付して却てよく功を奏する」というのが福沢の皇軍兵士構想であった。纐纈《こうけつ》厚『侵略戦争』（ちくま新書）は、「性的慰安所」についての「陸軍省通牒」を分析して、「性的慰安所」が「厳令に束縛」された「圧制の長上に卑屈の軍人」と福沢が表現する「過剰なまでの階級差別」を特徴とする日本の皇軍の「軍隊秩序に内在する矛盾を一切覆い隠」すアメであり、皇軍は「言わばアメとムチの使い分けによってしか軍隊としての秩序を維持できない」みじめな組織であったと分析しているからである。

7 「満蒙は我国の生命線」の先駆

多くの歴史書では、アジア太平洋戦争期の時代のキャッチ・フレーズとなった「満蒙は我国の生命線」（松岡洋右外相の議会演説）という主張の原型は、一八九〇年の山県有朋首相の「外交政略論」とされている。しかし、それより三年も早い八七年一月の論説「朝鮮は日本の藩屏《はんぺい》なり」においてすでに福沢は、「今日本島を守るに当りて、最近の防禦線を定むべきの地は必ず朝鮮地方たるべきや疑を容れず」と先駆的に主張していた。

おわりに――福沢は日本近代化の道のり総体の「御師匠番」

以上によって、福沢諭吉が明治政府の「御師匠番」の範囲をこえて、近代日本の歩んだ道のり総体を見事に先取りした「御師匠番」であったことは、明らかである。大沼保昭が日本の近代化とアジア太平洋戦争とのかかわりを、「〈大東亜戦争〉とは、…アジアの盟主として欧米列強と肩を並べようという、脱亜入欧信仰に基づく無限上昇志向のたゆみない歩みの一環であり、近代日本の軌跡の行きつくところであった。」ととらえた、その道のりを福沢は文字通り先導した。アジア侵略の強兵富国路線を初めて提起した『時事小言』において、すでに福沢は「亜細亜東方の保護は我責任なり」

という「アジアの盟主」意識を表明し、以後、くり返し「亜細亜東方に於て此首魁盟主に任ずる者は我日本」「東方の盟主」「東洋の盟主」「東洋文明の先導者」意識をふりまいた。

また、「脱亜入欧信仰に基づく」その道のりが帝国主義的な「無限上昇志向」であることも、1で見たように、早くも『時事小言』の翌年の論説「東洋の政略…」において、「印度支那の土人等を御すること英人に倣《なら》ふのみならず、其英人をも窘《くるし》めて東洋の権柄《けんぺい》を我一手に握らん」「日章の国旗以て東洋の全面を掩《おお》ふて、其旗風は遠く西洋諸国にまでも吹き及ぼす」という壮大な展望として、描きだされていた。

◈補足――『福翁自伝』は生涯にわたるアジア蔑視思想確認の資料

福沢が「支那を高く評価」していた資料として、教科書調査官が「脱亜論」の『福翁自伝』への差し替えを指示したことのトンデモナイ誤りは、九六年十一月の小林調査官への原告側藤村弁護士の証人尋問において、「私の頭の中にあったのは、『福翁自伝』に漢学に親しんだという所があった」という小林の回答と、弁護士の「〝春秋左氏伝〟ですね。しかし、それには漢学の人を見ると吐き気がするとあり、支那も高く評価していない。朝鮮人も低く見ている。あなたの指摘は違うのではないですか！」という反論で片付いている。むしろ、『福翁自伝』は福沢のアジア蔑視が生涯続いていたことを示す資料である。

江戸時代の藩士と藩主とのかかわりを記述した『福翁自伝』の文章において、「本藩に対しては其卑劣朝鮮人の如し」という小見出しをつけて、「義理も廉恥もない其様子は、今の朝鮮人が金を貪ると何にも変ったことはない。…丸で朝鮮人見たやうな奴…」と、福沢は、「朝鮮人」そのものを「卑劣」の代名詞におき換えていた。また、中国については、「支那の文明望む可らず」という小見出しで、「満清政府をあの儘に存して置いて、支那人を文明開化に導くなんと云ふことは、コリャ真実無益な話だ。…百の李鴻章が出て来たって何にも出来はしない。」と記述していた。

〔参考文献〕
①安川寿之輔『福沢諭吉のアジア認識』（高文研・二〇〇〇年）
②安川寿之輔『福沢諭吉と丸山眞男』（高文研・二〇〇三年）
③安川寿之輔『福沢諭吉の戦争論と天皇制論』（高文研・二〇〇六年）

勝 海舟のアジア観

元桃山学院大学教授　松浦　玲

はじめに

蘭学者として育ち近代西洋式海軍の創設者であった勝海舟は、早くから欧米の圧力に対抗するアジアの同盟を説いていたが、明治八年以降になると欧米に学ぶこととアジアを重視することの比率が、大きく後者に傾く。その延長上に明治二七、八年の日清戦争に対する反対があり、それとの関連で最晩年の一〇年間を西郷隆盛は征韓論者に非ずと言い通した。

この稿では先ず（A）総論として【Ⅰ】明治の海舟に於けるアジア重視と、【Ⅱ】西郷隆盛は征韓論者に非ずと言い通したことを述べる。

次いで（B）各論で、一審原告側弁護士に訊ねられている個々の問題に答え、その際に既に（A）で詳細に述べている問題については、簡単に要約するにとどめる。

（A）総　論

【Ⅰ】

※欧米一辺倒ではなかった海舟

勝海舟はペリー来航以前に蘭学者として塾を開くところまで成長しており、開国後は長崎に於けるオランダ人教師陣による海軍伝習、また咸臨丸を指揮してアメリカ西海岸サンフランシスコまで往復など、平均的日本人よりは欧米との接触が遥に深い。

幕府内では厚遇・不遇の変動が大きかったが、不遇の時期でも欧米の外交官や軍人と折衝する仕事を担当されられることが多かった。慶応三（一八六七）年には長男小鹿をアメリカに留学させており、欧米の学術が優位であることを良く認識していた。

しかし早く文久三（一八六三）年に、将軍家茂から神戸海軍繰練所の設立許可を取りつけたとき、その目的の一つとして海軍による朝鮮国と清国との三国同盟を提起しているように、学術的・軍事的に優位にある欧米がアジアに対し侵略的であることに対して強い警戒心を持っており、アジア側が提携して防備しなければならないという意見を保持していた。

明治になっても、その基本姿勢は変わらない。ただし欧米の優位を認めることと、アジア内の提携を重視することとの比率が、或る時期からアジア重視に傾いたとの印象を受ける。その海舟の傾向は、明治政府や明六社的啓蒙派知識人の動向と正反対だった。

※初代「海軍卿」を一年余で辞す

海舟は明治六（一八七三）年の廟堂大分裂で、西郷隆盛ら五参議下野の後を受けて参議兼海軍卿に昇った。これは彼の幕末と明治を通しての全経歴に於て、政府当局者としての最高の地位である。

このときの「参議」はいささか強引だが「複数の副総理」と見ればやや当たるだろう。参議兼内務卿の大久保利通は副総理で内務大臣、参議兼大蔵卿の大隈重信は副総理で大蔵大臣。同様に勝海舟は副総理で海軍大臣を兼ねたわけである。太政大臣の三条実美と右大臣の岩倉具視が二人セットで総理に相当。これと複数の参議（副総理）とで内閣を構成する。参議でないただの卿（省の長官）は内閣に入らない。参議兼内務卿の大久保利通が第一副総理で内閣の実権を掌握した。海舟はずっと落ちるが、しかし参議兼海軍卿の「参議」は第四か第五の副総理だったと見るのが分かりやすい。なお海軍卿は海舟が初代である。

幕末安政年間、オランダ人による教育で始まった近代西洋式海軍は、幕末大詰めの時期にイギリスの指導に切り替わり、それが明治初年にも引き継がれた。海舟は政治的な理由で外れていた時期を除き、西洋式の海軍を作る仕事の中心に位置し続けた。明治六年の参議兼海軍卿は、彼が政府当局者として占めたポストの頂点であると同時に、幕末から続く先駆的洋学者・洋学的技術者という側面の政治的到達点でもあった。しかし彼はこの地位に一年余しか留まらなかった。翌七年の台湾出兵に海舟は協力せず辞意を表明し、八年には辞職承認の代わりに提供された元老院議官のポストも断って、完全在野の生活に入る。ここから後では幕末期に既にあったもう一つの側面、欧米に対抗して東アジアの三国が同盟すべきだという主張が強く表に出るようになる。

＊江華島事件

明治八年の軍艦雲揚による江華島事件は、海舟が去った後の太政官と海軍が引き起こした朝鮮国に対する武力挑発である。海舟がこの武力挑発に反対であり、これへの反対に西郷隆盛との共通点を見出し、西郷は征韓論ではなかったという議論の手掛かりとすることを、【Ⅱ】「征韓論」のところで述べる。いまは取りあえず、江華島事件は海舟が政府を去った後だということだけを強調して置きたい。

江華島事件は、かつて欧米が清国や日本国に対して行った武力による開国・開港強要、それを日本国が真似て朝鮮国に対して行ったものである。海舟はそういう図式でことが運ばれるのを容認しなかった。朝鮮国では外圧に対する強烈な抵抗派だった興宣大院君が摂政の地位から引きずり下ろされており、それゆえ日本の武力挑発が楽々と効果を挙げて翌明治九（一八七六）年の修好条規締結にまで進んだ。その経緯に背を向けた海舟には大院君に親近感を示した発言がある。海舟の東アジア三国同盟策は、人的には自分と大院君と清の李鴻章との同盟なのだった。年齢も近い。海舟と李鴻章が同年、大院君は三つ上である。

※在野期の清国との交際

在野期の海舟に特徴的なのは清国公使館との交際である。これには宮島誠一郎の仲立ちが大きい。米沢藩出身の宮島誠一郎は儒学者でシナ文化に関心が深く、海舟の紹介で明治政府に仕えて非藩閥ゆえの辛酸を舐めるのだが、その職務とは別に独自の見識で清国公使や公使館員と接触し、その交際に在野の海舟を引きこんだ。海舟も喜んで応じ、初代駐日公使何如璋、二代目黎庶昌（母の喪に服した後で四代目公使として再来日）らと深く交際した。五代目公使が李鴻章の嗣子の李経方で、海舟は李経方を経由して清国に於ける漢人中の最高実力者だった李鴻章と、書簡や揮毫を交換する仲となった。『亡友帖』や『海軍歴史』などの自著を漢訳して黎庶昌や李鴻章の序文を貰っている。漢訳書は清国や朝鮮国で読まれ、両国から来日する人々が海舟の門を叩くことも多かった。

宮島誠一郎の長男の大八が清国に留学するのも重要である。大八は保定の張廉卿（代表的な儒学者でかつ当代随一の書家）のもとに赴き、師が武昌から更に襄陽へと居を移すのに随行して家族同様の待遇を受けるようになった。最後は西安郊外で師の死去を看取り、日清戦争の開戦後になったのでシナ人に化けて上海まで脱出した。海舟は大八の留学に肩入れして何かと援助し、彼が帰国すると清国とシナ社会について貴重な情報源として大事に扱った。幕末に自分の長男小鹿をアメリカに留学させたが（小鹿は帰国後病死）、明治には宮島大八が清国に留学するのを自分の子供のことのように喜んだ。このあたりにも前記した海舟に於ける欧米とアジアとの比率の転換がうかがえるように思う。この大八が善隣書院の創設者・宮島詠士である。

✻無視された意見

さて、明治一〇年代を完全在野で過ごした海舟は、明治二〇年に伯爵を授けられた。元参議で授爵から洩れていた人物に一律に伯爵が授けられた。授爵を固辞していた海舟は周りの説得で受けることに決めると、直ちに内閣総理大臣伊藤博文に宛てて政治の全般について意見書を提出した。全二一箇条に及ぶ長大なものだが、アジアとの関係では第二〇条の「支那は隣国、殊に我邦之制度文物悉《ことごと》く彼邦《かのくに》より伝来せし国柄ゆへ、今更仇敵の様御覧被成《なされ》ず、信義を以て厚く御交際有之度《これありたく》、左候ても国辱と申《もうす》義は無之《これなく》候。今一層御注意、御親切を被尽候事」が重要だった。海舟は意見書を伊藤のところへ届けたとき、口頭では此の条に相当することだけを強調し、他は読んでくれと言ったようだ。

海舟がこの意見書を提出した明治二〇年五月は井上馨外相が担当する条約改正交渉が大詰めを迎えたときで、いわゆる鹿鳴館時代である。海舟の意見書中にも鹿鳴館の舞踏会を非難する箇所があるので、谷干城や板垣退助の意見書と一緒に扱われて、井上案を葬る運動の秘密文書として配布された。

しかしその運動に於ても、海舟が重視した清国問題は無視された。条約改正には、欧米との対等条約を獲得する反面、これまで対等であった清国との条約を清国劣位の不平等条約に切替えるという問題がある。しかし井上馨外相案反対運動も、また続く大隈重信外相案反対運動も、欧米に対する平等確保が不十分だと言うばかりで、清国との対等条約が不平等になるという問題には目を向けなかった。注意したのは管見の限りでは海舟だけである。しかし政府も民間の運動家も、海舟の意見のその部分は無視した。

※日清戦争は「無名の師」

清国は新しく不平等を強いられるのを容認しなかった。清国との交渉は難航し、日清戦争後にやっと決着する。日清戦争時の外務大臣だった林董《ただす》は回顧録で、清国に不平等条約を押しつけることができたのを日清戦争の最大の成果に数えている。朝鮮問題で火を吹くという経過を取らなくても、いずれ条約改正の件で必ず清国との戦争になったというのが林董の意見だった。朝鮮問題を利用して清国との戦争に持ち込み、条約改正の件を一緒に解決してしまったのは非常に良かったと林は言うのである。

元幕臣の林董は、同じ元幕臣の勝海舟が日清戦争に反対して「無名の師《いくさ》」だと断じていたことを良く承知しており、朝鮮問題で開戦に持込んだ方法が無理をきわめたものであったことは海舟の言う通りだと認めている。しかし林に言わせれば戦争による有形無形の利益は莫大だったし、もしあのとき開戦しなくても条約改正問題で必ず戦争になったに違いないのだから、朝鮮で強引に戦争に持ち込めたのは実に好都合だったという理屈になるのである。

林が気付いていたとおり、海舟は日清戦争が「無名の師」だと断じた。承句（第二句）が「其軍《いくさ》更無名」となっている五言絶句を作り、宣戦の詔勅が出た後でもかまわず配布した。清国の朝鮮出兵に対抗して日本が出兵したとき、海舟はこの出兵が戦争に発展することを危惧して意見書を起草したのだが、その危惧通り日本が無理矢理に戦争に持ち込んだので、これは不義の戦争だと断定したのである。

＊アジアのために日本を憂う

戦争が二年目に入ったときには起句が「再言出師非」、承句が「要路亦不懌《よろこばず》」の五言絶句を作る。海舟が反対だというのは当局者側に広く知られていた。講和条約が日程に上ったときには領土要求をするなと忠告し、三国干渉に際しても日本の清国に対する政策を改める好機とせよと論じた。戦後に露・独・仏が三国干渉の恩を着せて清国に対し露骨な利権要求を始め、日本の官民に危機感がみなぎったとき、海舟はオレが日清戦争に反対だと言い続けたことの意味が今頃分かったかと自分の見通しの確かさを誇り、しかしアジアのために誰よりも深刻に憂えたのである。

✳海舟と西郷――「征韓論」をめぐって

勝海舟と征韓論については、彼自身と西郷隆盛との区別を立てなければならない。海舟自身は幕末期から明治にかけて一貫して朝鮮国および清国との同盟論者であり、文久三年四月に将軍家茂から設立許可を取りつけた神戸海軍操練所も、海軍と海運を通じて朝鮮国および清国と結ぶことを目的に掲げていた。明治六年の廟堂大分裂のときも海舟は征韓反対であり、盟友西郷隆盛が征韓論であることに困惑したと見受けられる。海舟が征韓派五参議下野の後を受けて参議の列に加わり海軍卿に昇進したことについては、彼が征韓論に反対だったという事情が重視されなければならない。廟堂大分裂の明治六年に限って言えば、海舟は知己西郷隆盛に対し冷淡だった。

右のうち明治以後、特に明治六年以後の海舟が征韓論に反対だったことについては、異論が存在しないと断定して良いだろう。ただし幕末期については彼の日記に「征韓」という言葉が出るため、海舟もまた征韓論者ではないかという議論が、かつてあった。

✳巌本善治の証言

古くは一八九九（明治三二）年の海舟死没直後に、雑誌「日本人」が幕府の征韓論という記事を出して勝海舟が主としてそれに任じたと書いたので、生前の海舟から話を聞いていた巌本善治が、自分の「女学雑誌」四九四号で反論を加えたという事件がある。巌本の反論の当該部分を左に引用する。

「文久・元治の頃より、明治初年に至る迄の、海舟先生の日記がある。太政官で海舟日記と題して、写しを取って置かれたのが即ち夫《それ》であるが、嘗て吾輩が之を拝見した時に、征韓論の文字が所々にあったから、不審に感じて尋ねた。すると、先生の答に、『対馬に、大島と云ふがあって、木戸がひどく打込んで居た奴だが、朝鮮征伐と云ふから賛成したのサ、ナニ、馬鹿ナ、征伐どころか、貿易の為サ。朝鮮へ行ったら、夫から又、品物を替えて支那に行くつもりだった。帰ってから、風に吹流されてカウカウでしたと言へば、済むぢゃアねえか』と云ふことで、成程、夫に違いないと思はれた。算盤を弾いてさへ、武士が廃《すた》ると思って居た時代に於て、外国と商売するなどと言って、分かる筈でない。是非、慷慨勇壮な議論から出なければ成らぬ。今上の言葉に、武装的平和と云ふことがあるが、真《まこ》とに武装的商売とでも言ふべきものであったらふと感じた。」

海舟の日記に「征韓」とあることに気付いた巌本善治が生前の海舟に質問し、その答に納得したというのである。

※果たせなかった朝鮮渡航

時代がずっと下って第二次世界大戦の戦後、昭和四〇年代から五〇年代に掛けて、海舟日記に「征韓」と出るから海舟も征韓論者だったという非難が左翼系の各種評論誌に何度か書かれたことがある。これについては私が機会あるごとに反論した。反論の骨子は左の通りである。

海舟の日記に「征韓」と出るのは長州の木戸孝允（桂小五郎）と対馬藩の大島友之允が「征韓」の相談に来ることに対応しており、内情は対馬藩が「征韓」を名目に幕府の経済援助を望んでいたのである。しかし幕府は征韓を望まず、海舟の智慧で朝鮮を侵略している夷狄を撃つという名目で対馬藩に援助金を出す。対馬藩としては援助金さえ貰えば用は済んだのであって、朝鮮に兵を送るという行為は全くなかった。海舟の日記に「征韓」と出るのは、木戸と大島が「征韓」を名目に幕府の援助を貰う話を海舟のところに持ち込んで来た時期に限られており、木戸や大島が「征韓」と言うのを日記に書き込んでいるだけである。この対馬藩のために財政援助を獲得してやる話に絡んで、海舟自身は同盟と貿易の相談のために本気で朝鮮に行きたがっており、幕府は海舟が自身の判断で対馬から朝鮮に渡ることを試みるというのを、文久三（一八六三）年と元治元（一八六四）年と二度にわたって許可した。しかし幕府は一度は別の緊急の用件に海舟を使うため、もう一度は京都に滞在していた老中の意見が変わって、二度とも渡航許可を取り消した。海舟は後々まで残念がっている。海舟の狙いが朝鮮国と清国との同盟にあったことは文久三（一八六三）年に将軍家茂から設立許可を取った神戸海軍操練所の目的にも明記されている。海舟は終始同盟論者であり、征韓論者になったことは一度もない。

❇アジア同盟主義をつらぬく

学術雑誌に於ける論争ではなくて評論誌でそれぞれ勝手に言っているだけなのできちんと決着が

ついたわけではないのだが、私の感触では昭和五〇年代の半ばには海舟も征韓論者だという非難は消えた。そこで私は雑誌『世界』の連載を本にした『明治の海舟とアジア』（連載は昭和五七―八年、単行本は六二年）で「私は、海舟を征韓論者だと決めつけるのは間違いだという議論、彼は終始アジア同盟論者だという議論を、ずいぶん方々に書いた。その効果がいささかはあって、海舟も朝鮮侵略主義者だというような非難はほぼ影を潜めたと観測しているが、どの程度に徹底したのか確かなところはわからない。だから小出しに書き散らしてきたことを、ここに整理して、徹底を図っておく必要があるだろう」と書き、続けて単行本の六頁にわたって（一〇二―一〇七）海舟がアジア同盟論者であって征韓論者ではないという自説の要点を整理して置いた。

これは多年にわたって書き散らした評論と違い、学術的な議論に準ずる扱いを受けてしかるべきものである。これについて私は現在に至るまで反論に接していない。海舟は征韓論に非ずという私の説は定説になっていると断じて良いと思う。ていねいに言えば、明治の（特に明治六年以後の）海舟が征韓論者でないことは私の議論を俟つまでもなく定論であり、幕末期については右の私の議論に対し反論が出なかったことにより確定したと判断して良いと思う。

＊なぜ「西郷は征韓論者に非ず」か

西郷隆盛については全く別の話になる。明治二三年以降の海舟が、死没までの一〇年間、西郷は征韓論者に非ずと言い続けたのは紛れもない事実で、私はそれを前記連載と著書で初めて体系的に述べたのだが、その私も西郷隆盛が征韓論でないとは思っていない。海舟自身も実は、西郷隆盛が征韓論でないとは思っていなかったのではないか。西郷隆盛は征韓論者であり、そのことを海舟は良く知りながら、西郷敗死の一三年後、名誉回復の翌年という時点で、海舟自身の必要から西郷隆盛は征韓論に非ずと言い始め、かつ言い通したのである。

そう言い始める前、明治十年代に完全在野だった海舟は、独力で賊将西郷の留魂碑を建て「嗚呼君能知我、而知君亦莫若我」（ああ君よく我を知り、而して君を知るまた我にしくはなし）と刻み、また薩摩人の誰もが気にしながら遠慮して持ち出せなかった西郷名誉回復運動の口火を切った。これにより西郷を最も良く知るのは海舟だという雰囲気を作り上げることに成功した。西郷は海舟の政治的財産となったのである。海舟はその財産を運用して、自分が最も良く知っている西郷隆盛は実は征韓論者ではなかったのだよと言うことにしたのである。名誉回復運動が明治二二年の憲法発布に伴う恩典で果たされると、その翌年から西郷は征韓論者に非ずと言い始めたのである。

※西郷の憤り

海舟が西郷は実は征韓論者ではなかったのだよと書いたのは、明治二三年刊行の『追賛一話』に於てである。これは『流芳遺墨』とセットになっている。

『流芳遺墨』は故人の遺墨を模刻製版したものである。故人には海舟の知己だった人物群と、世代的にもっと前で直接的な付きあいはできなかった人物群との二種類があるのだが、海舟はその一人々々について人物評を書き、遺墨模刻『流芳遺墨』の別巻として活字組みの『追賛一話』を刊行した。人物評は長短様々だが、西郷については彼は征韓論ではないよとだけ短く言った。

その根拠として海舟が提示しようとしたのが前記明治八年の軍艦雲揚による江華島要塞武力挑発事件、それに対する西郷隆盛の憤激である。鹿児島に帰っていた西郷は、この事件のことを聞いて激怒した。明治六年の西郷の征韓論は、まず西郷自身が丸腰で平和的に交渉に赴き、自ら殺されることにより朝鮮国の無道を全世界に明らかにし、その上で朝鮮国を討つというものであった。ところが自分が去った後の日本政府には、殺される覚悟で丸腰で交渉に赴く人物が居らず、いきなり軍艦を送って無礼を働いた。それを西郷は怒ったのである。海舟は、西郷が篠原国幹宛に江華島事件に対する憤りをぶちまけた書簡を入手し、できればその全文を『流芳遺墨』に模刻したいと思ったらしいのだが、技術的な理由で諦めて『追賛一話』で触れるにとどめた。

この明治八年の篠原宛西郷書簡は、明治六年の西郷が征韓論でなかったという証拠にはならないと私は思う。しかし明治二三年に西郷は征韓論に非ずと強弁することに決めた海舟にとっては大切な材料だった。西郷隆盛と海舟は明治六年には立場を異にしていたのだが、西郷下野後に参議兼海軍卿に昇った海舟も明治八年には完全に政府を去っており、江華島事件に対する憤りを西郷と共有したのである。

※征韓論と日清戦争―海舟の信念

明治二三年の『追賛一話』を皮切りに海舟は明治三二年に没するまでの約一〇年間、西郷は征韓論ではなかったよと言い続ける。その中間に西郷の征韓論の志を受け継ぐという意見を持つ人が多かった日清戦争があり、海舟はそれに二重に反対だったのである。海舟自身の意見として日清戦争に反対であり、加えて日清戦争が西郷の死、征韓の志を継ぐものだという論法に反対だった。海舟の談話を忠実に再現することに心を使った巌本善治は、日清戦争中の海舟の発言として「朝鮮を征伐して、西郷の志を継ぐと云ふことが、何処にあるエ」というのを伝えた。

征韓論と日清戦争に絡む問題なので、もう少し詳しく述べる。先に引いた「女学雑誌」四九四号では海舟の征韓論否認の部分に続いて、西郷については左のようになっている。

「其から、西郷先生の征韓論の事を尋ねた所ろが、海舟先生は同じ調子で『ナニが征韓論ダ、いつ迄、馬鹿を見ているのだ、あの時、己は海軍に居ったよ。もし西郷が戦かふつもりなら、何とか話があらふジヤアないか。一言も打合はないよ。あとで、己が西郷に聞いてやった。「を前さんどふする積りだった」と言ったら、西郷メ「あなたには分ってましょふ」と言って、アハア八笑って居たよ。其に、ナンダイ、今時分まで、西郷の遺志を継ぐなど、馬鹿なことを言てる奴があるかエ。朝鮮を征伐して、西郷の志を継ぐなど、云ふことが、何処にあるエ』と言うことで、丁度日清戦争の頃、烈しいお話のあったことがある。つくづくと西郷先生当年の言動を考えて見ると、忽ち此の秘密が頓悟されるように思はれる」

海舟が巖本善治にこのように語ったのは、おそらく確かだろう。しかし海舟が喋ったことが明治六年の真相であるという保証は全くない。海舟と西郷の行動を細かく追跡している私には、両者がこのような会話を交わす日時を想定することができない。右から読取れるのは、最晩年の海舟が、西郷と征韓論と日清戦争について、このように言い通すことに決めていたという事実だけである。海舟の征韓論反対と日清戦争反対は、そのように徹底していた。

(B) 各　論

B (一) 明治の勝海舟のアジアに対する基本的認識、姿勢、同時代人のなかでの特異性について

A【Ⅰ】で述べたように明治六年の参議兼海軍卿が、先駆的蘭学者・洋学技術者としての彼の全経歴の政治的頂点であり、この地位を辞して政府を去った後は、幕末期から既にあったもう一つの要素、欧米の圧力に対抗して朝鮮国や清国との同盟を目指すという側面が強く表に出る。そういう面が強まっていく延長上に日清戦争に対する強烈な反対意見表明があった。開戦直前の朝鮮出兵に危惧を表明し、宣戦の詔勅が出た後でも公然と不義の戦争だ「無名の師」だと断じ、戦後も自分の見通しが正しかったことを誇示した。ここまで徹底して反対した同時代人は（新聞がその談話を繰返し載せるような知名人では）他に存在しない。

B㈡「朝鮮は昔お師匠様」について

『氷川清話』の「朝鮮は昔お師匠様」は国民新聞の明治二七年四月二四日と二五日に続けて掲載された「氷川伯の談話」から取られた。これは日清開戦より三カ月前の談話である。朝鮮国は東学党の抵抗に苦しめられていたが、まだ清国に出兵を要請するところまでは踏切っていなかった。談話の受取り方に混乱があるようなので、まず語られた時期を明確にして置きたい。日清戦争より前である。戦後の談話ではない。

戦後だと誤解されているのは、『氷川清話』の最初の版を明治三〇年に出した吉本襄が、各種の新聞や雑誌に掲載された何年も前の海舟談話を全て海舟が明治三〇年に語ったようにリライトしたためである。どうリライトしても何年も前の談話であることが露呈してしまうような部分は切捨てている。この明治二七年四月の国民新聞「氷川伯の談話」には、第二次伊藤博文内閣の伊藤首相が清国の直隷総督北洋大臣の李鴻章を担ぐ（自分が李鴻章と親しいことを誇示する）のを海舟が揶揄したような部分が、朝鮮の話のすぐ前にあるのだが、この部分を日清戦争後（李鴻章が敗れて面目を潰した後）の明治三〇年の談話のようにリライトすることは不可能なので、吉本はここを切捨てている。

日清戦争の前であるから、一般の日本人は清国に対してはまだ畏怖の念を持っていた。しかし朝鮮国に対しては前記一八七五（明治八）年の武力挑発の江華島事件、この事件を使って翌年に押しつけた不平等条約の日朝修好条規という経過をとって外交的に日本優位の関係が始まり、その関係が事ある度に増幅されて明治二〇年代に及んでいたので、一般の日本人にも朝鮮国に対する侮蔑感が浸透していた。海舟の談話は、その侮蔑感を戒めて「昔お師匠様」と言ったもので、これはそのまま言葉通りに受取れば良いと思う。海舟はこの二カ月後に起こった清国と日本国の朝鮮出兵を危惧し、これをきっかけとして日本が戦争に持ち込むことがないようにとの意見書を起草したのだが、この「お師匠様」発言は、そういう急展開の前だから、あちらこちらに引っ掛けて複雑な読み方をするのではなく、単純に言葉どおりに受け取れば良いのだと私は思う。

征韓論との関りについて言えば、先にA【Ⅱ】で強調しておいたように明治二三年以後の海舟は「西郷隆盛は征韓論者に非ず」と言い通す時期に入っており、この発言もその時期中のものである。

B（三）「殖民論」について

「殖民論」は明治二六年五月の国民新聞に連載された「海舟翁一夕話」から抜取られたもので、日清開戦の前年の談話である。吉本はこの談話に日清戦争最中の国民新聞二八年一月二九日の談話の一部分を結びつけ、しかも後者の「世間は連戦連勝なんぞと狂喜し居れど一長一消は世運の常とて日本も向後一度は逆運に遭遇せねばならぬ故今から其時の覚悟が大切だよ」を「一長一消は、世の常だから、日本も支那には勝ったがしかし、いつかは逆運に出會はなければなるまいから、今から其時の覚悟が大切だヨ」とリライトし、戦争中の談話であることを隠した。そのため吉本が作りだした全体が、日清戦争が過去のものとなった時期の談話のような印象を与えているが、「殖民論」は明治二六年五月の談話である。日清戦争前の談話であることを強調して置かなければならない。

明治二六年五月三日から始まる「海舟翁一夕話」には蘇峰生と署名が入っており、国民新聞社々長の徳富蘇峰が直々に聞いたものである。他の記者が聞いて来た談話と違い、蘇峰自身の発言が強く出て、それに海舟がどう応じたかという組立てになっており、蘇峰の関心に従って話題を引っ張って行くため、海舟に自由に喋らせている通常の談話と違い、ひどく断片的だという印象を受ける。殖民論と朝鮮征伐の話題も徳富蘇峰によって唐突に持ち出されたのだと思われる。

この殖民論は、日清戦争で獲得した台湾や韓国併合後の朝鮮のように或る地域を丸ごと大日本帝国の領地としてしまった植民地の論ではない。日本人が移民や行商人また売春宿の経営者として海外に出ていき、特定地域に棲息して力を持つという話である。それで小西行長が朝鮮に人を送りこんでいたという話が出てくる。豊臣秀吉の「朝鮮征伐」は神功皇后の「三韓征伐」と共にかつてはごく普通に使われていた言葉であって、第二次大戦の敗戦後のような禁忌がなかった時代のことであるから、この言葉を使ったから侵略主義者だというような批判はできない。現に先ほどの巖本善治が聞いた海舟談話にも「朝鮮を征伐して……」とあったように、プラスにもマイナスにもごく普通に使われたのである。また秀吉の朝鮮征伐は当時の意識では、言及する度に一々反省してみせるという必要を感じない歴史的事実であったのだから、その事実の上で加藤清正と小西行長を比較して小西行長を褒めたという内容も、朝鮮出兵を容認したとか征韓論的だというような非難とは結びつかない。

「土人」というのは、私は海舟について他にこの言葉をこのように使っている例を知らないのだが、ここは徳富蘇峰がそう聞いたのだと思うしかない。なお国民新聞の蘇峰生の署名が入っている記事のこの部分をそのまま引用すると「小西行長が、日本一の猛将加藤清正と、朝鮮征伐に角逐して、毫も後れを取らざりし所以は、彼が堺浦の木薬屋にして、多くの手代朝鮮の各地にあり、到る所その形勢を詳《つまび》らかにし、その土人を導き、更らに小西を驩迎するもの彼地にありたるが為にあらずや」となっており、文語調である上に意味不鮮明の箇所もある。吉本襄がこれをリライトした。私どもが編集した『氷川清話』では、吉本襄が勝手に意味を変えてしまったところをもっぱら追及したので、この部分のリライトは特に咎めることをしなかったのだが、この裁判では国側の指摘により微妙な箇所となっているので参考のため徳富蘇峰署名の原文を出した。蘇峰が対談して明治二六年五月の国民新聞に掲載したという事実を再度強調して置く。

B（四）講談社版勝海舟全集の『氷川清話』が採った措置について

「一長一消は世の常だが……」はB（三）に記したように日清戦争中の明治二八年一月の談話の一部分を、吉本襄が戦後の談話のようにリライトしたもので、戦後の二六年の「殖民論」談話とは何の関係もない。吉本襄が勝手に結びつけて戦後のひと続きの談話のように見せかけたのである。私どもの編集した講談社勝海舟全集版『氷川清話』では、吉本襄の本文をそのまま掲げた上で注記で彼の改竄を指摘するという方法を採ったのだが、このように全く違う談話を強引に結びつけてあるものについては、必要な場合は切り離した。このケースでは明治二八年一月の談話全体を新しく立てた「日清戦争論と中国観」という小見出しのもとに増補収録したので、元来の談話からもぎとられて他所に結び付けられていた部分を、もとの談話のところへ引戻したのである。

B（五）西郷隆盛の征韓論について

これについてはＡ【Ⅱ】後半で詳述した。海舟が西郷隆盛は征韓論者に非ずと言い初めたのは明治二三年で、それを死没の明治三二年まで言いとおす。明治二七、八年の日清戦争はこの言い通した時期の中間である。また争点の「お師匠様」発言も日清戦争開戦前の明治二七年四月の談話で、やはり西郷隆盛は征韓論者に非ずと言い通した時期のものである。西郷隆盛は本当に征韓論者でなかったのか、私は否定的であり、海舟自身も明治六年には西郷の征韓論に困惑していたというのが私の判定である。その海舟が死後の西郷を味方に付けて、日清戦争は西郷の征韓論の志を継ぐものだという議論が広まるのを阻止しようと試みた。海舟の征韓論反対、日清戦争反対の強さを感じとるべき問題であると私は考える。

B（六）拙著『明治の海舟とアジア』に対する反対意見について

Ａ【Ⅱ】で述べたように拙著は論争的な性格を帯びたものなのだが、現在まで反論に接していない。

B（七）明治期の海舟に対する他の研究について

吉本襄の『氷川清話』を新仮名遣い当用漢字に改めたものが勝部真長編『氷川清話』として流布している。初め勝部真長編『勝海舟自伝　氷川清話』というのが広池学園出版部から出され、ついで同じものが勝部真長編『氷川清話』として昭和四七年に角川文庫となった。内容は吉本襄の『氷川清話』と同じで、体裁や表記を現代風にしただけのものである。吉本襄が行なった数々の改竄には全く気付かず、これは明治三〇年、三一年ころの談話だと解説している。吉本は明治二五年から二九年に掛けての談話を全て明治三〇年に語られたかのようにリライトし、明治三〇年の談話の多くを明治三〇年に語られたかのようにリライトしたのである。酷いのは内閣名まで書換えた（明治三〇年の第二次松方正義内閣について語った談話を明治三一年に第一次大隈重信内閣について語ったかのようにリライトした）。三一年に『氷川清話』の続編を出した時、しゃべりたてのホヤホヤを本にしたという感じにしたかったのである。勝部真長編『氷川清話』は、吉本襄の改竄を全て鵜呑みにしている。私が行った吉本襄の『氷川清話』批判は、そのまま勝部真長編『氷川清話』に当てはまる。

私の『氷川清話』批判が講談社版勝海舟全集『氷川清話』として昭和四八年に刊行され、また前記拙著『明治の海舟とアジア』（岩波書店）が昭和六二年に出た後で、平成四年に勝部真長著『勝海舟』（上下・ＰＨＰ研究所）が刊行された。上下で一〇〇〇頁を越える大著で、約七〇〇頁が幕末、約三〇〇頁が明治の海舟である。しかし、これは、不思議な本で、膨大な頁数を費やしながら批判には全く答えていない。それ以前の水準で終始している。（私はこの某氏の所説を平成八―九年に雑誌『論座』連載で徹底的に覆したが幕末期の別種の問題なのでここでは略す）

勝部真長著『勝海舟』（上下）は批判には頬被り、論争やプライオリティーなど一切無視という不思議な本だが、それでも明治の海舟がアジア寄りで、日清戦争に反対だったことは書いてある。私がA【Ⅰ】で強調して来たことと反対のことは書いてないという事実は披露して置きたい。海舟についての関心を持つもののおおまかな理解がどのようであるかという事情の一端を示すと思われるからである。

B（八）勝海舟と福沢諭吉との関係

仲が悪い。幕末咸臨丸で太平洋を横断したときから仲が悪い。福沢諭吉の方が勝海舟に悪意を持ち続け、明治二五年に「瘠我慢の説」で突っかかったが軽くいなされた。政治的見解の対照が明瞭になったのは日清戦争で、海舟が不義の戦争だ、「其軍《いくさ》更無名」だ、と断じたのに対し、福沢諭吉は野蛮に対する文明の戦争だと定義して、日本の立場を賛美した。日刊紙「時事新報」を持ち情報に通じており、A【Ⅰ】で触れた外務次官林董《ただす》とは姻戚関係で、林も認めていた開戦に持ち込む手順が無理無体であるという事実を良く知っていた筈なのだが、日本は文明、支那は野蛮で押し通したのである。「無名の戦争」と「文明と野蛮の戦争」とは論理的に厳密な正反対ではないけれども、感覚的には対極にあると見てよいのではなかろうか。足尾鉱毒事件についても良く似た関係が見られる。海舟が直ちに停止せよと主張し銅山を庇護して来た政府をエセ文明だと非難するのに対し、福沢は民事訴訟が唯一の文明的解決法で閣僚が被災地を視察するのは余計なことだと論じた。

B（九）「朝鮮は昔お師匠様」と「脱亜論」を対比させることの当否

海舟は政治家であって体系的な著述を持つ思想家ではない。福沢諭吉は体系的な著述を持ち新聞の論説なども日常的に執筆する思想家ジャーナリストであるが政治家ではない。同じレベルの議論を対比させようとしても材料が揃わない。しかし前項で指摘したように、感覚的には対極にある。対照的な二人である。その二人を対比するのに「朝鮮は昔お師匠様」という新聞掲載談話と「脱亜論」という新聞社説を使うのは、共に日清戦争より前の新聞紙面に出たという共通性もあり、相隔たることの大きい両者の言論を比べるのに比較的無理のない方法ではないかと思う。

【編者付記】

本意見書は、二〇〇〇年一二月、東京高等裁判所に提出されました。

裁判官に読まれることだけを目的としていたため、弁護団より特に、一般の論文形式でなく、裁判官特有の思考様式を考慮して書いてくださいとお願いし、執筆していただいたものです。そのため、本意見書をそのまま収録することは、松浦先生としては気がすすまぬということでしたが、本訴訟の重要な論点であり、欠かすことのできない記録であるため、あえて収録させていただきました。

なお、小見出しは、読者の読みやすさを考え、編者の方で立てさせていただいたものです。

Ⅳ章　家永訴訟から高嶋訴訟へ

高嶋教科書訴訟弁護団副団長・弁護士

大川　隆司

はじめに

第一次家永教科書訴訟の提起（一九六五年六月一二日）から、第三次家永訴訟最高裁判決（九七年八月二九日）までの間に、三二年余の月日が流れた。

その間の九三年六月一一日に提起された高嶋訴訟の最高裁判決（二〇〇五年一二月一日）までをカウントすると、「師弟二代」にわたる教科書検定違憲訴訟は、四〇年余の長期にわたるものであった。

高嶋訴訟は家永訴訟の最後の局面に重なりつつ、家永訴訟に続いて同じ目的を追求するものであった。その目的は残念ながらまだ達成されていない。しかし、たたかいの過程で多くの成果を挙げるとともに、今後のたたかいを継続するための主体を国民の中に形成してきた、と総括することは許されるであろう。

以下においては、主として高嶋訴訟に焦点をあてながらも、過去四〇年の法廷闘争を振り返って、その成果と課題を確認してみたい。

一、高嶋訴訟の背景としての家永訴訟

(1) 第一次家永訴訟の可部判決のカベに挑むという目的

家永三郎氏の第一次訴訟は、同氏の執筆した高校教科書『新日本史』の原稿に対する、一九六三年の不合格処分および翌六四年の条件付合格処分(三二三項目に及ぶ修正を条件とする「合格」処分)に対する国家賠償請求訴訟であった。

この訴訟に対する東京地裁(高津裁判長)の第一審判決(七四年七月一六日)は、教科書検定制度を合憲・合法とした上で、六四年の三二三項目の検定意見のうち一一項目は裁量権の濫用により違法としたが、東京高裁(鈴木裁判長)の第二審判決(八六年三月一九日)は、一審の原告勝訴部分を取り消し、原告の請求を全部棄却した。検定意見に「相応の根拠がある限り」すべて適法である、というのがその理由であった。

家永氏の上告に対する最高裁(第三小法廷、可部裁判長)の応答が九三年三月一六日の判決である。可部判決は、教科書検定制度および検定処分の合憲性、合法性について実体判断を下した最初の最高裁判決だったが、検定制度は合憲・合法とし、検定意見に「看過し難い過誤」がある場合にのみ文部大臣の裁量権の逸脱・濫用を認めうるが、家永氏に対する六三、六四年の各検定処分に関しては、「看過し難い過誤」は全くない、とする文部省ベッタリの判決だった。

高嶋訴訟は、この「可部判決のカベ」を乗りこえるために、同判決直後に提起されたのだった。

(2) 第二次家永訴訟の杉本判決の成果を維持するという目的

家永三郎氏は、六四年の条件付き合格処分によって不本意な修正を余儀なくされた『新日本史』を一部改訂する検定申請を六六年一一月に行ったが、文部省は修正前に戻すのは「改訂」としては許されないとして不合格処分にした。

家永氏が、この不合格処分の取り消しを求めて提起（六七年六月二三日）したのが、第二次訴訟である。この第二次訴訟に対する第一審東京地裁（杉本裁判長）の判決（七〇年七月一七日）が、家永訴訟の金字塔とも言うべき杉本判決だった。

杉本判決は、子どもの成長発達する権利、すなわち学習権を子どもの人権として認め、教育内容に対する国家権力の介入を厳しく戒め、教科書検定制度それ自体の違憲性は認めなかったものの、問題の検定処分については、憲法二一条二項が禁止する検閲に該当する、と判断した。

その判断の前提には、「現代国家の理念」が「人間の価値は本来多様であり、また多様であるべきであって、国家は人間の内面的価値に中立であり、個人の内面に干渉し価値判断を下すことをしない…とするにある」という人権感覚が存在する。

第二次家永訴訟は、国家賠償請求訴訟でなく不合格処分取消訴訟として提起されたため、六六年検定処分の根拠とされた学習指導要領の改訂（六〇年版から七〇年版へ）によって「訴えの利益」がなくなった、という形式的な理由で、原告の請求を認容した杉本判決は取り消され、訴えは却下

（門前払い）された。

しかし、杉本判決の判断の内容が覆されたわけではない。それどころか、杉本判決と、それを支持する国民世論は学力テスト事件の最高裁大法廷判決（七六年五月二一日）にも影響を与えている、と言える。

学テ大法廷判決が、教育の内容に対する国政の介入に限界があることを説いて、「政党政治の下で多数決原理によってされる国政上の意思決定は、さまざまな政治的要因によって左右されるものであるから、本来人間の内面的価値に関する文化的な営みとして、党派的な政治観念や利害によって支配されるべきでない教育にそのような政治的影響が深く入り込む危険があることを考えるときは、教育内容に対する右のごとき国家的介入についてはできるだけ抑制的であることが要請される」と判示しているところに、それが現れている。

高嶋訴訟は、杉本判決の法理の復権を目ざすものでもあった。

二、第三次家永訴訟との併走

（1）共通の目標の追求

「杉本判決の復権」ということは、九三年可部判決と七六年学テ大法廷判決との矛盾を明らかにすることでもある。このことは、高嶋訴訟だけの課題ではなく、第三次家永訴訟の課題でもあった。

杉本判決は、「教科書検定における審査は、教科書の誤記、誤植その他の客観的に明らかな誤り、教科書の造本その他教科書についての技術的事項および教科書内容が教育課程の大綱的基準の枠内にあるかの諸点にとどめられるべきもの」とし、審査が右の限度を超えて、教科書の記述内容の当否にまで及ぶときは憲法二一条二項および教育基本法一〇条に違反する、とした。すなわち、公権力が教育の内容に介入することは原則として許されず、例外的に「教育課程の大綱的基準」を設定し、その枠内にあるかどうかということだけが審査事項となる、としたのであった。

学テ大法廷判決も、教育課程の大綱的基準と評価できる限度において学習指導要領の法的効力を認めている。

そして、「大綱的基準」というからには、それは一本の線のように幅のないものではなく、一定の幅を持つものであり、執筆者の考え方と行政当局の考え方のいずれもがその基準の解釈の幅の中にある場合には、行政当局の考え方が優先するのではなく、執筆者の選択の自由が保障されることになる。

ところが可部判決では、教科書の内容の当否に関する「学術的、教育的な専門技術的判断」は、もっぱら「文部大臣の合理的な裁量に委ねられる」とし、執筆者の有する専門性は無視されている。その文部大臣の判断としての検定意見の側だけを見て、そこに「看過し難い過誤」であるかどうか、という観点からチェックを加えるという方法は、世の中の意見が分かれる領域において、検定意見にも「それなりの根拠」があると言える場合には、常に検定意見の側に裁判所が軍配をあげる結果となる。

これでは、「大綱的基準」として設定された筈の学習指導要領が、教科書検定の場面では、公権力による「細目的介入をいくらでも可能にする基準」として働くことを意味する。ここに、可部判決と学テ大法廷判決の矛盾があった。

(2) 第三次家永訴訟

第三次家永訴訟は、家永氏が八〇年と八三年に受けた検定意見計八項目を違憲・違法として、国家賠償を請求する訴訟として八四年一月一九日に提起された。

第一審東京地裁（加藤裁判長）は、検定制度を合憲・合法とした上で、八項目中わずか一項目（「草莽《そうもう》隊」）について裁量権濫用とし、その他については、「社会通念上著しく妥当性を欠くものと判断することはできない」として、いずれも適法とした。

可部判決直後に出された第二次東京高裁（川上裁判長）の判決（九三年一〇月二〇日）は、検定制度は合憲・合法としつつ、裁量権濫用と認める検定意見を更に二項目増やした（「南京大虐殺」と「日本軍の婦女暴行」）。

家永氏は当然敗訴部分について上告した。

第三次家永訴訟の上告審と、高嶋訴訟の第一審の審理は、ほぼ同じ時期に進められることとなった。

（３）第三次家永訴訟上告審判決（大野判決）

第三次家永訴訟に対する最高裁第三小法廷（大野裁判長）の判決は、九七年八月二九日に言渡された。一、二審で違法とされた三項目の検定意見に加えて、更にもう一項目（「七三一部隊」）が、裁量権濫用により違法とされた。

検定制度が合憲・合法であること、および裁量権の限界についての可部判決の枠組は結果としては変更されなかったが、大野、尾崎両判事は、可部判決を乗りこえようとする少数意見を提示した。大野意見は、修正意見が適法と評価されるためには、「修正意見の内容が合理的であるのみならず、原稿記述の欠陥が、訂正、削除又は追加されない限り教科書として不適切であると評価せざるを得ない程度に達していることを要する」とし、尾崎意見は、同じく、「これを削除しなければ、学習指導を進める上で支障が生ずるおそれがあるほどに不適切といえるか」ということを原稿記述について検討すべきであるとした。すなわち、学習指導要領の「大綱的基準」性を、その本来の意義に従い、執筆者側の自由度を広げる概念として用いるべきことを指摘したのであった。しかし、残念ながら、これは少数意見にとどまった。

（４）高嶋訴訟第一審判決（慶田判決）

高嶋訴訟の第一審横浜地裁（慶田裁判長）の判決は翌九八年四月二二日に言渡された。

慶田判決は、前年の大野判決の多数意見、および同判決が引用する可部判決を「基本的には踏襲する」と言いながら、可部判決の判断基準（検定意見自体に「看過しがたい過誤」がなければ、適法とする）をそのまま用いるのではなく、「裁量基準の解釈とこれへの当てはめ判断に関する裁量権の行使に対しても、憲法上の要請更には教育基本法上の制約がある」という基準を設定した。

そして、「検定処分の判断課程を全体的に観察し、前述の憲法上の要請等に違反するような、恣意的で抑制的でなく厳格な考慮と姿勢を失ったというべき事情があると認められる場合」にも裁量権の濫用がある、とした。

すなわち、検定意見それ自体に相応の根拠があるかどうかを吟味するのにとどまらず、その意見が原稿記述に対して「抑制的でない」ことを更に求める、という方法で執筆者の自由度を広げようとしたわけである。

この判断基準に照らして、①勝海舟の「氷川清話」からの引用に関する検定意見と、②掃海艇派遣に関する検定意見が、違法とされたのであった。

(5) 未達成の課題としての可部判決克服

慶田判決は、第二審の北山判決（〇二年五月二九日）によって取り消され、最高裁判決（〇五年一二月一日）は、この北山判決を維持した。

残念ながら可部判決の枠組みそのものは、第三次家永訴訟によっても、わが高嶋訴訟によっても結局崩すことはできなかった、と言わざるをえない。

しかし、大野判決における大野、尾崎両判事の少数意見と慶田判決の存在は、可部判決が決して安定した判例とは言えないこと、学テ大法廷判決（ひいてはその母体としての杉本判決）のインパクトが司法界に働いていることを示している。

教育内容の国家統制に対する世論の批判が進む中で、可部判決の論理的弱点は、ますます明らかになって行かざるを得ないであろう。

三、高嶋訴訟の固有の課題

（1）九〇年代検定とのたたかい

第三次家永訴訟の対象となった八〇年、八三年の各検定処分の根拠となった検定規則・基準は、七七年版の規則・基準であった。

検定規則・基準は第三次家永訴訟が継続中の八九年三月に改定された。主な改定内容は、

①原稿本審査・内閲本審査・見本本審査という三段階の審査区分の廃止

②原稿本審査の段階で行われていた「条件付合格」という制度を廃止し、「合否保留」制度に移行

③「修正意見」と「改善意見」の区別を廃止し、「検定意見」に一本化
④検定意見への執筆者の対応の当否に対する審議会の審査を導入（従前の内閲本審査は事実上調査官まかせであったのに対し、審議会の役割を強化）

などの点であった。

第三次家永訴訟が大野判決によって家永氏一部勝訴で確定した際に、文部省は、批判を受けたのはあくまでも旧制度下の処分であって、現行制度（八九年規則）下の処分ではない、とコメントした。言わんとするところは、現行制度の眼目は、手続への審議会の関与を強化したところにあり、従って文部官僚の恣意が働く余地はなくなった、ということであろう。

このような逃げ口上を許さず、審議会の機能を強化したと称する新制度の下においても、現に恣意的な処分が官僚のペースで行われているという事実を追求することが、高嶋訴訟の固有の課題となった。

慶田判決が、勝海舟の評価問題と掃海艇派遣問題の二項目について、処分違法と判断したことは、前年来の文部省の弁解を却けるものであった。

(2) 検定手続の「透明化」の追求

高嶋訴訟における個別的争点の一つである「掃海艇派遣」問題とは、「機雷除去のため、海上自衛隊の掃海艇派遣でアジア諸国から意見を聞いてほしかったとする声が出された」という原稿記述に

対して、「日本のタンカーの安全の為に派遣したのであって、東南アジアの国々の意見を求める必要はない。低姿勢にすぎるのではないか」という理由により、削除を求める検定意見が付された、という問題である。

この問題について文部省側は、「『低姿勢にすぎる』というのは担当調査官の『個人的感想』であって、検定意見ではない」と反論してきた。

検定手続において、何が検定意見なのか、ということを客観的に明示する資料はなく、審議会の議を経て付されるという「検定意見」も、教科書調査官によって口頭で伝えられるという実務においては、「調査官の語る言葉」が「検定意見の伝達」なのか「個人的感想」なのかを執筆者側で区別することは困難である。

「区別が困難」ということは、どちらも実質的には同様の影響力を執筆者に及ぼすということにほかならない。にもかかわらず、裁判になると、「検定意見ならぬ個人的感想は、法的拘束力を持たないから、原稿記述の削除は執筆者の自主的判断でなされたものにすぎない」などという弁解がまかり通るようでは、憲法三一条の適正手続の保障は空文化してしまう。

「検定意見」か「個人的感想」かという問題を解明するためには、検定手続において作成される一連の文書を、すべて法廷に顕出させる必要がある。この点も高嶋訴訟固有の課題であった。

（3）文書提出命令の申立てをめぐる攻防

高嶋訴訟においては民事訴訟法に基づく文書提出命令の申立てが、提訴直後から追求された。第三次家永訴訟においても検定関係文書の提出命令申立てがなされたが、東京地裁（八六年一月二一日決定）および東京高裁（八七年三月三日決定）のいずれにおいても却下されている。理由は、検定関係文書の作成を義務づける法令上の規定はないから、これらの文書は「内部文書」、つまり法廷への顕出を予定していない文書である、というものであった。

第一次家永訴訟では、東京高裁（六九年一〇月一五日決定）によって、調査意見書・評定書・審議会議事録などの検定関係文書の提出が命じられ、当時の文部省は確定した命令には従わざるを得なかった。しかし東京高裁（近藤裁判長）の決定が検定関係文書は「いずれも文部大臣が検定を行なう、表現、学問の自由の制限の理由を確知するための資料として、検定制度上作成を要請されている文書と見るべきである」とした判断には承服できないとして、文部省は、その後この種の申立についてはすべて争い、裁判所も文部省の肩を持ち続けてきた経緯があった。

新制度（八九年検定規則）の下で、審議会が合否の処分を保留しつつ検定意見を付すことを適当と判断した場合には、その旨の文部大臣あて「報告書」が作成され、これに「申請図書の個々の記述に対して、審議会が欠陥と認めた箇所の所在、および指摘事由の概略等を示した書面」が添付されることになっている。つまり、正式な検定意見かどうか、ということは、この「報告書」の添付書面の中の、「指摘事由」にそれが含まれているかどうかで確認することができることになる。

高嶋側の申立て（九三年八月二五日）に対し、横浜地裁（慶田裁判長の前任者川波裁判長）は、一連の検定関係文書のうち、この報告書については、提出を命じた。その理由は、当該文書が「調査官によって口頭告知された検定意見そのものを立証するに不可欠な文書であり、かつ、右文書を直接外部に公表することは予定されていないにしても、調査官の口頭告知を通じてこれを外部に公表することが予定されている基礎となる文書」だから、というものである。

しかし、文部省の即時抗告の結果、この川波決定は東京高裁（岩佐裁判長）によって取り消されてしまった（九五年一〇月三日）。理由は第三次家永訴訟の時と同じく、作成を義務づける法令上の規定がない以上内部文書に過ぎぬ、というものだった（これに対する特別抗告も、最高裁によって却下された）。

だが高嶋側は、これだけではあきらめず、本訴が東京高裁に係属した後に、再度文書提出命令の申立てをした（九九年一月一八日）。この間に、九六年に改正された民事訴訟法が九八年一月一日から施行されており、検定審議会自身も、九八年一一月一三日の「建議」の中で、検定意見を書面によって交付すべきであるとの意見を示していた。

国側は、高嶋訴訟においてはあくまでも関係文書の提出を拒みつづけたが、東京高裁（北山裁判長の前任者の高木裁判長）は、高嶋氏執筆部分に関する「報告書」およびその前提となる審議会議事録の提出を命じた（九九年六月九日）。その理由は、当該文書は「外部に公表することを目的として作成されたものではないが、本件検定意見を作成する過程において、文部大臣の諮問機関である検定審議会によって職務上作成された公文書であり、後日、検定意見の内容を検証することなどのために参照されてしかるべきもの」であるから、内部文書とは言えない、とするものであった。

残念ながら、国側の抗告により、この高木決定は最高裁で取り消されてしまった（二〇〇〇年三月一〇日）ため、結局問題の文書は全く法廷に顕出されないまま高嶋訴訟の審理は終結してしまった。

(4) 情報公開法を先取りしたたたかい

しかし、最高裁決定の翌年四月一日の情報公開法施行にあわせて、民事訴訟法二二〇条も改正され、「公務員が組織的に用いる」文書は、内部文書とは扱わない（法廷への提出が原則として義務付けられる）こととなった。

検定手続の透明化を求める高嶋側の主張と、これを入れた川波決定、高木決定こそが時代の趨勢を示すものであり、「内部文書」説にしがみついて文書提出義務を否定しつづけた一連の決定は、時代に逆らう「白鳥の歌」のようなものだったと言える。

四、教科書訴訟の四〇年をふりかえる

家永氏から高嶋氏へと引継がれた教科書訴訟の四〇年をふりかえる時、私が最も強く感じること

教科書訴訟の40年

区　分	家永第一次訴訟	家永第二次訴訟	家永第三次訴訟	高嶋（横浜）訴訟
概　要	国家賠償請求 原告：家永三郎 被告：国	行政処分取消請求 原告：家永三郎 被告：文部大臣	国家賠償請求 原告：家永三郎 被告：国	国家賠償請求 原告：高嶋伸欣 被告：国
第１審 （地裁）	1965. 6. 12　提訴 1974. 7. 16 「高津判決」 （家永一部勝訴）	1967. 6. 23　提訴 1970. 7. 17 「杉本判決」 （家永勝訴）	1984. 1. 19　提訴 1989. 10. 3 「加藤判決」 （家永一部勝訴）	1993. 6. 11　提訴 1998. 4. 22 「慶田判決」 （一部違憲検定と認定）
第２審 （東京高裁）	1974. 7. 26 家永上告 1986. 3. 19 「鈴木判決」 （家永全面敗訴）	1970. 7. 24 文部大臣提訴 1975. 12. 20 「畔上判決」 （家永勝訴）	1989. 10. 13 家永控訴 1993. 10. 20 「川上判決」 （家永一部勝訴）	1998. 5 国、高嶋控訴 2002. 5. 29 「北山」判決 （高嶋全面敗訴）
第３審 （最高裁）	1986. 3. 20 家永上告 1993. 3. 16 「可部判決」 （家永全面敗訴、訴訟終結）	1975. 12. 30 文部大臣上告 1982. 4. 8 「中村判決」 （原判決破棄、東京高裁に差し戻し）	1993. 10. 25 家永上告 1993. 11. 4 国上告せず 1997. 8. 29 「大野判決」（検定４件の違憲確定）	2002. 6. 11 高嶋上告 2005. 12. 1 「横尾判決」 （上告棄却、高嶋全面敗訴）
差し戻し控訴審 （東京高裁）		1982. 11. 5 口頭弁論開始 1989. 6. 27 「丹野判決」 （原判決を破棄、訴えを却下） 1989. 7. 11 家永上告断念 （訴訟終結）		

は、教科書執筆の自由の大幅な前進である。

たしかに検定制度そのものはなお厳然として存続しているが、第一次、第二次家永訴訟で争われた一九六〇年代検定では、太平洋戦争に関して「無謀な戦争」という評価を加えることの是非などが個別の争点になっていた。つまり、戦争の「被害」の記述までが教科書検定による抑圧の対象だった。これに対して、第三次家永訴訟や高嶋訴訟では、戦争の加害者たる日本の戦争責任、更には、加害をもたらした国民思想形成などの原因の解明を抑圧してよいのか、というレベルに個別争点が設定されている。

もとよりこのレベルアップは、訴訟が続けられたことだけにその原因を求めるべきものではなく、歴史学研究そのものの発展などを含む大きな社会的取り組みの流れが形成されてきたことの帰結であろう。この「大きな流れ」は、歴史の真実を教科書記述に反映させようという営みを、検定制度によって抑圧させない、という方向への流れでもあり、また行政手続きを密室の中で進めさせない、という方向への流れでもある。

二つ目の感想は、高嶋訴訟が、訴訟の原告が家永三郎氏のような当代の碩学ではなく、現場の高校教師（当時）であった高嶋伸欣氏によって提起されたこと、それ自体の意義である。今日の教科書執筆は、大学の研究者ばかりでなく、小・中・高の現場教師の協力体制なしには困難である。そのような体制の中で、ひとりの現場教師が訴えを提起し、維持できた、という実例を示したことは、文部科学省が不当な処分、あるいは不当な検定意見を付す場合には、訴えられることを覚悟しなければならない、という状況をつくり出した。

また、訴訟を遂行した弁護団を横浜弁護士会の会員有志（一二五名）だけで構成することができたことも貴重な経験だった。横浜でできたことは、他の地域でもできる筈である。これらの事実は、いずれも文部科学省の暴走に対する抑止力として働くものではないだろうか。

勝訴判決を確定させるという成果は残念ながら獲得できなかったけれども、家永訴訟を側面から支え、かつその精神を継承するという重責を、ローカルな体制で担いつづけることができた、という自信を、明日につなげてゆきたい、というのが私のいつわらざる感想である。

〔資料〕判決（地裁・高裁・最高裁）と最高裁判決に対する声明

＊高嶋教科書訴訟　横浜地裁判決要旨

平成五年（ワ）第一九九八号　損害賠償請求事件

原告　高嶋　伲欣

被告　国

判決要旨

主文

一　被告は、原告に対して、金二〇万円及びこれに対する平成五年七月一日から支払済みまで年五分の割合による金員を支払え。

二　原告のその余の請求を棄却する。

三　訴訟費用は、これを五分し、その一を被告の負担とし、その余を原告の負担とする。

事実及び理由

第一章　原告の請求の趣旨

被告は、原告に対して、一〇〇万円及びこれに対する平成五年七月一日から支払済みまで年五分の割合による金員を支払え。

第二章　事案の概要

第一　本件の事案

本件は、教科書出版会社である一橋出版株式会社が、従前発行していた高等学校公民科現代社会の教科書「高校現代社会」を平成五年度から使用すべく全面改定した「新高校現代社会」の原稿本を申請図書として、文部大臣に対して教科書検定審査の申請をしたところ、平成四年一〇月一日に、原告の執筆した「現在のマスコミと私たち」及び「アジアの中の日本」と題するテーマ学習用の各記述に対して複数の検定意見が通知されたので、原告が、教科書検定制度が違憲であり、その制度の運用又は手続が違憲又は違法であり、かつ、右の複数の検定意見の通知が違法であるとして、被告国に対して慰謝料一〇〇万円の支払を求めた国家賠償請求事件である。

第二　教科書検定に関する法制度とその運用の認定（争いのない事実及び証拠上容易に認定することができる事実を含む。）

一　教科書の検定の権限

1　教科書の定義と機能

教科書とは、小学校、中学校、高等学校及びこれらに準ずる学校において、教科課程の構成に応じて組織排列された教科の主たる教材として、教授の用に供せられる児童又は生徒用図書であって、文部大臣の検定を経たもの又は文部省が著作の名義を有するものをいう。

2　教科書検定の権限

学校教育法二一条一項等は、教科書検定が文部大臣の権限に属し、文部大臣の行政行為であることを示している。

二　検定主体たる文部大臣の機関

1　文部大臣の補助機関

(一)　教科書検定の主体たる文部大臣には、初等中等教育局（長）、教科書課（長）などの補助機関が置かれる。

(二)　また、教科書調査官も、初等中等教育局に属し、文部大臣の補助機関といえる。

平成四年四月一日当時、教科書調査官の員数は四七人であり、その内、高等学校の地理歴史科と公民科を担当する教科書調査官は一四名であった。

2　教科用図書検定調査審議会の組織

(一)　教科用図書検定調査審議会（以下「検定審議会」という。）

検定審議会は、文部大臣の諮問機関である（文部省組織令七〇条）。

(二)　委員等

検定審議会の委員は一二〇人以内であり、調査員及び専門調査員が置かれ、いずれも文部大臣が任命する。

(三)　分科会等

また、検定審議会には、三分科会が置かれ、教科書検定関連の審議を行うのは、教科用図書検定調査分科会である。この分科会には、一一の部会が置かれ現代社会科が属する公民科は第二部会である。第二部会には小委員会が置かれ、現代社会科の教科書は現代社会小委員会が審議する。

㈣ 検定審議会の議決等

検定審議会は、分科会の議決をその議決とすることができ、分科会の議決は部会の議決をその議決とすることができるから、部会の議決が検定審議会の議決となる。

三 教科書検定の基準

1 高等学校教科用図書検定基準

学校教育法八八条の規定に基づき、文部省告示で検定基準が定められている。その検定基準は、実質的な部分を学習指導要領から引用している。学習指導要領は、概ね概括的、理念的、抽象的な指針を示すものであり、検定基準も、概括的、理念的、抽象的な基準と教育的な配慮によって、成り立っている。

2 したがって、右のような検定基準の性質に照らす限りは、現行検定基準が、教科書執筆者が有するその教育専門性と教育的配慮からくる創意工夫を阻害するものとは必ずしもいえない。

四 検定の手続とその運用

1 教科書に対する検定の手続と実際の運用の在り方を定めるのは、教科用図書検定規則（検定規則）とその手続の詳細を定める教科用図書検定規則実施細則（実施細則）である。

2 検定の申請

㈠ 文部大臣に対して、教科書検定の申請をすることができる者は、図書の著作者又は発行者である。

㈡ 検定審議会における申請図書の審査

(1) 検定審議会に対する諮問と調査員への調査依頼

文部大臣は、事前審査の手続を経た申請図書について、教科書として適切であるかどうかを検定審議会に諮問する。検定審議会の委員にも申請図書が配付され、各委員ごとに調査、検討が行われる。

(2) 教科書調査官の調査

各申請図書は、いずれも担当する教科書調査官に配付され、各調査官の個別の調査に付される。

(3) 小委員会及び部会の審議

調査員と教科書調査官の調査結果がまとまると、検定審議会が開催されるが、部会の下に小委員会が置かれている場合は、まず小委員会で審議される。

小委員会の審議の結果は、部会（現代社会の教科書の場合は第二部会）に報告され、更に右部会において審議される。

㈢ 検定審議会の答申と文部大臣の合否の決定

(1) 右のような検定審議会の審議と議決に基づき、文部大臣に答申される。

(2) なお、文部大臣が検定審査不合格の決定を行おうとするときは、事前にその理由を申請者に通知しなければならない。

㈣ 検定意見の通知

(1) 右㈢(1)(2)の場合とは異なり、検定審議会が、合否の結論を留保した上、必要な修正が行われた後に再度審査を行うことが適当であると認める場合には、文部大臣は、合否の決定を留保して、検定意見を申請者に通知する。

(2) 通知の方法

検定意見の通知は、口頭で行われ、その際には「指摘事項一覧表」が交付される。また、検定意見の通知は、教科書調査官がこれを行う。

(3) 検定書見に対する意見の申立て

検定意見の通知を受けた者は、通知のあった日の翌日から起算して一五日以内に、所定の様式による検定意見に対する意見申立書を文部大臣に提出することができる（検定規則九条一項）。

㈤　修正表の提出

検定意見の通知を受けた者は、検定通知を受けた日の翌日から起算して四〇日以内に、検定意見に従って修正した記述内容を、所定の修正表にまとめて文部大臣に提出する。

第三　本件の事実経過に関する争いのない事実及び証拠上容易に認定することができる事実

一　原告の経歴

原告は、昭和四三年三月に東京教育大学理学研究科修士課程を終了し、同年四月から平成八年三月まで東京教育大学（現筑波大学）付属高等学校教諭として主として地理の学科を担当してきたが、その間、各大学でも社会科教育法等の講座を担当する非常勤講師をし、昭和五四年四月から昭和五八年三月までNHK教育テレビ通信高校講座「地理」の講師を担当したが、平成八年四月からは琉球大学教育学部社会科学科教授に就任している。

二　一橋出版株式会社における「新高校現代社会」刊行の企画

一橋出版株式会社においては、公民科現代社会の教科書である「高校現代社会」を全面改訂して「新高校現代社会」を刊行することを企画した。

三　原告による「テーマ⑹」と「テーマ⑻」の執筆

旧「高校現代社会」の共同執筆者の一人であった原告は、依頼を受けて「新高校現代社会」の「テーマ⑹現在のマスコミと私たち」と「テーマ⑻アジアの中の日本」を執筆したが、その内容は、別紙のとおりである。

四　一橋出版による検定の申請

一橋出版は、「新高校現代社会」について、平成三年一〇月一八日、検定審査の申請をした。

五　本件検定申請の受理と検定審議会への諮問等

1　本件申請図書は、客観的に明白な誤記、誤植又は脱字があるかどうかの審査を受けて、本件申請図書の適否につき検定審議会に諮問された。

2　その後、公民科を担当する入江博邦調査官、青山孝調査官、小林保則調査官の個別の調査に付された。

3　調査官会議

同年七月上旬ころ、公民科の調査官会議が開かれ、申請図書に対する調査結果の協議が行われた。右会議においては、調査員の調査結果をも参照した。

4　現代社会小委員会の審議

同年八月二四日に検定審議会第二部会現代社会小委員会が開催され、本件申請図書を含む五冊の申請図書について審議が行われた。審議の結果「テーマ(6)」と「テーマ(8)」については検定意見を通知することが相当とされた。

5　第二部会の審議

同年八月二八日、検定審議会第二部会が開催され、同様の結論が議決された。

6　文部大臣への報告

検定審議会長は、文部大臣に対して、本件申請図書についての右の第二部会の議決の内容を報告し、これを受けた文部大臣は、右報告のとおり、本件申請図書については検定意見を申請者に通知することした。

六　検定意見の通知

1　入江調査官ら三名の調査官は、平成四年一〇月一日に検定意見の通知を行い「指摘事項一覧表」を交付した。

2　検定意見の通知に際しては、録音機は使用されなかった。

3　通知された検定意見の内容

通知された検定意見は、本件の大きな争点であり、後記第三章第四で認定するとおりである。

七　修正表提出

一橋出版の中村幸次は、四〇日後に提出された修正表について入江調査官と事後相談を行い、検定意見に沿った修正がされていないとの指摘を受けた。

八　原告の執筆断念と修正表の変更

1　中村幸次の説明を聞いた原告は、「新高校現代社会」の執筆を断念した。

2　中村は、直ちに代わりの執筆者を探し、新たな執筆者の原稿による「テーマ(6)」と「テーマ(8)」の修正表の変更の手続（第二次修正表の提出）を行った。

九　「新高校現代社会」の出版

検定審議会長から、本件申請図書について合格と判定する旨の答申がされ、文部大臣は、平成五年三月三一日付けで検定の決定を行い、同年四月七日申請者に通知された。

第四　争点と当事者の主張

一　憲法上の自由権に対する教科書検定制度の違憲性（又は合憲性）について

1　教育の自由（憲法一三条、二六条、二三条、教育基本法一〇条）について

（原告の主張）

㈠　子どもに対する教育の内容及び方法を誰がいかにして決すべきかという問題は、子どもの学習する権利に応え、その教育要求を十全に充足するには、いかなるシステムがより有効であるかという観点から判断されるべきである。そして、右観点からすると、教育とは、子どもの学習権を充足するものであり、子どもが創造性を含んだ発達可能態であるという教育科学の成果を踏まえ、子どもを主体とし、個々の子どもに潜存する多様で無限の可能性を引き出し、その全面的開花を助け育てる営みでなければならない。右教育の本質に照らせば、教育の機能を十分に果たすには、教育の自主性、教育における自由が不可欠であるから、教育内容への権力的介入は、教育の場における創意、自主性、主体性を妨げるものであり、許されない。

㈡　国が教育の内容及び方法に介入することは、その必要性を欠くうえ、教育の目的とするところを損なうものであり、国が検定制度によって教科書の記述内容の当否について介入することは許されない。

㈢　教科書は、子どもが学習すべき対象・内容そのものではなく、学習すべき内容の習得のために使用され、学習活動の契機となる教材の一つであるから、個々の子どもの発達の多様性や学習要求の多様性に応じて、当然、教育の内容や教授の方法、それに、教材にも多種多様さがあってしかるべきである。

㈣　国家の教育内容介入の限界

教科書の内容について公権力の規制を認める余地があるとしても、その規制の目的は、技術的事

項についての水準確保や、誤記、誤植その他の客観的に明白な誤りを排除することに限られなければならず、右限度を超えた介入を権力的に行うことは、教育の自由を侵害するものである。

(五) 検定制度およびその運用と教育の自由

行政権力が、抽象的・多義的な検定基準を自由に解釈運用することにより、教育内容に大幅に介入することを許している本件検定制度およびその運用は憲法の保障する教育の自由を侵害し、教育基本法一〇条の禁止する教育に対する「不当な支配」に該当する。

(被告の主張)

(一) 教育基本法一〇条一項の関係では、公教育は国民の総意が教育に反映されるように実施されるべきであることはいうまでもなく、議会制民主主義の下においては、教育に関する国民の総音を反映し得る場は、国民の代表機関である国会のみであり、そこで制定された法律こそ国民の教育に関する総意が表明されているというべきである。したがって、国会において制定された法律を執行し、かつ、法律の執行に関して国会に対し責任を負うのは国の教育行政機関のみである。そして、教育現場で教育を司る者は、教育行政機関の管理、監督に服することによって、国民に対し責任を負うこととなるのである。

次に、同条二項は「諸条件」の整備が教育行政の目標となる旨を規定するが、国の教育統制権を前提としつつ、そのための措置を講ずるに当たっては、教育の自主性尊重の見地から、これに対する不当な支配がないようにすべき旨の限定を付したことに意味があり、したがって、教育行政機関が法令に基づき教育の内容及び方法に関して必要かつ合理的と認められる規制を施すことは、たとえ教育の内容及び方法に関するものであっても、必ずしも教育基本法一〇条の禁止するところではない(旭川学テ最高裁判決参照)。

㈡　憲法上、親は、家庭教育等において子女に対する教育の自由を有し、教師は、高等学校以下の普通教育の場においても授業等の具体的内容及び方法においてある程度の裁量が認められるという意味において一定の範囲における教授の自由が認められ、私学教育の自由も限られた範囲において認められる。しかし、それ以外の領域においては、一般に社会公共的な問題について国民全体の意思を組織的に決定、実現すべき立場にある国は、子ども自身の利益擁護のため、又は子どもの成長に対する社会公共の利益と関心に応えるため、必要かつ相当と認められる範囲において、子どもに対する教育内容を決定する権能を有する。そして、教育内容への国家的介入は、できるだけ抑制的であることが要請され、子どもが自由かつ独立の人格として成長することを妨げるような介入は許されないが、教育行政機関が法令に基づき必要かつ合理的と認められる規制を施すことは教育基本法一〇条の禁止するところではない（旭川学テ最高裁判決、家永第一次最高裁判決、家永第三次最高裁判決）。

2　表現の自由（憲法二一条一項）について

（原告の主張）

㈠　表現の自由の保障の意義

表現の自由は、基本的人権のカタログの中でも、最も重要な地位にある。すなわち、第一には、個人が言論活動を通して自己の人格を発展させるという、個人的な価値に支えられ、第二には、言論活動によって国民が政治的意思決定に関与するという、民主政治に資する社会的な価値に支えられている。

㈡　表現の自由の保障範囲

世界人権宣言一九条は、「意見及び表現の自由に対する権利」が、①「干渉を受けることなく自己の意見をもつ自由」及び②「情報及び思想を求め、受け、及び伝える自由」から成るものと規定している。そして、わが国が承認した「市民的及び政治的権利に関する国際規約」（以下「国際規約（B規約）」という。）一九条も、「表現の自由についての権利」が「あらゆる種類の情報及び考えを求め、受け及び伝える自由」によって構成されることを規定している。」

㈢　表現の自由に対する制約の限界

表現の自由に対し、公共の福祉の原理による制限がありうることは判例の示すところであるが、前記二条約は、いずれも表現の自由についての制約を課する上での手続的要件と実体的要件を定めているところ、手続的要件とは、その制限が、「法律によって定められ」ること（法治主義の原則）であり、実体的用件とは、国際規約（B規約）の趣旨に鑑み、その制限が「a他の者の権利又は信用の尊重」、「b国の安全、公の秩序又は公衆の健康若しくは道徳の保護」という目的を実現する上で必要であること、である。

この範囲を超えて教科書の内容に対する権力的介入を許容する法令は、表現の自由を過剰に規制するものとして違憲となる。

㈣　検定制度及びその運用と表現の自由

(1)　教科書検定制度は、表現の自由の制限の範囲を「法律」によって規定していない。この点においてすでに前記条約に違反し、したがって表現の自由を侵害する制度である。

(2)　仮に検定基準自体には条約と整合的に運用しうる部分があり、したがって制度全体が直ちに違憲と評価されることを免れるとしても、条約の容認する規制目的を達成するために必要な範囲を逸脱した検定処分及び検定意見は違憲となる。

（被告の主張）

㈠　表現の自由について

憲法二一条一項にいう表現の自由といえども無制限に保障されるものではなく、公共の福祉による合理的で必要やむを得ない限度の制限を受けるのであり、その制限が右のような限度のものとして容認されるかどうかは、制限が必要とされる程度と、制限される自由の内容及び性質、これに加えられる具体的制帽の態様及び程度等を較量して決せられるべきものであることは、確立した最高裁判所の判例である。

教科書検定制度による表現の自由の制限は、合理約で必要やむを得ない限度のものというべきものであり、憲法二一条一項の規定に違反するものではない（家永第一次最高裁判決、家永第三次最高裁判決）。

㈡　教科書検定制度の条約違反の主張について

国際規約（B規約）一九条は、表現の自由を制限できる場合を定めており、その内容は、実質的には憲法二一条の表現の自由に対する公共の福祉の制限事由と同様であるから、教科書検定制度は、国際規約（B規約）に違反しない。

3　検閲（憲法二一条二項）及び出版の事前抑制の禁止について

（原告の主張）

㈠　検閲該当性について

教科書検定とは、「表現物を対象とし、その全部又は一部の発表の禁止を目的として、対象とされる一定の表現物につき、網羅的、一般的に、発表前にその内容を審査した上、不適当と認めるものの発表を禁止することを、その特質として備えるもの」にほかならず、したがって、本件検定制度が憲法二一条二項の禁止する検閲に該当するものというべきである。

(二) 出版の事前抑制の禁止違反について
検閲には当たらないとしても、本件検定制度が出版物に対する事前抑制となることは明らかである。そして、出版物に対する事前抑制は、「厳格かつ明確な要件のもとにおいてのみ許容され得るもの」であり、抽象的で多義的な本件検定基準を、後記のとおり文部大臣からの独立性が保障されていない検定審議会の主観的判断において運用することを許している本件検定制度は、「厳格かつ明確な要件」のもとにおける規制とはいい難い。

(被告の主張)

(一) 検閲該当性について
本件検定制度における制約は、普通教育の場において使用が義務付けられている教科書という特殊な形態に限定されるのであって、不合格図書をそのまま一般図書として発行し、教師、児童、生徒を含む一般国民にこれを発表すること、すなわち思想の自由市場に登場させることは、何ら妨げられるものではなく、本件検定制度には、発表禁止目的や発表前の審査などの特質がないから、検閲に当たらない（家永第一次、第三次各最高裁判決）。

(二) 事前抑制の禁止違反について
本件検定制度は、思想の自由市場への登場自体を禁止するものではないから、事前抑制の要件を充足せず（家永第一次最高裁判決）、本件検定制度は表現の事前抑制に該当するものではない。
また、検定基準の明確性については、検定基準がその性格上、ある程度抽象的なものとなることはやむを得ないところであり、家永第一次最高裁判決と家永第三次最高裁判決は、具体的記述への当てはめができないほどに不明確であるとはいえないとしている。

4 学問の自由（憲法二三条）に対する違憲性について

（原告の主張）

(一) 学問の自由の保障の意義・内容

学問は真理を探究することを本質的内容とし、それ故に社会的に有用なものとして尊重されるが、一面において既存の常識を常に疑うというスタンスを持つことによって、危険視される宿命を持つ。そして、学問の社会的存在形態は多様であり、普遍的である。とくに教育の分野においては、教育基本法前文の趣旨からも、この教育目的の達成のために学問の自由が尊重されるべきことを規定した同法二条の趣旨からも、教科書の内容は、学問研究成果に基づくものであることが要請される。

(二) 検定制度およびその運用と学問の自由

したがって、一見明白に学問的な根拠を欠く記述を排除するという限度を超えて、学説の当否や優劣についての文部省の見解を強制する本件検定制度及びその運用は、学問の自由を侵害するものでもある。

（被告の主張）

憲法二三条の学問の自由は、学問的研究の自由とその研究結果の発表の自由とを含むものであり、広くすべての国民に対してこれらの自由を保障するものであるが、絶対無制限のものではなく、公共の福祉による制限を免れるものではないことは、確立した判例である。教科書検定制度は、申請図書に記述された研究結果が、いまだ学界において支持を得ていなかったり、あるいは当該学校、当該教科、当該科目、当該学年の児童、生徒の教育として取り上げるにふさわしい内容と認められないときなど検定基準に違反する場合に、教科書の形態における研究結果の発表を制限するにすぎないから、本件検定制度は憲法二三条の規定に違反しない（家永第一次、第三次各最高裁判決）。

そして、本件検定制度は、教科書執筆者の見解の学問的当否を審査するものではなく、教科書としてふさわしい内容かどうかを審査するものであって、あくまで教科書としての発表を制約するにすぎず、普通教育の場において主要な教材として用いられるという教科書の特殊性を考慮すると、教科書の執筆者には合理的な範囲での制約があり、教科書の執筆に関しては完全な研究成果発表の自由が認められないことは当然である。

5　適正手続の保障（憲法三一条）に対する違憲性について

(原告の主張)

(一)　憲法上の適正手続の保障内容

憲法三一条は、「何人も、法律の定める手続によらなければ、その生命若しくは自由を奪はれ、又はその他の刑罰を科せられない。」と規定している。

同条の保障は、次の四つの内容を含むと解される。①手続が法律で定められていること。②法律で定められた手続が適正でなければならないこと。③実体規定もまた法律で定められなければならないこと。④法律で定められた実体規定も適正でなければならないこと。

同条にいう「法律」とは、憲法四一条に国会が「唯一の立法機関」であると定められていることなどから、国会の制定する形式的意味での法律を意味するものと解すべきであり、実体規定の技術的細目的事項を命令で定める場合においては、当該命令の定めが適正であることも、憲法三一条の要求するところである。

(二)　教科書検定制度に関してあるべき適正手続の具体的内容

教科書検定制度は、国家権力によって表現の自由等の基本的人権を事前規制の形で制限する制度であるから、適正手続の保障の要請は、通常の行政手続の場合よりも強く、司法手続にも準ずる手続が保障されるべきである。そのためには、少なくとも、(1)検定機関を一般の行政組織からの独立性の強い機関とするなどその公正・中立性が保障されていること、⑵検定の実質的基準が、恣意的な運用を許さない程度に具体的かつ明確に定められていること、⑶教科書の執筆者及び発行者に対し、告知・聴聞の機会が十分に与えられること、⑷検定の申請の全部を拒否する処分（検定不合格処分）はもとより、申請の一部を拒否する処分（検定意見の提示）についても、その具体的理由を文意で示すこと、⑸審査手続の、主要な部分は公開されなければならないこと、の各手続保障が不可欠である。

（被告の主張）

本件検定制度は、憲法三一条に違反するものではない。

行政処分について、憲法三一条による適正手続の保障が及ぶと解すべき場合があるとしても、行政手続は、それぞれの行政目的に応じて多種多様であるから、常に行政処分の相手方に事前の告知、弁解、防御の機会等を与えることを必要とするものではない。

本件検定制度は教育の中立・公正、一定水準の確保等の高度の公益目的のために行われるものである。そして、手続、制度の上においても、検定の公正を保つために、文部大臣の諮問機関として、検定審議会が設置され、文部大臣の合否の決定は検定審議会の答申に基づいて行われている。また、検定審議会において、必要な修正が行われた後に再度審査を行うことが適当であると認める場合には、文部大臣は決定を留保し、修正を必要とする箇所について検定意見を申請者に通知するが、これに対する意見申立ての制度があり、文部大臣は、検定審議会の議を経て、申し立てられた意見を相当と認めるときは、当該意見を取り消すものとされている。検定審査不合格の決定を行う場合には、不合格理由は処分の前に申請者に文書で通知すべきものとされ、これに対する反論聴取の制度もある。検定意見の告知は、教科書調査官が申請者側に口頭で申請原稿の具体的な欠陥の箇所を摘示しながら補足的説明を加え、申請者側の質問に答える運用がされ、その際には、速記、録音機等の使用も許されており、申請者は、不合格図書を同一年度ないし翌年度に再申請することが可能であることなど、これら一連の手続に照らすと、本件検定制度が行政処分として手続の適正を欠くものとは認められず、憲法三一条の法意に反するとはいえない（家永第一次最高裁判決、家永第三次最高裁判決）。

二　本件検定処分の運用違憲又は運用違法について

（原告の主張）

1　運用上の違憲違法

教科書検定制度そのものは合憲であるとしても、教科書検定が教科書執筆者の表現の自由や学問の自由等を制限する面があることは疑いなく、よって具体約な検定手続の運用についても、その法令の適用の過程において憲法二一条、二三条、三一条の求めるところを逸脱するところがあれば、その運用は違法にとどまらず違憲とされるべきである。本件の検定手続を具体的にみると、その運用に違憲、違法の瑕疵があることは明白である。

2　本件検定手続における検定審議会制度の位置づけ等

検定審議会が検定意見案を決定して文部大臣に答申し、文部大臣は、その答申に基づいて検定意見を決定することとした趣旨は、憲法二一条、二三条、三一条の要請に応える点にある。すなわち、第一に教科書執筆者の表現行為に対する事前抑制となる上に、検定基準が概括的、抽象的であり、恣意的運用の余地が大きいこと、第二に教科書としての適格性の判断については、学問的専門性が求められるが、事柄の性質上ある程度の見解の相違は免れないこと、第三に教科書検定は教育内容そのものに対する介入となり、その運用が恣意に流れ、かつ、政治的要因に左右される危険性があることから、教科書検定における中立・公正を確保するため、手続的にも適正・公正が強く保障される必要がある。このような要請から、検定審議会制度を設けて、検定審議会が、教科書検定における合否を事実上決める体制をとることにより、教科書検定の中立・公正を確保しようとするものである。

3　したがって、検定審議会は、検定意見の対象箇所を特定し、修正すべき理由と必要な修正の内容を、被告知者に明確に判る程度に具体的に定めねばならず、かつ、答申に際しては、これらの検定意見を日本語の文章にして書面で答申する必要がある。

4　本件検定手続の問題点及びその運用の違憲性

(一)　本件検定手続の問題点

(1)　しかし、現実には、入江調査官らは、検定意見の趣旨あるいは概略ともいえないような簡単な記載しかない書面を検定審議会の小委員会に提出し、小一時間の審議で審査は終了し、調査官報告のとおりの結論となった。

(2)　これに比して、検定意見通知には少なくとも二時間を要しているが、このことは、調査官が、通知されるべき検定意見の案については小委員会に報告していないことを意味している。

(3)　小委員会、第二部会あるいは調査官会議の席においても、検定意見をどのような言葉で告知するかについて、一切議論すらされていない。

(4)　以上のことから、検定意見の告知は、不当に調査官に白紙委任しているというべきである。

(5)　このような実態からすると、検定審議会の調査官に対するチェック機能が全く働いていないことは明らかである。検定審議会を含む検定手続の背景に文部大臣やその下僚の恣意を排するという手続的適正の要請があるにもかかわらず、現実には、検定意見の内容が答申の段階で決定していないため、調査官の意識の中でも検定意見と個人的感想が区別されず、調査官の余計な発言を招いている。

㈡　運用上の違憲性

このような運用は、憲法二一条、二三条、三一条が求めるところの適正手続保障の要請にも反するものであり、違法というべきである。

5　運用違法の主張

このような本件検定手続の運用上の瑕疵は、違憲でないとしても、それは検定関係法規が予定する手続を逸脱するものであり、しかも手続的適正の最も重要な担保である検定審議会制度の趣旨を没却するものであって、かかる違法な手続によって形成された検定意見の通知は、その内容の当否を問わず、違法とされるべきである。

（被告の主張）

検定意見の内容を確定する検定審議会の意思決定は行政内部の意思決定手続であり、書面をもってこれを確定することは法令上も要求されていない。検定意見はその内容が検定審議会において確定していれば足りるのであり、検定審議会において書面をもって検定意見の内容を確定しなければ憲法の要請する適正手続に反するとは到底いえず、右原告の主張は独自の見解にすぎない。

三　教科書検定における裁量権の基準

（原告の主張）

1　検定意見の裁量領域

検定意見は、全て検定基準の適用という形を取って発せられるものであるところ、検定基準の解釈は「法規の解釈に準じて厳格になされるべきで、恣意的、便宜的な運用は許されない」。「専門技術的判断」は文部大臣側にのみ存存するのではない。むしろ学術・教育などの文化を社会的に担っている主体は行政権力ではなく、学術・教育の各分野における専門家である。教科書はそれら専門家によって執筆されるものであるから、その記述の当否が専門技術的判断にかかわる場合に、まず尊重されるべきものは、教科書執筆者の側の選択権である。したがって、記述の当否につき両者の間に見解の相違がある場合において、執筆者側の意見に相応の根拠があることが客観的に確認されるならば、たとえ文部大臣の側にも相応の根拠が存在したとしても、後者の判断を優先させるべき理由はない。

2 教科書国定制と検定制の本質的相違度

教科書国定制を廃し、検定制を復活させた本旨は、教科書内容における「画一性」の排除、民間の創意工夫に基づく多様な内容の教科書の保障にある。したがって、検定における審査の限界は、「文部省が適当と考える内容」に教科書を画一化するまでの権限を含むものではなく、「客観的にみて有害と言える程度に著しく不適当な記述」を排除する程度の消極的なものにとどめられるべきである。

3 教科書検定権の裁量限界

検定意見に「相応の根拠」ないし「合理約根拠」がありさえすれば看過しがたい過誤はないとする見解は、結局、教科書を国定制にし、教科書内容を隅々まで画一化することをも適法とする見解にほかならず、検定権者の裁量限界をここまで認めることは、教科書「検定」制の内在的限界を逸脱するものである。

結局、「原稿記述における看過し難い過誤がある」と言えるかどうかの判断基準は、①原稿記述に明白な誤記誤植がある場合のほか、明らかに合理的根拠を欠く場合、及び記述自体として相応の根拠があっても、前記国際規約所定の規制目的に照らし、②他の者の権利又は信用を阻害すると客観的に認められる場合、③国の安全、公の秩序又は公衆の健康若しくは道徳を阻害すると客観的に認められる場合、に限られるべきものである。そして、原稿記述の側に右①ないし③に該当する欠陥がない場合において、原稿記述の内容に対する介入を、強制力を有する検定意見の通知の形で行うことは、検定裁量権の逸脱となる。

（被告の主張）

教科書検定制度による検定の審査、判断は、申請図書について、内容が学問的に正確であるか、中立・公正であるか、教科の目標等を達成する上で適切であるか、児童、生徒の心身の発達段階に適応しているか、などの様々な観点から多角的に行われるもので、学術的、教育的な専門技術的判断である。本件検定制度は、文部大臣に対し、右の観点から、その学術的、教育的な専門技術的判断を委ねたのであるから、それが子どもが自由かつ独立の人格として成長することを妨げるような介入でない限り、尊重されるべきである。したがって、文部大臣の付した検定意見については、検定審議会の判断の過程に、原稿の記述内容又は欠陥の指摘の根拠となるべき検定当時の学説状況、教育状況についての認識や、検定基準に違反するとの評価等に看過し難い過誤があって、文部大臣の判断がこれに依拠されたと認められる場合にのみ、右判断は、裁量権の範囲を逸脱したものとして、国家賠償法上違法となるものと解すべきである（家永第一次最高裁判決、家永第三次最高裁判決）。

四　本件検定意見の具体的内容について

1　「テーマ⑹」について

（原告の主張）

㈠　⑴　平成四年一〇月一日、文部省内のＥＦ室で本件申請図書の検定意見の口頭告知が行なわれた。

申請側は原告を含めた執筆者、中村幸次等が出席した。

(2) 平成四年一二月一日、本件申請図書テーマ⑹、テーマ⑻ついての補足説明がもっぱら入江調査官と中村幸次の間で行なわれた。その際に小林メモ【甲三の九】の書面が手渡された。

(二) 通知された検定意見の内容

(1) テーマ⑹全体について

テーマ⑹全体に対しては、天皇報道や湾岸戦争に関して個別の検定意見が述べられたのみで、全体に対する検定意見とはなり得ない。

(2) 天皇死去報道について

検定意見の客観的内容は、要するに「現在のマスーコミと私たち」というテーマについて考えさせるための素材として、昭和天皇死去に際してのテレビ番組の問題を取り上げること自体が不適切であるから、関係する記述やカットを削除し、何か別のものに変えよ、というものである。

(3) 湾岸戦争報道について

① 主位的主張(本件の注①及び注②関する入江教科書調査官の指摘は検定意見であること)

検定意見は、新聞や雑誌の記事を根拠とする記述を教科書に登載することを許さないというもの、または、入江主任調査官の発言は質問の形式を採っているが、その否定的な意味合いからして実質的には当該箇所を修正ないし削除せよというものであった。

② 予備的主張

万が一「これが検定意見そのものではないとしても、原告に対しては、検定意見と同様の強制力を有するものであり、不当に削除を要求するものとして違法な公権力の行使に該たる。

(被告の主張)

(1) テーマ⑹に付された検定意見は、『現在のマスコミと私たち』というテーマとの関連で、取り上げようとしている内容が必ずしも明確でなく、題材の選択や扱いも適切とはいいがたい、また、不正確な記述などもみられるので、全体として見直していただきたい。」というものであり、その具体的な内容は、以下のとおりである。
①昭和天皇崩御の際のマスコミの報道については、マスコミの番組編成と視聴者の反応という観点から取り上げているのであれば、「考えてみよう1」の設問は、特別番組の予定を三日間から二日間に変更したというのが事実に反する以上、適切な素材とはいいがたい。
②他方、崩御に際してのマスコミ自体の対応を取り上げ、問題提起をしようとしているのであれば、各界各層の対応全体と併せてマスコミ各社の国民の象徴にふさわしい追悼の気持ちで番組を編成するとの方針についても触れる必要があり、これに対する視聴者の反応についても、また説明が必要となろう。
③このようにするならば、天皇制の問題をある程度正面からのテーマとして取り上げることにもなるが、これでは『現在のマスコミと私たち』というテーマの焦点がぼけることとなり、素材及び取り上げ方としては適切とはいいがたい。
④さらに、昭和天皇の崩御について『死去』という表現を用いることは学習上不適切である。
⑤右検定意見は、検定基準からすれば、第二章各教科共通の条件の「2選択・扱い及び組織・分量」の(1)(3)(4)(7)に該当するというものである。
⑥右は、要するに「現在のマスコミと私たち」というテーマの下での論点が全体として不明確であるということである。
(2)　入江調査官が、本件原稿九六ページの注①について、「マスコミに報道するようにしむけ」について資料を出していただきたい、また、末尾の「多国籍軍首脳は記者たちに礼を述べたという。」も伝

聞になっているから資料で確認していただきたい、さらに、九七ページの注②についてもどんな資料で書いたのか確認していただきたいと注意を喚起したことは、検定意見には含まれない。

2　「テーマ(8)」について

（原告の主張）

㈠　テーマ(8)全体については、指摘はあったが、具体的内容は全く告知されていない。

㈡　注⑥の掃海艇派遣問題については、「我が国のタンカーの安全のために派遣したのであって、東南アジアの国々に意見を求める必要はない。低姿勢過ぎるのではないか。」という検定意見が告知された。

㈢　「脱亜論」に対しては、「福沢諭吉」が「脱亜論」を書いた背景事情を入れるべきだ。」という検定意見が通知された。

㈣　また、「脱亜論」と「氷川清話」に対して、「前後を端折って、都合の良い部分を抜き出した感がある。」という検定意見が通知された。その後の補足説明で小林メモを交付しているから、右メモの内容も検定意見に含まれる。

㈤　新明日報について

検定意見としては、全文削除の要求があった。

（被告の主張）

㈠　「日本は平和主義を基本としているが、……」との記述については、「……が、……」が逆接であるので、この表現では、その後に列挙されている教科書問題、大喪の礼の代表派遣、掃海艇派遣問題は、いずれも平和主義に反する問題であるかのような誤解を招くおそれがある。

㈡　掃海艇の派遣は、湾岸戦争後に我が国の船舶の航行の安全を図るためになされたことを踏まえて記述していただきたい。

(三)「脱亜論」の扱いが一面的であるので、その背景事情をも考慮して記述を再検討していただきたい。

(四)「氷川清話」については、引用の仕方が適当でなく、原典の内容についての正しい理解が得られないおそれがある。また、関連の注⑥も背景説明として不適切である。

(五)「考えてみよう1」については、本文中の資料の取扱いとの関連で再検討していただきたい。

(六)マレーシアの華語新聞の見出しについては、他の記述箇所との関連を考慮していただきたい。

(七)「ASEAN諸国における対日世論調査」については、出典を明示する必要がある。

(八)テーマ(8)はテーマ学習であるから、右の(1)ないし(7)について修正する場合には、それぞれの箇所及び内容について、相互の関連にも留意しつつ、不可分のものとして扱う必要がある。したがって、テーマ(8)全体を指摘箇所としたものである。

五　「テーマ(6)現在のマスコミと私たち」に対する各検定意見の違法性（適法性）について

1　「テーマ(6)」の全体に対する検定意見について

（原告の主張）

テーマ(6)全体に対する検定意見の通知はない。

（被告の主張）

テーマ(6)ついての本件原稿は、「現存のマスコミと私たち」というテーマの下に昭和天皇崩御に関わるマスコミ報道、湾岸戦争の際の報道及びコミック誌の三つの題材を挙げているが、これらの題材にはそれぞれ問題がある上、これらの題材を通して「現在のマスコミと私たち」というテーマの下に生徒に討論させようとする論点が明確ではなく、生徒に対し適切な教育的配慮を欠いている。

2　昭和天皇逝去報道に関連する記述部分に対する検定意見

（原告の主張）

㈠　「天皇死去報道」問題を「現代社会」の教科書に取り上げることの意義

今日の高度情報メディア社会においては、多量の情報の収集・管理・操作が政府やマスメディアといった限られたところに集中されており、個人が自由に情報を得たり伝達することができない状態となっている。

「天皇死去報道」という素材は、右の問題を考えるうえで適切であり、かつ、原告が本件教科書原稿を執筆した当時において最も新しい素材であった。

また、視聴者の抗議の声の影響によりＮＨＫの特別番組が二日間で打ち切られたことは、国民の情報を確保する主体への接近の問題を情報確保主体とのかかわり合い方を考える上でも、やはり適切な素材ということができる。

㈡　検定意見の違憲・違法性

⑴　「昭和天皇死去の時、特別番組を三日間続ける予定だったのを途中で二日間に変更したという。」との記述には、何ら事実に反するところはなく、検定意見は誤りである。素材の適切さ自体を否定し、記述の全面削除を求めた本件検定意見は、やはり必要最小限の範囲を越え、違法である。

⑵　「マスコミの天皇報道について書くなら、マスコミの追悼の意、国民の反応も入れるべきだ。」との検定意見について

本件教科書原稿記述は正当であり教科書としての欠陥はなく、右検定意見は合理的根拠を欠くものである。

天皇死去報道は、テレビ局が「自らの哀悼の気持ちを表する」ことを重視した（あるいは重視しすぎた）結果、画一的かつ過剰な報道を行ってしまったケースである。その結果、視聴者からの反応もかつてないほど大きく、新聞、雑誌等でその報道姿勢につき、①他の情報を報道しないことは報道機関としての公的役割の放棄である、②天皇関連番組のみを流し続けることは弔意の強制ないしキャンペーンである、などの議論がわき起こったのであった。

(3) 天皇制についてある程度正面から取り上げることになり、「現在のマスコミと私たち」というテーマの焦点がぼけることになる、とする点について

被告の主張は、「天皇死去報道」の問題と「天皇制」の問題とを混同するものである。本件教科書は、「情報化社会における、マスコミの画一的で過剰な報道」及び「国民の情報を確保する主体への接近」という二つの問題を考える具体的素材として、天皇死去報道を取り上げているに過ぎない。従って、天皇制の問題に触れるとしても、それは、情報化社会における、マスコミの画一的で過剰な報道及び国民の情報を確保する主体への接近という問題を考えるうえで必要な程度で足り、決して天皇制の問題を「正面から」取り上げる必要など存しない。

（被告の主張）

(一) 検定意見の趣旨は、「現代のマスコミと私たち」というテーマに照らして、題材の選択や扱いが生徒の学習の題材として不適切であることから、全体として見直していただきたいというものであり、昭和天皇崩御に際してのテレビ番組の問題を取り上げること自体を問題としたものではない。

原告の主張は失当である。

「考えてみよう1」の「昭和天皇死去の時、特別番組を三日間つづける予定だったのを、途中で二日間に変更した」とする記述、特別番組に対して視聴者からの抗議が殺到したという本文の記述

からすると、本件原稿は、テレビ局は特別番組を三日間放送することをあらかじめ決定していたが、昭和天皇崩御後の視聴者からの特別番組に対する抗議の電話等により二日間に短縮したかのように読み取れる。しかし、そのような事実が認められなかった。

(二) 本件原稿の右②の記述が、マスコミの対応自体を問題とする趣旨であるとしても、右記述は適切でない。

昭和天皇崩御に際してマスコミが特別番組を編成したことについては、一方で、このような視聴者のニーズ等を踏まえたマスコミのいわゆる「横並び意識」が否定できないものの、他方で、天皇崩御に際しては、各界各層の哀悼の意の表明が行われ、その中で、マスコミも自らの哀悼の音を表して番組を編成したことに特徴がある。

このように、天皇崩御に際してマスコミが特別番組を編成したことは、他の特別番組の場合とは性格を異にする面があるから、本件原稿のように、マスコミの特別番組編成の一つの題材として天皇崩御に際しての特別番組を取り上げるのであれば、天皇崩御に際しての各界各層の対応、その中で国民の象徴にふさわしい哀悼の気持ちで番組を編成するというマスコミ各社の方針やこれに対する視聴者の反応についても配慮することが必要であろう。しかるに、本件原稿の記述では、天皇崩御に際し、マスコミが特別番組を編成した事情について全く説明がないため、この点を踏まえて指摘したものである。

(三) 以上のとおり、検定意見は「テレビの天皇報道の在り方を問題とすることは許さない」とする趣旨ではなく、右の点に関して、素材、取り上げ方等に適切を欠くとした検定意見は正当であり、何ら違法の点はない。

3 湾岸戦争関連報道についての記載部分に対する検定意見

（原告の主張）

㈠　戦争において、如何に情報コントロールが行われるか、また、これにより国民の知る権利が如何に侵されることになるかという点で、湾岸戦争と情報コントロールの問題は、世論操作の道具にされたりすることも少なくない現代のマス・メディアを、主体的な立場から公正に選び取り、自らの政治的意見の形成に役立てることが大切であることを考えさせる格好の素材ということができる。

㈡　本件検定意見の違憲違法性

注①及び注②の内容は、高校生たちに現代情報化社会の問題状況を自主約に考えさせる点で有意義かつ適切なものであり、被告主張のごとく「題材の選択や扱いが不適切」などということはない。また、本件記載は根拠を有する。したがって、被告の検定意見は、およそ合理的な根拠もなく何らの正当性も有しないものである。

（被告の主張）

右注①及び注②に関する入江調査官の発言は注意を喚起するものにすぎず、検定意見ではないから、原告の主張は、その前提が誤っている。

六　「テーマ⑻　アジアの中の日本」に対する各検定意見の違法性（又は適法性）について

1　「テーマ⑻」全体に対する検定意見について

（原告の主張）

テーマ⑻に対しては七個の個別記述に対する検定意見が通知され、テーマ⑻全体に対しては、検定意見が通知されていない。

（被告の主張）

テーマ⑻に付された検定意見は、『脱亜論』の扱い、『氷川清話』の引用、両文献の対比のさせ方など、題材の選択・扱いに不適切な箇所がみられるので、再考していただきたい。」というものである。テーマ⑻はテーマ学習であるから、実際に指摘した内容に従って修正する場合には、それぞれの箇所及び内容について、相互の関連にも留意しつつ、不可分のものとして扱う必要があることから、テーマ⑻全体を指摘箇所として一個の検定意見が付されたものである。

2　脱亜論・氷川清話に関する記載部分に対する検定意見

（原告の主張）

㈠　「現代社会」という科目の特色は、「学び方の習得を図る」ことにある。これは、社会科という科目が、ともすれば細かい知識の習得に傾きがちであった点を反省し生徒が生涯を通じて学び続けることができることを目指したものである。したがって、こうした科目の特色からみれば、現代社会の教科書は生徒が学習するための素材を提供するためのものなのである。こうした現代社会の教科書の特色と原告の執筆意図、素材選択の手法をみれば、「テーマ⑻」のテーマ学習の頁で、「脱亜論」に関連して啓蒙思想を含めた福沢思想全般に触れること、また「脱亜論」の背景となった具体的な歴史的背景事実に触れることは、まったく無用である。

㈡　脱亜論に関する検定意見の違法性

⑴　原告の認識する「脱亜論を書いた背景事情を入れるべきだ」という検定意見について
歴史教科書であれば、歴史的な背景事情の説明が有益となる場合はあるが、本件は「現代社会」の教科書であり、その執筆意図は現代社会科においてこれを取り上げることに意義があるとするものである。

⑵　原告の認識する「いろいろ議論がある。福翁自伝を読んでほしい。」という検定意見について

原告は、右の趣旨の検定意見を告げられたが、入江調査官が「福翁自伝」をあえて挙げたのは、全く的外れなことであったというほかない。原典に当たって確認をする作業もせずに「福翁自伝」をあげ、結果として的はずれな検定意見を述べたのは、教科書調査官として当然尽くすべき義務に違反していると言われてもやむを得ない。右の検定意見の違法性は重大である。

(3) 被告主張の「脱亜論の扱いが一面的である。」との検定意見について

原告が本件教科書において福沢の思想について書いている内容は、Ⅰ「脱亜入欧」とは脱亜論の主張を要約したものであること、Ⅱ「脱亜入欧」とは、近代化優先、アジア諸国の植民地化容認の主張であること、Ⅲ「脱亜論」の最終部分の引用のみである。つまり、脱亜入欧の概念に触れた後、福沢の一著作である「脱亜論」の内容のみについてコメントを加え、最後に誰もが「脱亜論」の要諦部分として認める最終結論部分を引用しているだけなのである。前述のとおり、「脱亜入欧」が福沢の「脱亜論」の主張を要約した言葉であるということは一般に常識的な理解とされていることであり、「脱亜入欧」の説明も同旨の記述をする教科書は多数あり、教科書検定に合格している。また、引用文の選択も、同じ部分の引用は他の教科書にも見られるのであり(例えば、山川出版社・新詳説日本史・改訂版)、少なくとも「脱亜論」の本文を一部引用する場合には、この部分を抜粋引用するであろうと思われる部分である。

このように、原告の脱亜論の記述には問題とされるような部分はなく、原告が福沢の対外認識、対外政策に関する思想全般について言及しているものでないことは明らかであり、ましてや、福沢の啓蒙思想、平等思想を含めた思想全般について触れているものでもないことも明白である。

被告国の右検定意見には理由がなく、検定意見は違法である。

(4) 被告の主張する「背景事情を考慮して再検討していただきたい。」との検定意見について

被告国は、「一面的である」という検定意見を述べる際、記述が一面的であるので、背景事情も考慮して再検討いただきたい」と述べたと、主張する。

原告の執筆意図からみて、「脱亜論」を素材として選択した理由は前述したとおりであり、十分に根拠があり、正当なものであったのである。そして、「脱亜論」を素材として選択し、これに対する記述をすることは、他の教科書においても行われている。

それでは、「脱亜論」が執筆された背景事情を書き込む方向で変更を行うべきだというのであろうか。そうであれば、前述したとおり、背景事情についてまで踏み込んだ記載をしているのは、歴史教科書のみであり、生徒が「考える」ための素材を提供するという「現代社会」の教科書の記述としては適切ではない。

㈢ 氷川清話について

(1) 「氷川清話」を選択したことの正当性

本件「脱亜論」記述においては、「脱亜論」の抜粋引用に続いて、勝海舟の「氷川清話」から「朝鮮は昔お師匠様」という文章の抜粋を引用している。いわば、福沢諭吉の「脱亜論」に続いて、勝海舟の「氷川清話」からの抜粋が掲載され、両者が比較され、対比されるような構成になっている。

こうして両者を比較、対比させた原告の意図は、福沢、勝の考え方や人生からみて、客観的にも合理性をもつものと言うべきである。すなわち、勝と福沢は、さまざまな点で対比されて論じられることが多い。

(2) 「朝鮮は昔お師匠様」の文章の選択と引用の妥当性

検定意見では、「氷川清話」の本件引用文「朝鮮は昔お師匠様」の少し前にはこれとは反する趣旨の「殖民論」の談話があるというが、勝のアジア観、戦争観からみるならば、この見方には多大の疑問がある。このような理解が出てきたのは、原告が本件記述を書く際に参考にした松浦玲氏の研究の内容を知らず、したがってまた、勝がどのようなアジア観を持っていたのか、どういう対外認識を抱いていたのかという勝の全体像についての最新の研究成果を認識していなかったからに他ならない。

㈣ 「脱亜論」と「氷川清話」の対比について

原告が意図したのは、「近代日本のアジア観の根底にある思想」を取り上げ、その観点からみて対照的とも思われる立場からの記述を挙げ、その両者の相違が出てきた理由について考えさせようというものだったのである。

こうした観点からすれば、「両者の論述のかたちが異なっている」としても、そもそも、勝と福沢は、その思想全般にわたってよく比較対照されているのであり、「考えてみよう1」に付された検定意見には理由がなく、同検定意見は違憲違法である。

（被告の主張）

㈠ 「脱亜論」について

(1) 「脱亜入欧」と「脱亜論」との関連について

本件原稿の「脱亜論」に関する本文の記述を読むと、その「脱亜入欧」の思想は、福沢が「脱亜論」で主張した思想であり、福沢諭吉は一貫してアジア諸国の植民地化を積極的に主張していたかのように読み取れ、少なくとも、相当数の生徒がそのように読むことは、容易に予想される。

(2) 「脱亜論」の理解をめぐる学説状況について

丸山眞男氏を始め有力な反対論も存在し、「脱亜入欧」の思想と福沢諭吉の「脱亜論」とは区別すべきであるという説が支配的、一般的であり、最大限原告に有利にみても、両説は、どちらが通説とも言えない状況にある。

(3)「脱亜論」が書かれた背景事情等について

また「脱亜論」については、それが書かれた背景事情等に注目する必要があり、多くの場合、甲申事変との関連が論じられ、「脱亜論」は、福沢自身が朝鮮の近代化を援助するための様々な努力を行ったにもかかわらず、その試みが成就しなかったという背景のもとに書かれたとする説が有力に唱えられている。

(4) 本件原稿記述中の「脱亜論」に関する部分が一面的であるため、検定意見は、背景事情等を考慮して記述を見直すことを求めたものであるから、検定意見の指摘は正当である。

(二)「氷川清話」について

(1) これに関する記述を読むと、生徒は、Ⅰ福沢諭吉が前述のとおりアジア諸国を植民地化すべきであるとの立場を採ったのに対し、勝海舟は、その反対の立場に立った、Ⅱ勝海舟は、征韓論が勢いを増したのに対し氷川清話の中で征韓論に反論したと理解するのが一般であろう。このような題材の取り上げ方は、原典の内容について正しい理解が得られないおそれがあり、適切でない。

(2)「氷川清話」の「朝鮮は昔お師匠様」と題する引用の前後には、豊臣秀吉の朝鮮出兵を容認しているとも受け取れる部分もある。

したがって、これを福沢諭吉の「脱亜論」に対置させる形で掲載し、両者を比較させようとする趣旨で「氷川清話」を取り上げるのは、その対比文献の扱い方として配慮に欠けたものといわざるを得ない。

(三)「脱亜論」と「氷川清話」の対比について

⑴　さらに、本件原稿の「考えてみよう1」では、福沢諭吉と勝海舟のアジア観を対比させ、前述のとおり、「どうしてそのようにちがってしまったのだろうか。」と問いかけている。

⑵　そもそも、両者の思想等の背景説明が全くされていない記述から、両者を比較し、その差異が生じた原因について学習させようとすることには無理がある。また、両者の書かれた時代が異なることから、時代の変遷を越えて単純に両者を比較することも問題である。

3　掃海艇派遣に関する記述について

（原告の主張）

㈠　検定意見の内容

掃海艇派遣の「時期、目的を記載すべき」とする検定意見の告知はなかった。原告らは、「東南アジア諸国の意見を聞く必要がない」「低姿勢ではないか」という発言こそが検定意見であると理解していた。

㈡　右の検定意見の不当性

右の記述について「東南アジアの意見を聞く必要がない」「低姿勢ではないか」という理由で、注⑤の削除を要求する検定意見は全く不当なものであり、何ら正当性がない。被告は、本件訴訟においても、注⑤の削除を求める口頭告知に関する正当性については一切主張していないのみならず、原告の右の記述の正確性や題材の適切さについても争っていないのである。

㈢　「個人的感想」に対する反論とその不当性

そもそも、被告がこの教科書調査官の発言を「個人的感想」にすぎないと主張するのは、「低姿勢に過ぎるのではないか。」という検定意見の存在を否定できなくなってくるに従い、その内容が余りに東南アジアに対する配慮に欠けるものであるため、これに対する諸外国からの反応が心配になり、これを覆い隠そうとして詭弁を弄しているにすぎない。

㈣　右検定意見の違法性

このような検定意見は、教育基本法の前文の趣旨及び同法第一条の「教育の目的」にも真っ向から反するものであるとともに、「国際社会における人類の連帯の意義を認識させ、国際社会における日本の役割及び日本人の生き方について考えさせる」ことを要求する高等学校学習指導要領、及び「近隣のアジア諸国との間の近現代の歴史的事象の扱いに国際理解と国際協調の見地から必要な配慮がされていること」を要求する検定基準にも反するものであり、違法である。

（被告の主張）

㈠　原告主張の掃海艇派遣問題

原稿記述では、教科書問題、大喪の礼の代表派遣、掃海艇派遣問題は、いずれも平和主義に反する問題であるかのような誤解を招くおそれがある。

㈡　検定意見の正当性

しかし、湾岸戦争の際の掃海艇派遣については、掃海艇が湾岸戦争終了後という「時期」に、我が国の船舶の航行の安全を図るという「目的」のために派遣されたということが理解される必要があり、その上で初めて注⑤に関する議論等が正当になされ得る。

㈢　入江調査官による「このような記述は低姿勢に過ぎる」との発言は、原稿の記述がバランスに欠けることをいう個人的感想にすぎない。

検定意見が「時期、目的」の記載を求めたのは、一面的な記述に対してバランスをとるために掃海艇の派遣の時期・目的に配慮することを求めた正当なものである。

七　検定意見の通知の方法に関する教科書調査官の注意義務違反について

（原告の主張）

検定意見の通知は、口頭告知という方法で行われるのであるから、その際には、当然明確で一義的な内容を伝達すべき注意義務がある。この観点でみると、入江調査官の口頭告知は、不明確であり、恣意的であって、右の注意義務に違反している。

（被告の主張）

入江調査官の口頭通知の方法に違法な点はない。

第三章　争点に対する当裁判所の判断

第一　憲法上の自由権に関する争点について

一　教育内容の決定権能に関する憲法解釈等について

1　憲法二六条の解釈と教育内容の決定権能

㈠　教科書検定制度における国の権能の性質

教科書検定制度は、文部大臣が、教科書の適格性を判定する制度であるから、国が一定の範囲で教育内容に介入することを容認し、国が教育内容の決定に関与することを容認する制度である。

㈡　判例の存在

その根拠については、最高裁判所の判例が存在する（最高裁判所昭和五一年五月二一日大法廷判決・刑集三〇巻五号六一五頁、最高裁判所平成五年三月一六日第三小法廷判決・民集四七巻五号三四八三頁、最高裁判所平成九年八月二九日第三小法廷判決・民集五一巻七号二九二一頁参照）。

当裁判所も、右の最高裁判所判例を基本的に踏襲して判断する。

㈢　子どもの教育に関する憲法規定

憲法二六条は、子どもの教育をうける権利について定めるものであり、教育に対する決定権の帰属について定めていない。

㈣　解釈の方法

もともと子どもの教育は、専ら子どもの利益のために行われるべきものであるから、憲法的観点から見れば、本来的には関係者らがその目的の下に一致協力して行うべきものであると考えられ、それぞれの主張のよって立つ憲法上の根拠に照らして各主張の妥当すべき範囲を画するのが、最も合理的な解釈態度である。

㈤　国などの教育権能

このような解釈の観点に立って考えると、まず親は、子どもの将来に対して最も深い関心をもち、かつ、配慮をすべき立場にある者として、子どもの教育に対する一定の支配権を有し、私学教育における自由や教師の教授の自由も、それぞれ限られた一定の範囲においてこれを肯定することができる。

また、教科書の執筆者も、教科書の執筆という一定の範囲内で教育内容に対する発言権を有すると考えられる。

以上のほか、普通教育を始めとする全国的に実施される教育に関しては、一般に社会公共的な問題について国民全体の意思を組織的に決定、実現すべき立場にある国は、国政の一部として広く適切な教育政策を樹立、実施すべく、また、しうる者として、憲法上は、あるいは子ども自身の利益の擁護のため、あるいは子どもの成長に対する社会公共の利益と関心にこたえるため、必要かつ相当と認められる範囲において、教育内容についてもこれを決定する権能を有するものと解する。もっとも、政党政治の下で多数決原理によってされる国政上の意思決定は、さまざまな政治的要因によって左右されるものであるから、本来人間の内面的価値に関する文化的な営みとして、党派的な政治的観念や利害によって支配されるべきでない教育にそのような政治的影響が深く入り込む危険があることを考えるときは、教育内容に対する右のごとき国家的介入についてはできるだけ抑制的であることが要請される。

2　教育基本法一〇条との関係

㈠　ところで、教育基本法一〇条一項は、「教育は、不当な支配に服することなく、国民全体に対し直接に責任を負って行われるべきものである。」と規定しているが、この趣旨は、教育は、専ら教育本来の目的に従って実施されるべきことを宣言したものであり、「不当な支配」である限り、その主体のいかん、態様のいかんは問うところではない。

㈡　次に、同法一〇条二項は、一項を受けて、「教育行政は、この自覚のもとに、教育の目的を遂行するに必要な諸条件の整備確立を目標として行わなければならない。」と規定するが、この趣旨は、教育が不当な支配に服することなく行われるべきであるという自覚に立つときには、自ずと右の意味において自主的に運営される教育の目的の遂行に必要な諸条件の整備確立が教育行政の目標となるべきものであることを宣明したものであり、ここにいう「諸条件の整備確立」を教育の外的事項に関するものに限定されるものではなく、教育に対する「不当な支配」に該当するものは許されないが、教育内容に対する施策であるという理由のみで、同法一〇条二項に抵触するということはできない。

3

教科書検定制度については、普通教育の特有の性質から、教科書についても、内容の正確性、立場の中立・公正が要求され、教育の機会均等の要請から内容における一定の水準が維持される必要があり、かつ、子どもの心身の発達段階と理解能力に応じた内容と記述方法、系統的組織的な学習に適するような各教科課程の構成とこれに即した内容の選択及び組織配列が求められるという教育的配慮が必要になる。

学校教育法二一条一項（同法四〇条、五一条、七六条で準用する場合を含む。）の規定は、文部大臣に対して、小学校、中学校及び高等学校その他これに準ずる学校において使用を義務付けられる教科書に対する教科書検定の実施権限を与えており、検定基準とこれに含まれる学習指導要領の内容は、その科目において必要とされる一定の水準を概括的、理念的、抽象的に定式化したものであり、その理念的な部分も概ね相当と考えられるのであって、これは、高等学校の普通教育が地域間の特色の差異又は学校の異別などを超えて全国的に実施され、その普通教育たる性質上、ある程度一定した水準の維持確保が教育政策として求められ、しかも各種の教育的配慮の必要もあるところからくるものと認めることができる。

このような手続と検定基準によって運用される教科書検定制度は、普通教育のとるべき姿ないし普通教育上の必要に基づくものと考えることができ、このような点に教科書検定制度の妥当性と必要性もあるものと考えられるのである。そして、一般に社会公共的な問題について国民全体の意思を組織的に決定、実現すべき立場にあり、国政の一部として広く適切な教育政策を樹立、実施しうる者である国が、子ども自身の利益の擁護のため、あるいは子どもの成長に対する社会公共の利益と関心に応えるために、教科書検定制度を実施運営することは、相当であると考えられる。また、教育基本法上も、文部大臣の教科書検定権限が適切妥当に運用される限りは、この制度の実施運営が教育に対する「不当な支配」に当たるということはできない。

二　教育の自由（憲法一三条、二三条、二六条、教育基本法一〇条）を侵害するという主張について

普通教育の場における教師の教育の自由と教科書執筆者の教育の自由との関連を考えることとする。

1　前述のとおり、教師は、日常的に児童生徒と接し教育の現場を担う教育専門家であるが、教師が公権力によって特定の意見のみを教授することを強制されないという意味において、また、子どもの教育が教師と子どもとの人格的接触を通じその個性に応じて行われなければならないという本質的要請から、教師には教授の具体的内容及び方法につきある程度自由な裁量が認められなければならないという意味において、教師にも一定の範囲における教授の自由が保障されるべきであると考えられるが、一方では、普通教育においては、教師は児童生徒に対して強い影響力、支配力を有する反面、子どもの側には学校や教師を選択する余地が乏しく、このような中で教育の機会均等を図る上からも全国的にある程度の一定水準を確保すべき要請があること等を考慮すると、普通教育における教師に完全な教授の自由を認めることはできない。

2　教科書の執筆者も、その教科内容に関して専門的知識等を有し、また教育的配慮をすることもできる者として、教科書の執筆という一定の範囲内で教育内容に対する発言権を有する者と考えられるが、他方では、普通教育においては教科書は主たる教材であって、これを通じて児童生徒に対して強い影響力を持つことができ、児童生徒には教科書を選択し、又はその記述内容を批判する能力が乏しいという関係があり、普通教育に対する特有の要請は、主たる教材たる教科書に対しても強く求められる

と考えられるから、教科書執筆者にも完全な教育の自由を認めることはできない。

3　もともと右のような教師の「教育の自由」は、国が広く公教育の場で有する教育政策としての教育介入の権能又は教育内容決定の権能とは分野を異にする教育現場での「自由」であり、必ずしも文部大臣の行う教科書検定制度と本質的に衝突するものではなく、憲法論的には、教育政策と教師とは互いに尊重し合い、その長所を互いに生かし引き出すなどして、一致協力して憲法上の子どもの教育を受ける権利に応え、その充足を図らなければならないという関係にあると解されるから、教科書検定制度は、憲法解釈上は、本来的に右の教師の「教育の自由」を侵害する関係にあると捉えることはできないと考えられる。

また教科書執筆者が、検定基準の持つ概ね概括的、理念的、抽象的な制約を受けることは仕方のないところであり、検定基準の内容が右のようなものである限り、教科書検定制度の下でも教科書執筆者がその「教育の自由」を発揮することは可能であり、教科書検定制度が教科書執筆者の「教育の自由」を侵害するということはできない。

三　表現の自由（憲法二一条一項、国際規約（B規約）、児童の権利に関する条約関係）を侵害するという主張について

1　憲法二一条一項の表現の自由の保障は、無制限なものではなく、公共の福祉による合理的で必要やむを得ない限度の制限を受けるものである。

普通教育の特有の性質から、主要教材として使用される教科書についても、教育上の各種必要に応えるため、記述内容の正確性、記述の立場の公正・中立、記述内容についての一定水準の維持などの必要があり、子どもの心身の発達と理解能力に応じて系統的組織的な学習が可能となるように、各

教科課程の内容選択と組織配列には教育的配慮が必要であり、教科書検定制度は、これらを実現しようとするものであって、合理的で必要やむを得ない限度の制限と解することができる（最高裁判所平成五年三月一六日第三小法廷判決・民集四七巻五号三四八三頁、最高裁判所平成九年八月二九日第三小法廷判決・民集五一巻七号二九二一頁参照）。

2　国際規約（B規約）（昭和五四年条約第七号）一九条違反について

(一)　教科書検定制度は、国際規約（B規約）にも違反しない。

(二)　児童の権利に関する条約が批准されてその効力が発効したのは平成六年五月二二日であるから、本件検定意見には適用がない。

四　教科書検定制度は検閲又は出版の事前抑制（憲法二一条二項）に当たるか

1　検閲について

教科書検定制度は、思想内容その他の表現の「思想の自由市場」への登場そのものを禁止するものではなく、このことを事前審査により禁止するという「検閲」の特質を有するとはいえず、要件を欠き、憲法二一条二項にいう「検閲」には当たらない。

2　事前抑制の禁止について

教科書検定の対象となる申請図書は、必ずしも市場に出る前の図書原稿に限定されていない上、検定不合格とされた図書でも一般図書として思想の自由市場に登場することには何らの制限もないのであるから、一般的な事前抑制に当たるとはいえない。

五　学問の自由（憲法二三条）を侵害するか

1　教科書の内容には、当然学問研究の成果が十分に反映されていなければならないが、学問研究の発表の場の一つとなり得るものではなく、教科書は、学問研究の発表の自由を主張し、又はその侵害を論ずることはできない性質のものである。

2　前述のとおり、教育内容に対する国の介入権能は、できるだけ抑制的であるべきであるという憲法上の要請があり、例えば誤った知識や一方的な観念を子どもに植え付けるような教育を強制することは憲法二六条、一三条に違反するということができるのであるから、教科書検定においても、右のできるだけ抑制的であるべきであるという憲法上の要請を実行し、学説状況の公正で正しい把握に立って検定基準への当てはめ判断を適切に行う必要があるというべきであるが、このような国の運用規範に対する違反は、原則として、個別の検定処分についての裁量権の濫用、又は適用違憲等の観点で問題になるに過ぎず、国に右のような憲法上の運用規範があるからといって、教科書検定制度自体が憲法二三条に違反するというものではない。

六　適正手続の保障（憲法三一条）について

1㈠　教科書検定手続には、憲法三一条の直接的な適用はない。

㈡　しかし、憲法上厚く保障されているといえる言論出版等の表現の自由、学問の自由、教育に関する由由等の精神的自由権に対する制約の手続であるから、憲法三一条の法意に照らし、類似の適正手続に関する憲法上の要請があるものと解される。

2㈠　検定手続等に対する法律による規制

学校教育法二一条一項と教科書の発行に関する臨時措置法二条一項の規定は、文部大臣の教科書検定権限を規定しており、学校教育法八八条の委任に基づき、検定規則が文部省令として制定され、右検定規則三条に基づき検定基準が文部省告示として定められ、また、検定基準の内容となる学習指導要領も、学校教育法四三条、一〇六条に基づき制定された同法施行規則五七条の二を根拠とする文部省告示であって、その手続を委任立法によっているが、教科書検定制度が、法治主義の原則に反するということはできない。

㈡　検定機関の公正・中立の保障

検定審議会は、文部大臣の諮問機関であり、内部機関であって純粋の第三者機関ではないが、学校教育法が検定審議会を置くとしたのは、文部大臣の行う検定処分の公正・中立、正確性等を確保しようとしたものであり、それは、前述した国の教育内容に対する介入は、必要かつ相当と認められる範囲に限られ、できるだけ抑制的であるべきであるという憲法上の要請にも応ずるものである。

検定審議会の委員、調査員等の構成と選任の在り方をみると、検定審議会の趣旨、目的に照らして最も適切な人材を確保しようとするものであり、そこに中立・公正を疑うべき事由を見出すことはできない。

㈢　明確な審査基準とその公正な運用

検定基準は、教科書検定制度における実体的な規定としての性格を有するが、概ね概括的、理念的、抽象的なものであり、このような検定基準の在り方は、国に許容される教育内容への介入権能はできるだけ抑制的であるべきであるとする憲法上の要請に反していると考えることはできない。すなわち、検定基準が右のような性質を有してこそ、教科書執筆者の創意工夫を生かし、多様な教科書を生み出す余地が出てくることになり、ひいては子どもの憲法上の学習権に応えることにもつながり、逆に、具体的で一義的な基準を設定することは、教科書の画一化を促進することにもなりかねない。

㈣　告知・聴聞手続の保障

(1)　教科書検定手続には、不利益を被らせる検定処分等については、必ず申請者に通知する旨の制度があり、申請書の再提出、反論書の提出、意見申立書の提出の手続があるのであって、告知・聴聞の制度は一応存する。

(2)　検定意見の通知は、指摘事項一覧表の交付とともに口頭で告知されるが、実際の検定意見は多種多様であり、中には学問的専門約分野の意見もあることなどに鑑みると、口頭告知の方法をとることもやむを得ないと考えられ、検定意見の形成に携わった教科書調査官がこれを直接行う運用であり、その口頭告知は録音機を使用して録音することもできることになっているから、全体として見ると、告知・聴聞の手続が不備であるということにはならない。

㈤　検定手続の公開

手続の全部又は一部を公開すべきものとする法令はないが、憲法の適正手続の要請の中に手続の公開を命ずる規範が含まれているとはいえないから、立法論としては格別、教科書検定制度が適正手続の保障に欠けているとすることはできない。

第二　本件検定処分における運用違憲・運用違法の主張について

一　本件検定処分の運用違憲について

1　教科書検定制度は、文部大臣による教育内容に対する介入となるべき性質を有するものであるから、その運用にも、憲法解釈上国に許容される教育内容に対する介入権の行使はできるだけ抑制的であるべきであるという要請を受けているものというべきであり、そこには一種の憲法的規範が成立していると解される。したがって、教科書検定制度の実際の運用において、教育に対する「不当な介入」を回避しようとする自制に欠け、恣意的な運用に亘り、又は教育内容に対する介入の在り方、程度、方法においてできるだけ抑制的であるべきであるとした憲法上の要請ないし憲法的規範に反するような実施があれば、やはり違憲の状態が現出するものと考えざるをえない。したがって、右のような運用がある場合において、右の憲法的規範に対する違反が明らかであり、個別の検定処分の違法性を判断するまでもなく違憲又は違法であることが明らかであると認められるときには、そのような手続運用の在り方自体に違憲性を求めて、それによる検定処分を違憲無効又は違法と判断する念地がないとは言えない。

したがって、原告の主張する運用違憲の考え方は、前述のとおり、国に向けられた憲法的規範に対する違反状態が明らかであるという検定制度の運用があると認められ、個別検定処分の違憲性を判断するまでもなく違憲無効であることが明らかであると認められるときにのみ適用されるものに過ぎないと考えられる。

2　このような観点で、原告の運用違憲の主張を検討するに、検定制度の実際の運用は、検定規則に即して行われていると認められ、検定審議会の審議その他の手続において、国に向けられる憲法上の要請ないし憲法的規範に明らかに違反している状態にあるとは到底いえず、また、個別の検定意見の違憲性を判断するまでもなく当然に違憲であるともいえないから、失当というべきである。なお、検定意見は、検定審議会が必要な修正を経た後に再度審査することが適当であると認めた場合に文部大臣が自分の責任で申請者に通知するものであるから、検定審議会が検定意見そのものを議決答申することは予定されていない。この点の原告の主張は異なる解釈に立つものであって、採用することはできない。

二　本件検定処分における運用上の違法について

一般に、裁量基準に対する当てはめ判断に専門的技術的な判断を伴うため行政庁にやや高度な裁量の幅が認められる場合であって、特に憲法又は法律の趣旨から審議会等の審議の手続に重要な意味を付与して審議会の答申内容に行政処分も拘束されると法規において定めているような場合においては、例えば審議会の審議答申を経ることなく行政処分がされたとき、又は審議答申がされてもその手続の過程に重大な法規違反があることなどによりこれを要求した法規等の趣旨に反すると認められるような瑕疵があるときは、これを経てなされた行政処分も違法と評価される場合があり得るが、本件においては、本件申請図書に対する検定処分（検定意見）の手続は、所定の手続に従い検定審議会の現代社会小委員会と第二部会の審議を経て文部大臣への報告ないし答申が行われていると認められるから、その審議手続に違法と認めるべき瑕疵はなく、この点に関する原告の主張も理由がない。

第三　文部大臣の裁量権とその範囲（違法性判断の基準）について

一　検定権限の限界

教科書検定制度自体が違憲ではないという解釈は、国が教科書検定を通じて教科書ひいては教育の内容に介入することができる権能には、できるだけ抑制的であるべきであるという憲法上の要請ないし憲法的規範があることを承認するものである。

したがって、教科書検定制度の現実の運用となる検定基準を裁量基準とする検定処分においても、当然に考慮されなければならない制約であると考えられる。

二　文部大臣の裁量の基準

1　裁量権の行使の際の制約

ところで、検定処分における検定基準の解釈とこれへの当てはめ判断に関する裁量権の行使に対しても、教育内容への介入権はできるだけ抑制的であるべきであるという憲法上の要請と「不当な支配」は許されないという教育基本法上の制約があると解さざるを得ないのであって、このような制約は、検定基準という裁量基準の解釈又は裁量基準に対する当てはめ判断においても、恣意的でなく抑制的で厳格な考慮がはらわれるべきであり、また、そのような姿勢がとられるべきであるという裁量権の行使に関する制約になると解される。

2　裁量権の範囲

なお、検定基準は、概ね概括的、理念的、抽象約な基準を示すものであるから、右の裁量基準の解釈とこれへの当てはめ判断には、やや高度の教育専門的判断が必要となることは必然的なものであると考えられ、その限りでは文部大臣には必要で十分な範囲の裁量権が与えられるべきである。しかし、このことは、前述の恣意的でなく抑制的で厳格な考慮と姿勢を要求する裁量権行使に関する制約と矛盾するものではない。したがって、文部大臣検定基準の運用に関する裁量権は、一方では、検定基準自体の解釈、原稿記述等の理解、右当てはめに関する教育専門的な判断において、ある程度高度で広い裁量権を有するが、他方では、その裁量権の行使に際しては、悪意的でなく抑制的で厳格な考慮が払われ、姿勢がとられるべきであるという制約があると考えることができる。

3　当てはめ判定の明確性

このような文部大臣の裁量権の性質に照らすと、まず、文部大臣の検定意見の通知を含めた検定処分においては、欠陥とする原稿記述に当てはめるべき検定基準の内容は、できるだけ厳密に判定されるべきであり、単に「検定基準に反する」とか、「各教科共通の条件又は各教科固有の条件に反する」という程度の判定では不十分であって、検定基準上の細項目のいずれに抵触するかが明確でなければならない。

4　司法審査の対象

㈠　なお、そもそも司法審査の対象となるのは、原稿記述の適否ではなく、これに対する文部大臣の検定処分（検定意見を含む。）の適否であるから、裁判所は、文部大臣の立場と同様の立場に立って申請図書の原稿記述に検定基準を当てはめた上、検定処分における判定との対比を試みる必要はなく、検定処分の当てはめの判定等が、文部大臣の有する前述の裁量権の範囲内にあるか、又はこれを逸脱しているかなどを判断すれば足りる。

㈡　裁判所は、検定処分等の当てはめの判定等において看過し難い過誤があると判断がされるときは、裁量権の逸脱として違法性を認定することとなる（前記最高裁判所平成九年八月二九日判決参照）。

5　ところで、どの基準の場合でも、文部大臣は、それらの基準への当てはめ判定をする際には、原稿記述に対する公正な理解と、関係する事実関係の正確な把握、関係する学説に対立がある場合には通説的見解の有無などの学説状況の公正な把握が必要となることには変わりがないから、裁判所も、文部大臣が行った事実関係又は学説状況の把握が相当であったか否かをまず審査の対象とし、次いで、右の把握に立って行われた検定基準への当てはめ判定が相当であったかについて審査することとなる。

6　更に、検定処分の判定過程を全体的に観察し、前述の憲法上の要請等に違反するような、恣意的で抑制的でなく厳格な考慮と姿勢を失ったというべき事情があると認められる場合には、その検定処分には裁量権の濫用があったとして違法の判断をするのが相当である。

第四　検定意見の内容に関する認定

一　検定意見の認定の対象

1　教科書調査官が平成四年一〇月一日に文部省小会議室において、検定意見であるとして執筆者等に口頭で告知した内容をもって、専ら文部大臣の通知した検定意見と認めるのが相当である。

2　その後の事後相談などは、事実上の行政指導の場であり、そこでの言動で新たな検定意見の通知があったとか、検定意見の補足意見が述べられたと認定することはできない。

二　「テーマ⑹」に対する検定意見の内容

1　「テーマ⑹」の全体に対する検定意見

入江調査官の告知した検定意見の内容は、「『テーマ⑹』において、「現在のマスコミと私たち」というテーマの下で取り上げられている内容が不明確であり、素材も適切であるとはいい難いので、「テーマ⑹」の全体を見直し、修正すべきである。」という内容の検定意見の通知があったと認めるのが相当である。

2　天皇逝去報道と湾岸戦争関連記述に対する検定意見

㈠　特別番組の放映期間短縮に関する記述に対する検定意見

「テーマ⑹」の「考えてみよう1」の記述に対して、「天皇死去の際、テレビの「特別番組を当初三日間続ける予定だったのを、途中で二日間に変更した」という記述部分は事実に反するから、素材として適切ではなく修正の必要がある。」という検定意見が通知されたと認められる。

(二) 各界、各層の追悼の意等の不記述に対する検定意見

「「テーマ(6)」の天皇逝去の際のマスコミ報道についての記述等には、その当時の各界、各層の人々から表明された昭和天皇に対する追悼の意、マスコミ各社の同様の意に基づく特別番組の編成方針及び特別番組に対する視聴者の反応についても記載する必要があり、これらを取り上げれば、自ずと天皇制という大きな問題をも取り上げざるを得なくなり、その結果「現存のマスコミと私たち」という「テーマ(6)」の主題が不明確なものとなるから、天皇逝去の際のマスコミ報道についての記述等は、素材及び取扱いとしては適切ではなく、見直しの必要がある。」という複合的な内容を持つ検定意見が通知されたと認められる。

(三) 「天皇の憲法上の地位に鑑み、昭和天皇の「死去」という表現は学習上適切ではないので修正する必要がある。」という検定意見が通知されたと認められる。

(四) 湾岸戦争関連の注①に対しては、「記述内容が事実であるかについては疑問があり、提出された適切な資料により事実の確認ができない場合は、記述の修正を求める。」という条件付きの検定意見が通知されたと認められる。

(五) クルド族に関する注②に対しても、入江調査官から「記述内容が事実であるかについては疑問があり、提出された適切な資料により事実の確認ができない場合は、記述の修正を求める。」という趣旨の条件付きの検定意見が通知されたと認められる。

三 「テーマ(8)」に対する検定意見の内容

1 「テーマ(8)」の全体に対する検定意見

「テーマ⑻」全体に対して、「複数の記述の欠陥があり、全体として「選択・扱い及び組織・分量」の検定基準に抵触するから、見直しの必要がある。」という検定意見の通知があったものと認めることができる。

2 「テーマ⑻」の個別記述に対する検定意見

㈠ 本文記述に対する検定意見

『戦後、日本は平和主義を基本としているが、一九八二年の教科書問題③、一九八九年の昭和天皇の大喪の礼の代表派遣④、一九九一年の掃海艇派遣問題⑤などで、内外に議論がおこっている。』という記述は、教科書問題、昭和天皇の大喪の礼の代表派遣、掃海艇派遣問題などが平和主義に反する問題であるように読めるので再検討をする必要がある。」という趣旨の検定意見が通知されたと認められる。

㈡ 注②と「脱亜論」引用文に対する検定意見

「脱亜論の扱いが一面的であるので、それが書かれた背景事情をも考慮して記述を再考してほしい。」という検定意見が通知されたと認められる。

㈢ 「脱亜論」と「氷川清話」の各引用文等に対する検定意見

「脱亜論」と「氷川清話」の各引用文に対して、「都合の良いところばかりを抜き出している感があるので再検討していただきたい。」という検定意見が通知されたと認められる。

㈣ 「考えてみよう1」の設問に対する検定意見

「考えてみよう1」に対して、「「考えてみよう1」の設問は、高校生の課題としては無理があるから、掲載した資料との関連で、再検討をしてほしい。」という検定意見が通知されたと認められる。

㈤　掃海艇派遣に関する注⑤に対する検定意見

(1)　注⑤の前段の記述に対して、「掃海艇派遣に関する記述には、我が国の船舶の航行の安全を図るために派遣されたものであるという目的等の記載がなく、これを加える修正をする必要がある。」という検定意見が通知されたと認められる。

(2)　次に、注⑤の後段の記述に対して、「掃海艇派遣に関して、東南アジア諸国の意見を聞くべきかは疑問であり、原文記述はやや低姿勢であるから、見直しが必要である。」という検定意見が通知されたと認められる。

㈥　ＡＳＥＡＮ諸国における対日世論調査に対する検定意見

「出典を明示する必要がある。」という検定意見が通知されたと認められる。

㈦　新明日報の引用に対する検定意見

「新明日報の見出しを載せるのであれば、他の箇所との記載に配慮していただきたい。」という検定意見が通知されたと認められる。

㈧　本文記載と注③に対する検定意見

「事実確認できなかったときは記述の修正を求める。」という条件付きの検定意見が通知されたと認められる。

第五　原告の主張する違法違憲の検定意見の範囲について

一　「テーマ⑹」における「違法」な検定意見

1　「「テーマ⑹」の「現在のマスーコミと私たち」という主題の関連で取り上げられている内容が不明

確であり、素材も適切であるとはいい難いので、見直してほしい。」という「テーマ⑹」全体に対する検定意見。

2　「「考えてみよう1」の「特別番組を三日間続ける予定だったのを、途中で二日間に変更した」という記述部分は事実に反するから、素材として適切ではなく、修正の必要がある。」という検定意見。

3　「天皇逝去の際のマスコミ報道についての記述等には、その当時の各界、各層の人々から表明された昭和天皇に対する追悼の意、マスコミ各社の同様の意に基づく特別番組の編成方針及び特別番組に対する視聴者の反応についても記載する必要がある。また、その記載をすれば、自ずと天皇制という大きな問題をも取り上げざるを得なくなり、その結果「現在のマスコミと私たち」という「テーマ⑹」の主題が不明確なものとなるから、天皇逝去の際のマスコミ報道についての記述等は、素材及び取扱いとしては適切ではなく、見直しの必要がある。」という検定意見。

4　注①に対する「記述内容が事実であるかについては疑問があり、提出された適切な資料により事実の確認ができない場合は、記述の修正を求める。」という検定意見。

5　注②に対する「記述内容が事実であるかについては疑問があり、提出された適切な資料により事実の確認ができない場合は、記述の修正を求める。」という検定意見。

二　「テーマ⑻」における「違法」な検定意見

1　注②と「脱亜論」の引用文掲載に対する「脱亜論の扱いが一面的であるので、それが書かれた背景事情をも考慮して記述を再考してほしい。」という検定意見。

2　「勝海舟の「氷川清話」の引用文も含めて、前後を端折って、都合の良いところだけを抜き出した感があるので、再検討をしていただきたい。」という検定愚見。

3　「考えてみよう1」は、高校生の課題としては無理があるから、掲載した資料との関連で、この設問は再検討をしてほしい。」という検定意見。

4　注⑤の前段に対する「掃海艇派遣は、湾岸戦争終了の後に、我が国の船舶の航行の安全を図るために派遣されたものであるという時期、目的の記載がなく、これを書き込む修正を行う必要がある。」という検定意見。

5　注⑤の後段に対する「掃海艇派遣に関して東南アジア諸国の意見を聞くべきかは疑問であり、原文記述はやや低姿勢であるから、見直しの必要がある。」という検定意見。

第六　「テーマ(6)」関係の検定意見の適法性又は違法性

一　「考えてみよう1」の「特別番組を三日間つづける予定だったのを、途中で二日間に変更した」という記述部分は事実に反するから、素材として適切ではなく、修正の必要がある。」という検定意見の適法性について

1　右検定意見は、検定基準の「各教科共通の条件」の「選択・扱い及び組織・分量」の(3)(4)に該当するものとして通知されたと認められる。

2　テレビ局の特別番組の予定について

(一)　民放のテレビ局五社は、昭和天皇崩御の約三か月前に、崩御の後の特別番組を概ね二日間と予定していたと認められる。

(二)　一方、ＮＨＫは、昭和六三年九月ごろには三日間の特別編成番組とする計画があったが、病状の長期化に伴い、原則二日とするも、三日目の番組は「世間の流れを見て」又は「国民感情を踏まえ

ながら」決定するという方針に変わっていたと認められる。

㈢　したがって、テレビ局において当初三日間の特別番組放映の予定があったといえるか、の点については、ＮＨＫを除き、概ねその事実はなかったと判断される。

3　視聴者の抗議の電話による影響

ＮＨＫについて、抗議の電話により三日間の予定が変更されて二日間に短縮された事実があるか、という点について検討する。

ＮＨＫが七日の午後三時四〇分ごろに発表した特別番組を八日の放送終了までとする旨の決定については、マスコミ関係者の間には当日の苦情の電話の増加に対する配慮もあったであろうという憶測があったものと推認されるが、これを裏付ける確証はなく、裏付けとなる明確な事実関係としては、事前の長期の病状報道におけるＮＨＫ自身の反省、政府の国民服喪を二日とする方針などが上げられていたにとどまると認めるのが相当であり、ＮＨＫにおける特別編成を二日間とする決定に対して当日の苦情の電話が影響を及ぼしたとまで認定するには足りない。

4　そうすると、前述のとおり、当日の苦情の電話により、三日間の特別番組放送の予定が途中で二日間に変更されたことを前提として記述されている「考えてみよう1」の設問は、ＮＨＫについても、事実と異なるか又は不正確な事実に基づく記述であったということができる。

5　したがって、「『特別番組を三日間つづける予定だったのを、途中で二日間に変更した』という記述部分は事実に反するから、素材として適切ではなく、修正の必要がある。」という文部大臣の検定意見は、検定基準に照らして、概ね相当であり、右の判定に看過し難い過誤があるとはいえず、その裁量の範囲を逸脱したということはできず、これを違法ということはできない。また、裁量権の濫用があったということもできない。

二　「天皇逝去の際のマスコミ報道についての記述等には、その当時の各界、各層の人々から表明された昭和天皇に対する追悼の意、マスコミ各社の同様の意に基づく特別番組の編成方針及び特別番組に対する視聴者の反応についても記載する必要があり、これらを取り上げれば、自ずと天皇制という大きな問題をも取り上げざるを得なくなり、その結果「現在のマスコミと私たち」という「テーマ⑹」の主題が不明確なものとなるから、天皇逝去の際のマスコミ報道についての記述等は、素材及び取扱いとしては適切ではなく、見直しの必要がある。」という検定意見の適法性について

1　右検定意見は、検定基準の「各教科共通の条件」の「選択・扱い及び組織・分量」の⑴⑶⑷⑺に該当するものとして通知されたと認められる。

2　検定意見の適法性

証拠である当時の新聞、雑誌の多数の記事によれば、広く国民の間に天皇逝去に対する哀悼の気持ちが存したことが窺われ、マスコミ関係者も、概ね昭和の終わりという近代日本の歴史的な意味合いを持つ出来事であるとの観点で報道が行われていたと推認することができ、テレビの視聴率をみても、各局とも同様の特別番組を放映していたことを考慮すると高い視聴率であったということができる。もともと昭和天皇の逝去は、それ自体の性質として、社会的又は歴史的な意味において大きさと広がりを有するものであったと認められ、国民の高い関心の対象となったことは自然の推移であり、従ってこれを報道するマスコミ関係者の姿勢あるいは取組みが特別なものとなっていったことも、無理からぬものがあった。また、これらの事項を記載するとすれば、当然昭和天皇逝去の持つ意味の大きさと広がりを捉えることとなり、必然的に現行憲法の下での天皇制あるいはその戦前戦後の比較などに関する問題を捉えることになり、「テーマ⑹」の趣旨から離れることは十分に予想することができる。

原告の執筆の観点である、マスコミ報道の画一化、過剰化による情報のコントロールの弊害を指摘する問題意識は、昭和天皇逝去の持つ意味との関連、これを認識したマスコミ関係者の取組姿勢との関連を特に意識しないまま形成されているが、これらの原稿記述は、検定基準の細項目に照らして、これらの検定基準に触れると判定する根拠が不十分とは言えず、検定意見の判定は、概ね相当な判定であって、看過し難い過誤があるとはいえず、文部大臣の右検定意見の通知に裁量権の範囲を逸脱した違法はないと認められる。また、裁量権の濫用があったということもできない。

三　注①、注②に対する「提出された適切な資料により事実の確認ができない場合は、記述の修正を求める。」という検定意見の適法性について

1　検定基準の「各教科共通の条件」の「選択・扱い及び組織・分量」の⑷、「各教科固有の条件」の「選択・扱い及び組織・分量」中の⑶に該当するものとして通知されたと認められる。

2　検定意見の適法性

右の注①②の記載内容に係る事実関係は、いずれも当時の日本の社会において一般的な公知の事実とはなっていなかったものと推認される。

したがって、右の注①に対して入江調査官が「そういった事実はあるのか。」との疑問を投げかけ、注②に対して「こういうことがあるとは思えない。」という発言をして事実の確認を要求する旨の検定意見を通知したことも、当時の一般的な認識からみれば、特に不当な認識に基づくものであったということはできないから、右の検定基準に照らして、看過し難い過誤があるとはいえず、裁量権の逸脱の違法を認めることはできない。また、裁量権の濫用があったということもできない。

四　「テーマ⑹」の全体に対する検定意見について

1　検定基準の「各教科共通の条件」の「選択・扱い及び組織・分量」の⑴⑶⑷⑺に該当するものとして通知されたと認められる。

2　検定意見の検討

㈠　「考えてみよう1」の設問記述においては事実関係の理解に不正確なところがあったと認められる。

㈡　また、「過剰報道」との批判的観点に立つ天皇逝去報道に関する本文記述等には昭和天皇の逝去の持つ社会的歴史的な意味の大きさ又は広がりに対する無配慮が見られた。

㈢　「情報コントロール」があったとされる湾岸戦争の際のマスコミの対応に関しては、その問題性は必ずしも一般的な認識となっていなかった。

したがって、右の検定基準に当てはまるとした検定意見の判定は、相当であると認められ、その判定に看過し難い過誤があるということはできず、裁量権の範囲を逸脱した違法はない。また、裁量権の濫用があったということもできない。

第七　「テーマ⑻」関係の検定意見の適法性又は違法性

一　「テーマ⑻」の注②の記載と「脱亜論」の抜粋文掲載に対する「脱亜論の扱いが一面的であるので、それが書かれた背景事情をも考慮して記述を再考すべきである。」という検定意見の適法性について

1　検定基準の「各教科共通の条件」の「選択・扱い及び組織・分量」中の⑷に該当するとして通知されたと認められる。

2　判断の方法

「脱亜論」とその背景事情に関する事項は、いずれも日本近代史又は日本近代思想史等の学問上の研究対象となっている問題であり、何人も学問上の研究成果を無視して事実認定と評価をすることはできない。したがって、文部大臣の検定意見が学説状況から離れて独自に判断したところはないか、学説状況等の把握によって判断している場合にも、その把握が公正・適切に行われてその判断過程に誤りはないかを審査すべきこととなる。

3　「脱亜論」の扱いが一面的といえるか。

㈠　「脱亜入欧」は「脱亜論」の主張の要約ということができるか、という点についても、丸山眞男教授の研究は、「脱亜入欧」という熟語は、福沢諭吉の著作なり論説上の主張からある程度遊離して成立し、使用されていることを指摘している。

これに対して、安川寿之輔教授は、「脱亜入欧」の成句の意味を「脱亜論」の主張の要約と解釈することは自然なものであるという見解であり、池井優教授の見解は、「脱亜論」は文明論の尺度からのみこの論は成りたっているとするものであるから、学説はそれぞれであり一致しているとはいえない。

㈡　「脱亜入欧」は、「欧米を手本とした近代化を最優先し、そのためには、欧米諸国同様に、アジア諸国を処分（植民地化）すべきだというもの。」という点も、同様に学説上の対立があると認められる。

㈢　また、背景事情をも考慮すべきであるという検定意見の指摘に関しては、丸山眞男教授は、福沢が関与していた朝鮮の甲申事変の失敗による福沢の挫折感と憤激の爆発として読まれるべきだとするものであり、池井優教授は、現実の日清関係の中で、明治政府においては清国を仮想敵国とする軍備拡張政策を取るようになり、民間においても、日清関係を日本の国益において対処しようとする動きが出てきて、これらの背景事情の下に、アジアの唯一の力である日本が独自の行動を採ることが正統であるとの論拠から出てきたのが、福沢の「脱亜論」であると論述されており、板野潤治教授は、「脱亜論」の背景は、直接的には壬午・甲申の事変ということができるものの、更に福沢自身の対アジア政策論から見れば「アジア改造論」等の東アジア対外政策論の挫折という「状況構造の変化」に関係すると論述され、安川寿之輔供述は、福沢は初期啓蒙期と呼ばれる時期から既にマイト・イズ・ライトの国際関係認識を前提とした国権論の立場に立っていたことを指摘し、「脱亜論」の考え方は国際関係に対する認識からはごく自然な帰結であると理解する学説に立っていると解される。

したがって、この点も学説には対立があると認められる。

(四) 証拠によれば、教科書調査官がこれらの学説状況を把握せずに、独白の見解で検定意見を形成したということはできない。

右の学説の対立の状況に鑑みると、注②と「脱亜論」の抜粋分に対して「「脱亜論」の扱いが一面的であるから、背景事情をも考慮して記述を再考すべきである」という検定意見は、前記検定基準に照らして、裁量権の逸脱はなく、また濫用の事実もないから、これを違法ということはできない。

二 「勝海舟の「氷川清話」の引用文も含めて、前後を端折って、都合の良いところだけを抜き出した感があるので、再検討をしていただきたい。」という検定意見の違法性について

1 検定基準中の「選択・扱い及び組織・分量」の(4)に該当するとして通知されたと認められる。

2 「脱亜論」に関しては、前記認定のとおり、右検定意見も違法ということはできない。

3 「氷川清話」引用文「朝鮮は昔お師匠様」については、他の「氷川清話」の記述と矛盾するとまでいえる記述は見あたらない。朝鮮人を「土人」と表現しているところもあるが、直ちに勝海舟の考えや思想を判定することができるものではない。

4 学説状況の検討

松浦玲教授は、明治時代における勝海舟は、もともと蘭学者であったにもかかわらず同時代の日本人と異なり、ヨーロッパ文明とヨーロッパ国家を是認せず日本がそれに追従することに批判的であって、福沢諭吉の「脱亜論」との対比でいえば、海舟の考えはアジアに踏みとどまるというものであったという研究成果を発表していることが認められる。この学説によれば、「テーマ(8)」の「氷川清話」の前記引用文は、勝海舟のアジアに関する基本的な考えに即したものであったと考えられる。他には松浦教授の見解に対立するような学説の存在を認めることはできない。

5 検定意見の検討

したがって、「朝鮮は昔お師匠様」の内容を「都合の良いところのみを抜き出した」とする検定意見は、勝海舟の思想ないし考え方に関する学説状況の把握が不十分であり、学説状況に対する判断を誤ったものといわざるを得ない。したがって、このような誤った把握と判断に基づいて、前述の検定基準に触れるとした検定意見には、看過し難い過誤があり、文部大臣には、その裁量権の範囲を逸脱した違法があるということができるが、裁量権の濫用があったと認めることはできない。

三 「「考えてみよう1」は、高校生の課題としては無理があるから、掲載した資料の扱いとの関連で再検討していただきたい。」という検定意見の適法性について

1　検定意見の当てはめ判定

検定基準の「各教科共通の条件」の「選択・扱い及び組織・分量」の⑷に該当するとの判定の下で通知されたものと認められる。

2　「脱亜論」のアジア観の形成「原因」については、前記認定のとおり、各学説において、さまざまな原因関係を述べていると認められるから、学説が一致しているとはいえない。

3　勝海舟のアジア観の形成「原因」については、本件全証拠によるも、学説がどのように解しているか不明である。

4　したがって、それぞれのアジア観を対比させてその原因を考えさせようとする設問記述は、高等学校の生徒に対する教科書としては適切とはいえないから、この点を指摘する検定意見は、前記検定基準に照らして、不当とはいえず、看過し難い過誤があるとはいえないから、文部大臣にその裁量権の範囲を逸脱した違法はない。また、裁量権を濫用したということもできない。

四　注⑤の前段に対する「掃海艇派遣は、湾岸戦争終了の後に、我が国の船舶の航行の安全を図るために派遣されたものであるという時期、目的の記載がなく、これを書き込む修正を行う必要がある。」という検定意見の適法性について

1　検定意見の当てはめ判定

「各教科共通の条件」の「選択・扱い及び組織・分量」の⑷に該当するとして通知されたものと認められる。

2　本文中の「平等主義を基本としているが、」の「が」は逆接であると解されるから、掃海艇等の派遣は平和主義に反する問題として議論されている、と文意を理解することができる。

3　掃海艇等の派遣の実状

証拠にある政府声明にいう事実関係によれば、平成三年四月二六日に出発した海上自衛隊の掃海艇等は、イラクが正式停戦のため国際連合安全保障理事会決議六八七を受諾して正式停戦が成立した後に、イラクがペルシャ湾海域に敷設した多数の機雷を除去して、この海域における船舶の航行の安全を確保するために、自衛隊法に基づいて派遣されたものと認められ、これに反する事実を認めることはできない。

4　検定意見の適否

右認定の事実関係の下では、掃海挺等の派遣は、平和主義に反する疑いないし印象を生じさせる性質のものであったとは必ずしもいうことができないから、「掃海艇派遣は、湾岸戦争終了の後に、我が国の船舶の航行の安全を図るために派遣されたものであるという時期、目的の記載がなく、これを書き込む修正を行う必要がある。」という検定意見の通知には、看過し難い過誤があるということはできず、文部大臣に裁量権の範囲の逸脱の違法があるということはできない。また、前述の意味において裁量権の濫用の事実があったと認めることもできない。

五　注⑤の後段に対する「掃海艇派遣に関して東南アジア諸国の意見を聞くべきかは疑問であり、原文記述はやや低姿勢であるから、見直しの必要がある。」という検定意見の違法性について

1　証拠によれば、「派遣を決定する以前に意見を聞いてほしかった」という声があったという事実は、これを認めることができるが、先の事実関係に照らせば、「東南アジア諸国の意見を聞くべきかは疑問であ」るとする検定意見部分には、全く根拠がないとはいえないが、「原文記述はやや低姿勢である」という理由で記述の修正を求めた部分については、現行検定基準中には記述の姿勢を問題にする

ものはなく、これに当てはめるべき検定基準が見あたらない。

2　東南アジア諸国の意見を聞いて欲しかったという声は、「テーマ(8)」に掲載されたASEAN諸国の世論調査の結果とは必ずしも一致しないが、どのような検定基準に当てはめて通知された検定意見であるかが不明であることには変わりがない。したがって、文部大臣の右検定意見の通知には、裁量権の逸脱が為ったといわざるを得ず、また、恣意的でなく抑制的かつ厳格な考慮と姿勢を要求する裁量権行使の際の制約にも反していたと認められるから、裁量権の濫用があったと認めるべきである。よって、右検定意見の通知は、違法となる。

第八　検定意見通知の際の文部大臣の注意義務違反について

原告は、文部大臣の検定意見の口頭通知には、相手方が通知の内容を正確に理解し得るような明確で一義的な内容を告知すべき義務があると主張するところ、およそ検定意見の通知においては、これを行う教科書調査官において、その内容、趣旨及び理由を明確に告知して被告知者において誤解の生ずることがないように配慮すべき注意義務があるということができるが、本件の各検定意見の通知には、教科書調査官に右のような注意義務に違反した事実はいずれもこれを認めることができず、この点の原告の主張は理由がない。

第九　不法行為と原告の損害

一　以上によれば、「朝鮮は昔お師匠様」の引用文等に対して通知された「都合の良いところばかりを抜き出している感があるので再検討していただきたい。」という検定意見、及び「テーマ⑻の注⑤の後段の記述に対して通知された「掃海艇派遣に関して東南アジア諸国の意見を聞くべきかは疑問であり、原文記述はやや低姿勢であるから、見直しが必要である。」という二個の検定意見は、いずれも違法と認められ、文部大臣に故意又は過失があったと評価することができるから、国家賠償法一条にいう公務員の不法行為が成立するものと認められる。

二　原告は損害賠償として慰謝料（一〇〇万円）を主張するところ、原告は文部大臣の検定意見等を原因として最終的に執筆を断念するに至ったというのであるから、原告に著しい精神的苦痛が生じたことはこれを認めることができる。これに対する慰謝料の額は、右の違法と認定される検定意見の数に鑑み、これを二〇万円と認めるのが相当である。

第一〇　結論

よって、原告の請求は、被告に対して二〇万円とその遅延損害金の支払を求める限度で理由がある。

（平成九年一二月二四日弁論終結）

横浜地方裁判所第五民事部

裁判長裁判官　慶田　康男

裁判官　千川原　則雄

裁判官　篠原　康治

＊高嶋教科書訴訟　東京高裁判決要旨

二〇〇二年五月二九日（水）　東京高等裁判所　第一〇一号邸法廷　裁判官　北山元章

午後一時三〇分開廷

平成一〇年（ネ）第二四六九号損害賠償請求控訴事件

控訴人・被控訴人（一審原告）高嶋　伸欣

被控訴人・控訴人（一審被告）　国

判決要旨

主　文

一　一審被告の控訴に基づき、原判決中一審被告控訴部分を取り消す。

二　前項の部分につき、一審原告の請求を棄却する。

三　一審原告の本件控訴を棄却する。

四　訴訟費用は、第一、二審を通じて、一審原告の負担とする。

一、事案の概要と一審判決

教科書出版会社である一橋出版株式会社は、従前発行していた高等学校公民科現代社会の教科書「高校現代社会」を平成五年度から使用に供すべく、全面改訂した「新高校現代社会」の原稿本を申請図書として、文部大臣に対して教科書検定審査の申請をしたところ、文部大臣は平成四年一〇月一日に行った検定意見の通知において、共同執筆者の一人であった一審原告の執筆した「現在のマス－コミと私たち」及び「アジアの中の日本」と題するテーマ学習用の各記述について複数の検定意見を通知する本件検定処分を行った。本件は、一審原告が、

① 教科書検定制度自体ないしその運用が違憲であり、そうでないとしても、本件の教科書検定手続には重大な瑕疵があるから、本件検定処分は違法である、

② 上記検定意見の告知は、検定意見の告知の際の注意義務に違反しているから、本件検定処分は違法である、

③ 上記複数の検定意見は内容的に違法であり、したがって、本件検定処分は違法であると主張して、一審被告国に対して慰謝料一〇〇万円及びこれに対する遅延損害金の支払を求めた国家賠償請求事件である。

原判決は、

① 教科書検定制度には違憲・違法性は認められない、

② 文部大臣による教科書検定制度の運 用が憲法上の要請ないし憲法規範に明らかに違反している状態にあるとは到底いえず、また、個別の検定意見の違憲性を判断するまでもなく当然に違憲であるともい

えない、

③　上記複数の検定意見の通知の「アジアの中の日本」と題するテーマ学習用の記述に関する部分のうち、「勝海舟の「氷川清話」の引用文も含めて、前後を端折って、都合の良いところだけを抜き出した感があるので、再検討していただきたい。」という検定意見の通知は、「氷川清話」の引用文との関係では、検定基準に対する当てはめ判断に看過しがたい過誤があって違法であり、また、同記述に関する部分のうち、「注⑤の後段の記述は、掃海艇派遣に関して東南アジア諸国の意見を聞くべきかは疑問であり、原文記述はやや低姿勢であるから、記述を修正する必要がある。」という検定の意見は、それが当てはめた検定基準が不明であり、検定意見の趣旨と理由が明確性を欠くものであることが明らかであって、同通知には看過しがたい過誤がある、

④　上記複数の検定意見の通知のうち、その余の検定意見の通知には違法はないと判断し、一審原告の請求を一部(二〇万円とこれに対する遅延損害金)認容し、その余の請求を棄却した。そこで、一審原告と一審被告の双方が本件控訴を提起した。

二、当裁判所の判断

(1)　教科書検定制度は、①教育の自由を保障する憲法一三条、二六条、二三条、教育基本法一〇条、②表現の自由を保障する憲法二一条一項、③検閲及び出版の事前抑制の禁止を定める憲法二一条二項、④学問の自由を定める憲法二三条、⑤適正手続の保障を定める憲法三一条には違反しない。

(2)　教科書検定の手続が、検定審議会を設置した目的、趣旨を没却するような形で運用されている場合、憲法上の適正手続の要請に反する運用として、その手続が違憲と評価される場合があり得るとしても、

本件検定処分の手続が、検定審議会を設置した目的、趣旨を没却するような形で運用されたものとは認められない。

(3) 本件検定処分の手続が、検定審議会を設置した目的、趣旨を没却するような形で運用されたものとは認められないから、検定意見の通知の内容の当否を問わず本件検定処分は手続上違法とされるべきであるとする一審原告の主張は理由がない。

(4) 本件検定処分における検定意見の告知等に同告知の際の教科書調査官の注意義務に違反する点があったということはできず、同注意義務違反の存在を理由に本件検定処分の違法をいう一審原告の主張は理由がない。

(5) 高等学校教科用図書検定基準(平成元年四月四日文部省告示第四四号)の「第二章 各教科共通の条件」の「2 選択・扱い及び組織・分量」の「(1)図書の内容の選択及び扱いには、学習指導要領に示す目標、学習指導要領に示す内容及び学習指導要領に示す内容の取扱いに照らして不適切なところ、その他生徒が学習する上に支障を生ずるおそれのあるところはないこと。」等に該当するものとして、本件申請図書の一審原告執筆部分について告知された、①「「現在のマス－コミと私たち」というテーマとの関連で、取り上げようとしている内容が必ずしも明確でなく、題材の選択や扱いも適切とは言いがたい、また、不正確な記述なども見られるので、全体として見直していただきたい。」との検定意見、②「「アジアの中の日本」についていては、冒頭本文後段の記述には「戦後、日本は平和主義を基本としているが、」とあるが、この「が」は逆接であるので、次に続く教科書問題、昭和天皇の大喪の礼の代表派遣、掃海艇派遣問題が平和主義に反する問題であるように読めるから、この点を再検討してもらう必要があるなど七つの観点から修正が必要であり、しかも、相互の関連に留意し全体の構成を考慮して修正を行う必要がある。」との検定意見は、いずれも、その理由部分も含め文部大臣の裁量権を逸脱したものとはいえず、違法とはいえない。

(6) 本件検定処分の違法を理由とする一審原告の請求はいずれも理由がなく、したがって一審原告の請求を一部認容した原判決はこれを取消し、同部分につき一審原告の請求を棄却すべきである。

一審原告の本件棄却は理由がないから、これを棄却することとし、主文のとおり判決する。

東京高等裁判所第三民事部

裁判長裁判官　北山元章

裁判官　青柳　馨

裁判官　竹内民生は、転補につき、署名押印することができない。

裁判長裁判官　北山元章

＊高嶋教科書訴訟　最高裁判決要旨

言渡　平成一七年一二月一日
交付　平成一七年一二月一日
裁判所書記官

平成一四年（オ）第一六一五号
平成一四年（受）第一六五四号

判決要旨

当事者の表示　　別紙当事者目録記載のとおり

上記当事者間の東京高等裁判所平成一〇年（ネ）第二四六九号損害賠償請求事件について、同裁判所が平成一四年五月二九日に言い渡した判決に対し、上告人から上告があった。よって、当裁判所は、次のとおり判決する。

主　文

本件上告を棄却する。
上告費用は上告人の負担とする。

理　由

第一　事案の概要

一　本件は、一橋出版株式会社が高等学校公民科現代社会の教科用図書（以下「教科書」という。）として「新高校現代社会」（以下「本件教科書」という。）を刊行するに当たり、教科用図書検定規則（平成六年文部省令第三号による改正前のもの。以下「本件検定規則」という。）に基づき、文部大臣に対して本件教科書の原稿本を申請図書（以下「本件申請図書」という。）として教科書の検定の申請（以下「本件検定申請」という。）をしたところ、文部大臣が共同執筆者の一人である上告人の執筆部分について検定意見を通知したことについて、上告人が、本件検定規則及び本件検定規則三条に基づき定められた旧高等学校教科用図書検定基準（平成五年文部省告示第一三四号による改正前のもの。以下本件検定基準」という。）に基づく教科書の検定制度（以下「本件検定制度」という）自体の違憲、本件申請図書に係る検定手続（以下「本件検定手続」という。）上の違法及び上記検定意見の内容上の違法等を主張して、国家賠償法一条一項に基づき、被上告人に対し、慰謝料の支払を求める訴訟である。

二　原審が適法に確定した本件検定手続に関する事実関係の概要は、次のとおりである。

(1)　一橋出版は、平成三年一〇月一八日、本件検定規則四条及び五条に基づき、文部大臣に対し、本件検定申請をした。

(2)　本件検定申請を受理した文部大臣は、平成四年一月三〇日、本件申請図書が教科書として適切であるかどうかを教科用図書検定調査審議会（以下「検定審義会」という。）に諮問した。同年八月二四日に開催された検定審議会第二部会現代社会小委員会及び同月二八日に開催された検定審議会第二部会において、本件申請図書についての審議が行われ、文部大臣の補助機関として本件申請図書の調査を担当した教科書調査官である入江博邦（以下「入江調査官」という）外二名の教科書調査官から調査の結果が報告されるなどし、審議の結果、本件申請図書については、上告人の執筆部分に係るいずれも見開き二頁の単元記事である「テーマ⑹『現在のマスコミと私たち』」（以下「テーマ⑹」という。）及び「テーマ⑻『アジアの中の日本』」（以下「テーマ⑻」という。）を含め合計70か所について検定意見を通知して、必要な修正を行った後に再度審査を行うことが適当であるとの結論が出された。これを受けて、文部大臣は、本件検定規則七条ただし書に基づき、本件申請図書について、検定の決定を留保して、検定意見を通知することとした。

⑶　入江調査官を含む上記3名の教科書調査官らは、同年一〇月一日、上告人を含む本件教科書の共同執筆者全員及び一橋出版の編集者である中村幸次らに対し、本件申請図書について検定意見の通知を行った。その冒頭に、入江調査官は、検定意見が通知されるべき指摘箇所を頁と行で特定し、指摘事項として記述の表題等を特定し、本件検定基準のうちのどの基準に触れるかを明示した「指摘事項一覧表」を交付した。このうち、「テーマ⑹」及び「テーマ⑻」については、入江調査官が検定意見を通知した。また、上記「指摘事項一覧表」では、「テーマ⑹」及び「テーマ⑻」は、いずれも全頁が指摘箇所として特定され、それらの各表題がいずれも指摘事項として掲げられ、該当する本件検定基準として、いずれも「選択・扱い及び組織・分量」と記載されていた。

⑷　中村は同年一一月一〇日、文部大臣に対し、「テーマ⑹」及び「テーマ⑻」を含む本件申請図書について検定書見が付された各記述等について、その内容を修正した「修正表」を提出した。これに対し、入江調査官は、同年12月1日、中村に対して、「テーマ⑹」及び「テーマ⑻」については検定意

見に従った修正がされていないと考える旨を告げるとともに、「テーマ(6)」及び「テーマ(8)」に関して作成したメモ等を手渡した。

(5) 中村は、上告人に対し、上記「修正表」の記述では検定の合格の決定を受けることは困難な見込みである旨を説明するなどしたところ、上告人は、これ以上の記述の修正を行うことはできないと考え、本件教科書の出版計画に支障が生ずることを避けるために、「テーマ(6)」及び「テーマ(8)」の執筆を断念する旨を中村に告げた。そこで、別の執筆者により「テーマ(6)」及び「テーマ(8)」が執筆され、同年二月九日ころ、これに基づき上記「修正表」の変更が行われ、平成五年一月二二日に開催された検定審議会第二部会現代社会小委員会及び同月二九日に開催された検定審議会第二部会において、上記変更後の修正表について審議され、同年二月二三日、検定審議会会長から文部大臣に対して本件申請図書について合格と判定する旨の答申がされ、文部大臣は、この答申に基づき、同年三月三一日付けで本件申請図書について検定の決定を行った。

三 原審は、
① 本件検定制度は、憲法一三条、二一条、二三条、二六条及び三一条に違反しない、
② 本件検定手続が違憲、違法に運用されていたとは認められない、
③ 「テーマ(6)」及び「テーマ(8)」についての各検定意見は、いずれも文部大臣の裁量権の範囲を逸脱した違法なものとは認められない、
④ 上記各検定意見を通知した際の入江調査官の発言等に違法は認められないなどと判断して、上告人の請求を棄却すべきものとした。

第二　上告代理人木村和夫ほかの上告理由について

一　上告理由第一章第一について

所論は、要するに、本件検定制度が教育の自由を侵害するものとして、憲法二六条、一三条及び二三条に違反するというにある。

憲法上、親は、子供に対する自然的関係により家庭教育等において子女に対する教育の自由を有し、教師は、高等学校以下の普通教育の場においても、授業等の具体的内容及び方法においてある程度の裁量が認められるという意味において、一定の範囲における教授の自由が認められ、私学教育の自由も限られた範囲において認められるが、それ以外の領域においては、一般に社会公共的な問題について国民全体の意思を組織的に決定、実現すべき立場にある国は、国政の一部として広く適切な教育政策を樹立、実施すべく、また、し得る者として、あるいは子供自身の利益の擁護のため、あるいは子供の成長に対する社会公共の利益と関心にこたえるため、必要かつ相当と認められる範囲において、教育内容についてもこれを決定する権能を有するというべきである（最高裁昭和四三年（あ）第一六一四号同五一年五月二一日大法廷判決・刑集三〇巻五号六一五頁参照）。

ところで、普通教育の場においては、児童、生徒の側にはいまだ授業の内容を批判する十分な能力は備わっていないこと、学校、教師を選択する余地も乏しく教育の機会等を図る必要があることなどから、教育内容が正確かつ中立・公正で、地域、学校のいかんにかかわらず全国的に一定の水準であることが要請されるのであって、このことは、もとより程度の差はあるが、基本的には高等学校の場合においても小学校、中学校の場合と異ならない。このような児童、生徒に対する教育の内容が、その心身の発達段階に応じたものでなければならないことも明らかである。そして、本件検定基準に基づいて行われる検定の審査が、上記の各要請を実現するために行われるものであることは、その内容から明らかであり、その基準も、上記目的のため必要かつ合理的な範囲を超えているということはできず、子供が自由かつ独立の人格として成長することを妨げるような内容を含むものではない。また、本件検定制度による検定を経た教科書を使用することが、教師の授業等における前記のような裁量を奪うものでもない。

したがって、本件検定制度は、憲法二六条、一三条の規定に違反するものではなく、このことは、上記大法廷判決の趣旨に徴して明らかである（最高裁昭和六一年（オ）第一四二八号平成五年三月一六日第三小法廷判決・民集四七巻五号三四八三頁、最高裁平成六年（オ）第一一一九号同九年八月二九日第三小法廷判決・民集五一巻七号二九二一頁参照。なお、憲法二三条との関係については、後記三において判断するとおりである。）。これと同旨の原審の判断は正当であって、論旨は採用することができない。

二　同第一章第二について

本件検定制度が憲法二一条に違反するものではないことは、最高裁昭和四四年（あ）第一五〇一号同四九年一一月六日大法廷判決・刑集二八巻九号三九三頁、最高裁昭和五二年（オ）第九二七号同五八年六月二二日大法廷判決・民集三七巻五号七九三頁、最高裁昭和五七年（行ツ）第一五六号同五九年一二月一二日大法廷判決・民集三八巻一二号一三〇八頁及び最高裁昭和六一年（行ツ）第一一号平成四年七月一日大法廷判決・民集四六巻五号四三七頁の趣旨に徴して明らかである（前掲平成五年三月一六日第三小法廷判決及び平成九年八月二九日第三小法廷判決参照）。

なお、所論は、本件検定制度は法律によらずに表現の自由を制限するものであるともいうが、学校教育法五一条（平成一三年法律第一〇五号による改正前のもの）において高等学校に準用する同法二一条一項（平成一一年法律第一六〇号による改正前のもの）は、文部大臣が教科書の検定権限を有すること、学校においては検定を経た教科書を使用する義務があることを定めており、本件検定規則及び本件検定基準は、上記規定を根拠規定として、同法八八条（平成一一年法律第八七号による改正前のもの）の規定に基づき、文部省令及び文部省告示として文部大臣によって定められたものであって、内容が正確かつ中立・公正であり、学校の目的、教育目標、教科内容に適合し、内容の程度が児童、生徒の心身の発達段階に応じたもので、児童、生徒の使用の便宜にかなうものでなければならないという教育基本法、学校教育法によって明らかな教科書の要件について、審査の内容及び基準を具体化したものにすぎない。なお、本件検定基準の内容を成す学習指導要領（高等学校については、高等学校学習指導要領）についても、同法四三条（平成一一年法律第八七号による改正前のもの）、一〇六条（平成一一年法律第八七号による削除前のもの）に基づき、学校教育法施行規則五七条の二（平成一二年文部省令第五三号による改正前のもの）所定の文部省告示として定められたものである。したがって、本件検定制度は法律によらずに表現の自由を制限するものではなく、所論違憲の主張は、その前提を欠き、失当である。

以上と同旨の原審の判断は正当である。論旨は採用することができない。

三　同第一章第三について

本件検定制度が憲法二三条に違反するものではないことは、最高裁昭和三一年（あ）第二九七三号同三八年五月二二日大法廷判決・刑集一七巻四号三七〇頁、最高裁昭和三九年（あ）第三〇五号同四四年一〇月一五日大法廷判決・刑集二三巻一〇号一二三九頁の趣旨に徴して明らかである（前掲平成五年三月一六日第三小法廷判決及び平成九年八月二九日第三小法廷判決参照。）。これと同旨の原審の判断は正当であって、論旨は採用することができない。

四　同第一章第四について

所論は、行政手続にも憲法三一条が適用ないし準用されるところ、本件検定手続は、

①　法律から実質的に独立した命令や告示、通達等により制度の基本が形成されていて、法律の委任を欠いていること、

②　その実質的な審査機関である検定審議会の委員及び教科書調査官の選任が公正に行われていないこと、

③　検定の基準が極めて不明確であり、検定権者の窓意的介入が可能であること、

④　教科書の執筆者及び発行者に対して告知聴聞の機会が十分に与えられていないこと、

⑤　審査手続の主要部分が公開されていないことから、適正手続に違反するというのである。

しかしながら、上記①については、本件検定制度を成す本件検定規則及び本件検定基準が法律の委任を欠くものとはいえないことは、上記②に説示したところから明らかである。また、上記②については、原審の認定に沿わない事実に基づくものであるし、上記③については、本件検定基準が具体的記述への当てはめができないほどに不明確であって、検定権者の恣意的介入を可能にするものとはいえない（前掲平成五年三月一六日第三小法廷判決及び平成九年八月二九日第三小法廷判決参照。）。したがって、以上の点についての所論違憲の主張は、その前提を欠く。

また、行政処分について、憲法三一条による法定手続の保障が及ぶと解すべき場合があるとしても、行政手続は、行政目的に応じて多種多様であるから、行政処分の相手方に事前の告知、弁解、防御の機会を与えるかどうかは、行政処分により制限を受ける権利利益の内容、性質、制限の程度、

行政処分により達成しようとする公益の内容、程度、緊急性等を総合較量して決定されるべきものであって、常に必ずそのような機会を与えることを必要とするものではない。本件検定制度による制約は、思想の自由市場への登場という表現の自由の本質的部分に及ぶものではなく、教育の中立・公正、一定水準の確保等の高度の公益目的のために行われるものである。これらに加え、検定の公正を保つために、文部大臣の諮問機関として、教育的、学術的な専門家である教育職員、学識経験者等を委員とする検定審議会が設置され、文部大臣の合否の決定は同審議会の答申に基づいて行われ（本件検定規則七条本文）、合否の決定を留保して検定意見を通知する場合も同委員会の判断に基づいて行われ（同条ただし書）、検定意見に対しては意見申立ての制度があり（同規則九条）、文部大臣が検定審査不合格の決定を行おうとするときは、不合格となるべき理由を事前に申請者に通知すべきものとされ、これに対する反論聴取の制度もあり（同規則八条）、検定意見の通知は、文部大臣の補助機関である教科書調査官が、申請者側に「指摘事項一覧表」を交付して、口頭で申請原稿の具体的な欠陥箇所等を例示的に摘示しながら補足説明を加え、申請者側の質問に答える運用がされ、その際には、速記、録音機等の使用も許されていることなど原審の確定した事実関係を総合勘案すると、上記④⑤の事情があったとしても、本件検定制度が憲法三一条の法意に反するということはできない。以上は、前掲最高裁平成四年七月一日大法廷判決の趣旨に徴して明らかである（前掲平成五年三月一六日第三小法廷判決及び平成九年八月二九日第三小法廷判決参照。）。以上と同旨の原審の判断は正当であって、論旨は採用することができない。

五　同第二章について

所論は、本件検定制度においては、検定審議会が対象箇所、修正すべき理由及び必要な修正の内容を特定した上、検定意見を文書で答申すべきものと解されるところ、本件検定手続において、教科書調査官は、検定審議会に対して申請者に通知されるべき検定意見の概略しか報告しておらず、検定審議会は、具体的な検定意見の確定及び文章化を行わないまま、これを教科書調査官に白紙委任したものであり、このような検定手続の運用は、憲法三一条の手続保障の要請に違反するというのである。

しかしながら、本件検定制度上、検定審議会が書面をもって検定意見を確定すべき旨の定めはなく、また、検定審議会の委員は各自が本件申請図書の内容を検討した上、教科書調査官等による調査結果を参考にして審議を尽くし、検定意見の内容を確定したことは、原審が適法に確定した事実であるから、憲法三一条違反をいう論旨は、その前提を欠き、失当である。

六　その余の上告理由について

その余の上告理由は、違憲及び理由の不備・食違いをいうが、その実質は、事実誤認若しくは単なる法令違反をいうもの又はその前提を欠くものであって、民訴法三一二条一項又は二項に規定する事由に該当しない。

第三　上告代理人木村和夫ほかの上告受理申立て理由第四章及び第五章について

文部大臣が検定審議会の答申等に基づいて行う合否の判定や、必要な修正を行った後に再度審査を行うことが適当であると検定審議会が認める場合に申請者に通知する検定意見の内容等の審査、判断は、申靖図書について、内容が学問的に正確であるか、中立立・公正であるか、教科の目標等を達成する上で適切であるか、児童、生徒の心身の発達段階に適応しているかなどの様々な観点から多角的に行われるもので、学術的、教育的な専門技術的判断であるから、事柄の性質上、文部大臣の合理的な裁量にゆだねられるものであるが、上記の判定等についての検定審議会の判断の過程に、原稿の記述内容又は欠陥の指摘の根拠となるべき検定当時の学説状況、教育状況についての認識や、本件検定基準に違反するとの評価等に看過し難い過誤があって、文部大臣の判断がこれに依拠してされたと認められる場合には、上記判断は、裁量権の範囲を逸脱したものとして、国家賠償法上違法となると解するのが相当である。そして、検定意見は原稿の個々の記述に対して本件検定基準の各必要条件ごとに具体的理由を付して欠陥を指摘するものであるから、各検定意見ごとに、その根拠となるべき学説状況や教育状況等も異なるものである。

例えば、正確性に関する検定意見は、申請図書の記述の学問的な正確性を問題にするものであって、検定当時の学界における客観的な学説状況を根拠とすべきものであるが、検定意見には、その実質において、①原稿記述が誤りであるとして他説による記述を求めるものや、②原稿記述が一面的、断定的であるとして両説併記等を求めるものなどがある。そして、検定意見に看過し難い過誤があるかどうかについては、上記①の場合は、検定意見の根拠となる学説が通説、定説として学界に広く受け入れられており、原稿記述が誤りと評価し得るかなどの観点から、上記②の場合は、学界においていまだ定説とされる学説がなく、原稿記述が一面的であると評価し得るかなどの観点から判断すべきである。また、内容の選択や内容の程度等に関する検定意見は、原稿記述の学問的な正確性ではなく、教育的な相当性を問題とするものであって、取り上げた内容が学習指導要領に規定する教科の目標等や児童、生徒の心身の発達段階等に照らして不適切であると評価し得るかなどの観点から判断すべきものである（前掲平成五年三月一六日第三小法廷判決及び平成九年八月二九日第三小法廷判決参照。）。

上記の見地に立って本件をみると、原審の適法に確定した事実関係によれば、原審の認定に係る「テーマ⑹」及び「テーマ⑻」についての各検定意見には、いずれも看過し難い過誤があったとは認められず、上記各検定意見に係る文部大臣の判断は、いずれも上記裁量権の範囲を逸脱するものではなく、国家賠償法上違法とはいえないというべきである。以上と同旨の原審の判断は正当である。

また、検定意見通知の際における入江調査官の発言の一部について、それが検定意見の通知には当たらないとした上で、当該発言が違法な・公権力の行使に当たるとはいえないとした原審の認定判断についても、原判決挙示の証拠関係に照らし、正当として是認することができる。

論旨は、いずれも原審の専権に属する証拠の取捨判断、事実の認定を非難するか、又は独自の見解に立ってこれを論難するものにすぎず、採用することができない。

よって、裁判官全員一致の意見で、主文のとおり判決する。

最高裁判所第一小法廷

裁判長裁判官　横尾　和子
裁判官　甲斐中　辰夫
裁判官　泉　徳治
裁判官　島田　仁郎
裁判官　才口　千晴

【最高裁判決に対する声明〈1〉】

高嶋教科書訴訟・最高裁判決に対する原告としての声明

本日、最高裁第一小法廷（横尾和子裁判長）は、高嶋教科書訴訟に対し五人の裁判官全員一致で、上告棄却の判決を下した。

原告としては、とうてい承服できない決定であり、同判決は反社会的なものであるとして、強く抗議する。

第一に、争点の一つとなった勝海舟著『氷川清話』からの引用を不適切とした検定意見は、大幅に改竄された文献を根拠に発したものであったという重大な過失を、検定官自身が一審の法廷で認めている。これは、横尾判決が判断基準とした「看過しがたい過誤」そのものである。この検定意見も適法だったとすることは、虚偽の事実認定を真実であったとすり替える主張に最高裁が加担したものであり、犯罪的で反社会的と言わざるをえない。

さらに、横尾判決は福沢諭吉と勝海舟の著作の引用を対比することでアジア観の差異を問うのは「高校生には無理」と断定した。この教科書原稿は、原告が高校現場での十数年に及ぶ授業実践により高校生たちの豊かな反応を根拠として執筆したものである。同判決は、高校生たちの無限の可能性を何の根拠も示さないまま全面否定している点で、看過しがたい反教育的なものである。また、原告が十数種ある「現代社会」用教科書の一種類として執筆したにすぎないものを、横尾判決は全高校生に学ばせるには「無理」と認定している。これは教科書制度に関する無知を示すものである。

これら重大な欠陥を持つ横尾判決に対して、今後も糾弾を続ける。加えて当訴訟において、検定意見の文書化など制度の改善を促進できたのも多くの支援者の力添えによるものと感謝しつつ、さらなる教科書制度の改善に向けて行動することを、ここに声明する。

二〇〇五年一二月一日

高嶋教科書訴訟原告　高嶋　伸欣

【最高裁判決に対する声明〈2〉】

高嶋教科書訴訟を支援する会・声明

最高裁不当判決に抗議する。一審では福沢諭吉「脱亜論」と勝海舟の対比、湾岸戦争時の掃海艇派遣に対してアジア諸国から疑義が出された事実の二点で勝訴した。二審では事実審理も不十分なまま逆転敗訴し、最高裁は高裁を追認している。

訴訟の内容については、明らかな検定作業のミスを国家機関が総ぐるみで隠蔽するエネルギーに驚いたというのが、率直な感想である。教員免許も持っていない教育の素人の検定官が検定し、記述された教科書の内容をきちんと読んだとも思えない裁判官が判決を書くという茶番劇に負けたということなのであろう。学習活動の中で、教科書という教育素材、福沢諭吉や勝海舟の思想家としての意義づけ、子どもの権利条約などについて学べたことは大きな収穫であった。

一二年半、私たちは戦い抜いた。最大二五〇〇名の支援会員、一二五名の弁護団、家永教科書訴訟の後継訴訟、さまざまな力添えとプレッシャーを乗り越えたといえよう。

一九六五年からの家永訴訟は教育運動のシンボルであった。しかし一九九三年の私たちの提訴時は、多様な教育運動が躍動している時期であった。家永訴訟と同様な訴訟運動を展開できる条件はできていなかった。

教組のナショナルセンター分裂の直後に発足した私たちは、個人加盟原則を守りきった。大きな団体でも個人と同じ扱いにさせていただき、二〇名近い神奈川の「世話人」たちが運動を担いきった。団体のちからにあまり頼らず、市民運動を貫き通したというささかの自負は持っている。それでも神奈川県高教組、横浜市立高教組、北海道教組、大分県教組、広島県教組、出版労連、地理教育研究会、歴史教育者協議会、「子どもと教科書全国ネット21」には、終始支えていただいたことに対し感謝している。

この運動に関わって得ることができたさまざまなちからを今後の活動に生かしていきたいと考える。全国の会員の皆さん、そして外側から支援して頂いた多くの皆さんに感謝致します。ありがとうございました。

二〇〇五年一二月二日

高嶋教科書訴訟を支援する会

高嶋教科書訴訟最高裁の不当判決に抗議する

最高裁第一小法廷（横尾和子裁判長）は、一二月一日、高嶋教科書訴訟に対し五人の裁判官全員一致で、原告高嶋氏の上告を棄却する判決を言い渡した。このきわめて不当な判決に対して怒りを込めて抗議する。

高嶋教科書訴訟は、一審の横浜地裁で四つの争点のうち二つの検定意見が違法なものとされ原告が一部勝訴していた。一つは、福沢諭吉の「脱亜論」に対比させた勝海舟の『氷川清話』の引用について、大幅に改ざんされた文献を根拠にして検定意見をつけたのは学説状況の把握が不十分として違法な検定とされた。もう一つは、湾岸戦争時の掃海艇派遣に関して、「東南アジア諸国から事前に意見を聞いて欲しかったという声が相次いだ」という記述に、「低姿勢過ぎる」と言ったのは検定意見であると教科書調査官自身が横浜地裁で認め、裁量権を逸脱した違法な検定とされた。東京高裁は、この一審判決を破棄して、国側を全面的に勝たせる不当なものであった。最高裁・横尾判決は、この東京高裁判決をなんら具体的に検証することなく全面的に容認するものである。

横尾判決は、家永教科書裁判第一次訴訟の最高裁・可部判決（九三年）と第三次訴訟の最高裁・大野判決（九七年）の「看過しがたい過誤」を検定の違法性の基準に使っているが、可部判決は個々の検定意見を具体的に検証することなく、いわば、文部省は多少の根拠があれば検定は何をやっ

ても いい、という意味で「看過しがたい過誤」を使った史上最悪の判決であった。それに対して大野判決は、検定意見を具体的に検討して「看過しがたい過誤」があるかどうかを厳密に検討して、四点にわたって違法性を認めたのである。

「看過しがたい過誤」という基準の適用の仕方は、可部判決のやり方ではなく、四年後に出された大野判決のあてはめ方が可部判決を修正した最高裁の判例なのである。したがって、最高裁第一小法廷は大野判決に基づいて「看過しがたき過誤」を適用するのが普通の裁判のやり方である。大野判決の基準で判断すれば、少なくとも横浜地裁が違法とした二つの検定例は違法なものするのが当然である。そのことを無視した横尾判決は明らかに不法である。

判決文はわずか一八ページの薄っぺらなもので、しかも最高裁としての判断らしきものは二・五ページ程度しかない。その判断は、高裁判決の欠陥を全てそのまま容認し、適法としている。この程度の判決を書くのに三年半もの歳月が必要だったとは、とうてい思えない。検定意見が合法か違法かを真剣に検討・合議するために時間を使ったのではなく、国側を勝たせる（上告棄却）という結論が先にあって、判決を言い渡すタイミングを、政治情勢の動きを様子見していたとしか考えられない。その意味でもきわめて政治的で悪質な判決だと断ぜざるをえない。

私たちは、こうした重大な欠陥と問題だらけの最高裁・横尾判決に対して、今後も批判と抗議を続けるとともに、すでに、様々な問題点が露呈してきている検定制度や採択制度など教科書制度の改善に向けて、引き続き活動を強めることを表明する。

二〇〇五年一二月五日

子どもと教科書全国ネット21常任運営委員会

【最高裁判決に対する声明〈4〉】

高嶋教科書訴訟に対する最高裁の不当判決に抗議する

最高裁第一小法廷（横尾和子裁判長）は、一二月一日、五人の裁判官全員一致で、高嶋教科書訴訟の原告・高嶋伸欣氏の上告を棄却し、高嶋氏を全面敗訴とした東京高裁の判決をそのまま追認する不当な判決を言い渡した。

本件一審判決は、教科書検定制度およびその運用の違憲は認めなかったものの、具体的な検定意見について立ち入った検討を行い、争点となった四箇所のうち二箇所について「看過しがたい過誤」があり、違法であることを認めた。第一は、勝海舟の「氷川清話」と福沢諭吉の「脱亜論」の対比のための引用を恣意的とする検定意見が、勝の談話の発表時期などを改ざんした文献にもとづくものであることが明らかになったためである。第二は、湾岸戦争後の掃海艇派遣に関して、東南アジア諸国から派遣する前に意見を聞いてほしかったとの声が出されたとの趣旨の記述に対し、教科書調査官が低姿勢過ぎないかという検定意見を口頭で述べたことについて、いかなる検定基準にもとづくものかが明らかでなく、検定意見の理由が不明確だと判断されたためである。

ところが東京高裁は、一審法廷で明らかになった事実を無視し、とくに第二については、調査官自身の証言にも反してこれを検定意見ではないと強弁し、本件検定をすべて適法とした。

今回の最高裁判決は、上告以来三年半におよぶ歳月を費やしながら、検定制度そのものの問題点はおろか、争点となっている検定事例についてなんらの具体的検討を加えることなく、わずか一二ページの簡単な判決書をもって、東京高裁の根拠のない不当な判決を追認したのである。

高裁・最高裁を通じて、教育・教科書のありかたを真摯に問う姿勢はまったく認められず、ひたすら行政の行うことを正当化し、政府の政策に対する批判を教科書から排除するという結論先にありきの不当な判決であり、私たちは厳重に抗議する。それとともに、今後の司法のありかたについて、各裁判官が真摯に反省することを求めるものである。

しかしながら、家永教科書訴訟を引き継ぐ高嶋教科書訴訟が提訴され、多くの人々の支援を得て裁判が続けられたことによって、今日の教科書制度の問題点がひろく明らかにされてきた。その結果、検定意見の文書による通知を実現するなど、一定の制度改善の成果もあげることができた。今日、「新しい歴史教科書をつくる会」の策動による教科書制度・内容のいっそうの改悪が企てられているが、私たちは、高嶋教科書訴訟の成果にもとづき、検定・採択などの教科書制度、および教科書内容の問題点をひろく明らかにし、その改善をめざして、いっそうの力をそそぐ決意を表明する。

二〇〇五年一二月八日

歴史教育者協議会常任委員会

高嶋教科書訴訟を支援する会

教科書検定の違憲・違法性を訴えた高嶋伸欣さんの裁判を支援し、支えるために1993年4月に発足。家永教科書訴訟神奈川県連・神奈川県高教組・横浜市立高教組の有志が事務局・世話人会の中心になり設立、会員（サポーター）は全国に2500名におよぶ。とくに大分県教組、広島県教組、北海道教組から組織的な支援があり、地理教育研究会、歴史教育者協議会からも多くの会員が参加、夏期研究大会での継続的なカンパ活動などで支えられてきた。

裁判の終結により2006年6月17日に解散して、高嶋教科書訴訟の理念を継承しながら、教科書を取り巻く問題の情報交換・発信、および市民の立場からの行動を目的とした「教科書・市民フォーラム」として再発足する。

連絡先〒222-0035横浜市港北区鳥山町1096-4
ブロードストン小机103号℡045-471-7270

高嶋教科書裁判が問うたもの

●二〇〇六年六月一七日――――第一刷発行

編　者／高嶋教科書訴訟を支援する会

発行所／株式会社 高文研
東京都千代田区猿楽町二―一―八
三恵ビル（〒一〇一＝〇〇六四）
電話　03＝3295＝3415
振替　00160＝6＝18956
http://www.koubunken.co.jp

組版／WebD（ウェブ・ディー）

印刷・製本／精文堂印刷株式会社

★万一、乱丁・落丁があったときは、送料当方負担でお取りかえいたします。

ISBN4-87498-367-7　C0036